普通高等教育"十一五"国家级规划教材

商务文化教程（第二版）

SHANGWU WENHUA JIAOCHENG

主　编　谌黔萍
副主编　夏毅榕 彭艳
主　审　吴　扬
编著者　（按姓氏笔画排序）
文　牧　朱　丽　张　波　张恩俊
郑代富　夏毅榕　谌黔萍　谢天开
彭　艳　彭卫华

西南财经大学出版社

主　编　谌黔萍

副主编　夏毅榕　彭　艳

主　审　吴　扬

编著者（按姓氏笔划排序）

文　牧　朱　丽　张　波　张恩俊
郑代富　夏毅榕　谌黔萍　谢天开
彭　艳　彭卫华

前 言

教材由来

高职教育是一种兼具专业训练，以实用与就业为导向的新型高等教育，目的是培育实用专业人才。那么，通过传统单一的学科教学、通过开设概论课来培养学生能力和素质的教育模式难以胜任高职教育的培养任务，加之高校推行通识教育已经成为教育界的共识，因此重视社会的变异性与学生对环境的适应能力，强调根据社会发展的趋势，把握文化的多样性与现代性，开设相应课程，以帮助大学生适应社会需求成为当务之急。

从经济发展角度看，随着市场经济的发展，商品经济正由产品营销阶段向社会市场营销阶段（包括社会资源、环境保护、市场需求）过渡，社会经济环境发生了很大变化。一方面，人们的生活水平日益提高，消费观念发生了很大变化，当满足基本生活需求不再是一个问题的时候，其消费需求将沿着阿伯拉罕·马斯洛的“需求的金字塔”规律向更高层次发展，现代消费逐渐从对实用功能的消费转为对文化意义的消费。另一方面，消费者的价值观常常受文化因素的影响和制约，这就要求商品和商务服务往往须同时满足人的物质与精神双重需求。现代商务活动因而具有文化创造和文化传播的性质，并以发达的市场经济为物质基础，以人们的精神需求为动力形成了商务文化化与文化商务化发展趋势。

为适应市场经济发展的需要，提高学生的职业素养，本着高职高专教学以培养能力素质为主的宗旨，我们编著了这本教材。目的是培养学生文化经商的能力，让学生了解、认识国内外商务文化，传承和发扬优秀的商务文化。把握商务文化的规律和特征，树立商务文化的理念，在从事商务活动的过程中，能自觉将所学到的商务文化知识融入到商务活动中去，并有所发现，有所创新，能够从文化层次上解决商品生产与社会需求、商务服务与市场竞争的矛盾，从而提高整个社会商品生产和商品流通的水平，促进我国市场经济健康发展。

教材体例

“商务”与“文化”本来是人文社会科学的两个领域，把商务和文化融合起来进行系统的研究是一项开拓性的工作。长期以来，人们多是对“商务”与“文化”两个学科分别加以研究；或者将“商务文化”作为国际商务活动跨文化背景知识，窄化了这个概念。而本教材编著者认为，商务文化是客观存在的普遍深刻的社会现象，有必要把它们作为一个整体来研究。

商务文化是文化的一种表现形式。广义的商务文化是人类为社会生存和发展在设计、生产、经营和消费商品的实践活动中形成的物质和精神成果的总和。狭义的商务文化是指实际商务活动发生过程中所涉及的文化现象，即在商品流通领域里，各行各业、各个环节商务活动中所发生、反映、传播的具有商业特色的文化现象，它是人类在商务活动中产生的物质成果、精神成果的总和。如果从大商务、大文化角度讲，把人类以交易为目的的一切活动叫做商务，把人类一切物质文明和精神文明的总和视为文化，那么，目前还很难为商务文化课程内容构建一套既科学又严密的框架体系。

本教材是以狭义的商务文化为基础，以商务活动流程为主线来建构课程内容的体系。它直接以商务活动过程中自身形成、传承、演进的文化现象为研究对象。

为强调商务文化在流通领域中的功能与作用，根据商务活动的整个运作过程与商务文化的内在规律来研究，结合职业院校人才培养目标，整合商务文化研究成果，本教材的内容包括两大部分：

上编：商务文化基础，即商务文化通论，是对商务文化中意识形态的研究，是对商务文化客观的、内在的、本质的研究。任何一个独立的经济单位（商务活动主体）从事任何一种商务活动都离不开观念的支配、环境的制约、风俗的影响，依次重叠形成商务观念文化（商务文化的核心）、商务环境文化（观念形成的环境）、商俗文化（观念在以往文化中的积淀）和商务企业文化（观念的主体）。因此，在文化的历史维度上，从纵向组合的角度可把商务文化观念层面析分为：商务伦理道德文化、商务环境文化、商俗文化和商务企业文化。这部分内容是相对稳定的，理论性较强。

下编：商务文化实务，是对具体商务业务部门在进行商务活动过程中形成的行为规范层面及器物层面的文化现象的研究。其内容在不同的历史时期，不同的地域，不同的民族有所区别，并不断延展。由商务活动的操作层面来认识商务文化，并依据当前商务活动的主要类别，在文化的共时维度上，从横向聚合角度可将商务文化细分为商品文化、营销文化、商务会展文化、商务传媒文化等。这部分内容具有较强的可操作性，是商务文化理论的具体运用。

教材编著

本教材2007年初版中，谌黔萍编写第一章，文牧编写第二章，夏毅榕编写第三章、第九章，谢天开编写第四章，彭卫华、朱丽编写第五章，张恩俊编写第六章，张波编写第七章，彭艳、郑代富编写第八章。谌黔萍负责上编统稿，夏毅榕负责下编统稿。根据教学需要，再版时进行了以下变动：删减了第九章商务娱乐文化和第十章商务体育文化。夏毅榕增编商品文化为教材第九章，并修订了第三章商务环境文化、第五章商务企业文化、第六章营销文化；谌黔萍修订第一章商务文化概述、第二章商务伦理道德文化、第四章商俗文化；谌黔萍、彭艳修订第七章商务会展文化，彭艳修订第八章商务传媒文化。全书共九章，由谌黔萍主编，吴扬主审。夏毅榕、彭艳任副主编。

前 言

商务文化是一门正在探讨有待完善的课程，综合性很强，属于边缘学科。它涉及文化研究、哲学、伦理学、历史学、社会学、民俗学、文学、宗教学、经济学、管理学等多门学科，政治、经济、文化等多个领域，生产、流通、消费等多个环节。结构上以狭义的商务文化为基础，写作中则以大市场、大文化为背景。因此，本教材凝结着编著者的研究成果，随着本教材课题建设的结题，已有《商务文化课程体系的建构》（谌黔萍）、《文化生态平衡意义下的非物质文化遗产开发》（夏毅榕）、《成都文殊坊：商务民俗文化传承与演绎》（谢天开）、《我国企业营销文化的建设分析》（张恩俊）等六篇论文发表于全国中文核心期刊。

鉴于时间及篇幅的限制，以及作者水平的局限，不足和遗憾之处在所难免，恳请专家和同行的批评指教，以利改进。

鸣谢

首先感谢在本书编写过程中四川商务职业学院的大力支持。还要感谢四川工程职业技术学院、成都理工大学、广东技术师范学院、四川财贸职业学院、四川省经济贸易学校相关作者的通力合作。本书在编著过程中参考了国内外大量的书籍和资料，在这里一并致谢。

编著者

2012 年 6 月于四川商务职业学院

目　录

目 录

第一章
商务文化概述

第一节　文化的含义及其特征

一、文化的含义

文化是一个非常广泛的概念，给它下一个严格而精确的定义是一件非常困难的事情。各国学者分别从符号学、价值论、功能性、规范性等方面对文化做了不同的界定。1982 年，世界文化大会在总报告和宣言中说："文化是体现出一个社会或一个社会群体特点的那些精神的、物质的、理智的和感情的特征的完整复合体。文化不仅包括艺术和文学，而且包括生活方式、基本人权、价值体系、传统和信仰。"在这个定义中，文化不仅指文学、艺术，过去的优秀遗产、当代的优秀思想，而且包括生活的方方面面。文化就是错综复杂的意义和意识的社会生产和再生产，是社会意义和意识的生产、消费和流通过程。生产概念的引入，证明经济在文化中的重要作用，社会意识的强调则显示社会关系及政治同样成为文化发展的一个决定性因素。这一定义不仅是对文化现象的客观表述，同时揭示了文化的本质，因而得到了大多数人的认可。

可以从四个层次理解文化的内涵：物态文化层（文化的器物层），指人类的物质生产活动及其产品的总合，是看得见摸得着的具体实在的事物；制度文化层，指人们在社会实践中建立的规范自身行为和调节相互关系的准则；行为文化层，指人在长期社会交往中约定俗成的习惯和风俗，它是一种社会的、集体的行为；心态文化层，指人们的社会心理和社会的意识形态，包括人们的价值观念、审美情趣、思维方式，是文化的精华、核心。我们通常所说的"文化"，是狭义的文化，也就是观念文化，包括世界观、价值观、审美观以及由此而产生的文学艺术作品。

还有一种通俗说法，世界著名跨文化管理学者荷兰的霍夫斯泰德（Geert

Hofstede）为了让人们更形象地了解文化，把文化比喻成一个洋葱头，有很多层，最外表的一层称象征物（symbols），如服装、语言、建筑物等，是人的肉眼能看见的；第二层是英雄人物性格（heroes），在一种文化里，人们所崇拜的英雄性格也就多多少少地代表了该文化里大多数人的性格，因此，了解英雄的性格，很大程度上也就了解了英雄所在地的民族性格；第三层是礼仪（rituals），礼仪是每种文化里的对人和自然独特的表示方式，比如在中国文化里，主要场合吃饭时的位置安排，很有讲究，日本人的鞠躬和进门脱鞋等；最里面的一层是价值观（values），指的是什么是好、什么是坏，什么是美、什么是丑，这些标准因文化的差异而迥然不同。价值观是文化的基石。不同文化对世界和自然有着不同的理解和看法，有不同的价值观，这些会影响人的思维方式和行为规范。这种说法由于强调了人的作用，使原本很难解释的文化现象变得容易了。

比如我们经常可以接触到这样的企业：有完整的企业文化手册、规范的制度文化和形象识别系统，却无法让精神在企业行为上产生有效的反映，因而时常有人抱怨企业文化中看不中用。海尔的文化却非常有用，关键是它能将价值观持续地人化，使执行文化的人能够将文化深入到企业的每一个细胞（员工）和组织（流程），使其成为一个有机的整体。好的价值观俯拾皆是，但并不是将这些价值观搬到企业供奉起来这些价值观就会繁殖出力量，就会有用，价值观仅仅是文化的一个部分，如果缺少价值观持续的人化，企业文化就只是纸上谈兵。

二、文化的特征

（一）文化的一般特征

综合各派学者对文化的定义，文化的一般特征如下：

1．文化是人类社会生活的产物

文化是人类社会共同生活过程中衍生出来或创造出来的，凡人类有意无意地创造出来的东西都是文化。自然存在物及其运动不是文化，如山川河流、日月星辰本身都不是文化，但人类据此而创造出来的历法、文学、艺术以及其他物品却是文化。人点头和摇头这种生理机能本身不是文化，但赋予点头和摇头以一定的涵义，使其成为一种沟通符号，这时点头和摇头就成为文化。

2．文化是通过后天习得的

人的观念、知识、技能、习惯、情操等都是后天学来的，是社会化的产物，不需要学习的先天遗传本能不是文化。例如，人分男女，这本身不是文化，而做男人和做女人的规矩、模式就是文化。

3．文化是特定群体共同享有的

一个社会的人在共同生活中创造出来并共同遵守和使用的才成为这个社

会的文化，如语言、风俗习惯、规范、制度、社会价值观念等。个别人的特殊习惯和行为模式，不被社会承认的不能成为这个社会的文化。

4. 文化具有传承性

文化是一份社会遗产。任何社会的文化，都是长期积累而成的，任何一个时期的文化都是对前一个阶段或时期的继承，继承的并不是以往文化的全部，而是对以往文化的扬弃，从而形成新时期的文化。例如，中国是礼仪之邦，古代人们相见都要行拱手礼："在下这厢有礼了！"一拱手，一抱拳，友好交谈随后开始。近代以来，中国人讲究礼仪的文化依旧，但"西风东渐"，握手礼逐渐取代了拱手礼。

5. 文化具有多样性

文化是具体的、特殊的，任何一种文化都是特定的时间、地点、人物综合作用的产物。因此无论从纵向历史角度看，还是从横向空间角度看，世界各个时期、各个地域和民族的文化都是不同的。不承认文化的多样性，就会走向种族中心主义，即用自己民族的价值标准判断别的民族中发生的事件和现象的观念。由于文化具有多样性、差异性，所以世界各种文化之间才需要交流和沟通。

6. 文化具有共同性

文化的共同性或共性是寓于特殊性和多样性之中的，是客观存在的。美国学者默达克在《社会结构》一书中，归纳了70余种共同点是存在于各种文化之中的。例如求爱，男女分工，睦邻友好，控制大小便，乱伦禁忌等，虽然在具体形式上有区别，但这些原则是共同的。由于文化具有共性，所以世界各种文化之间才可以交流，才能沟通，才能促进本民族文化的发展。

（二）文化的本质特征

1. 文化是一个整体，是包括价值观、行为制度、具体物象的整体

文化可以渗透到社会肌体中的所有器官、所有细胞之中，然而，我们能观察到的只是这些器官和细胞，无法看到文化的造影，更不能将其抽出作为一种实体。就如同一个人气质的透露，我们可以从一个人的一举一动，一颦一笑中感觉得到，然而我们不能看到气质的造影，更不能将气质抽出作为一种实体。文化的内涵是通过其具体物象体现出来的。

中国历史学家钱穆先生在《文化学大义》中将文化要素分为"一经济、二政治、三科学、四宗教、五道德、六文学、七艺术"。每个要素如同七巧板中的一块，组合在一起，便构成了文化。不同的组合，形成不同的文化。

2. 文化是一个有机的整体，它通过自身的新陈代谢在不断地演进着

文化七巧板不是各自孤立存在的，调整其中任何一块，其他六块都要发生变化，要素与要素之间按照某种特定的方式组合在一起，形成一个可以自转的运作系统。这个系统在运转过程中不断地吐故纳新，有些原有的文化现

象消失了，新的文化现象又出现了。这种演变使文化得以发展。

以美国人类学家弗朗兹·博厄斯及本尼迪克特为代表的“历史地理学派”做了精深的研究，他们认为各民族的文化并非遵循同一路线进化，处于不同地理环境的各个文化都有独特的演进过程，同时又受到外部文化传播的影响。文化是由各个文化特质共同构成的整合体，任何一个单项文化物质，都是一套特殊的行为模式，这些文化物质，基本上受历史、地理因素的塑造，是特定的人群在特定的时间、地点，经历特定的历程形成的。从这个意义上说，文化不仅是不可复制的，也是不可以“打造”的。打造的本意是制造。优良的工业产品和商品，通过努力是可以打造出来的。文化却不能，温文尔雅的吴越文化、美国人阳刚十足的牛仔文化、巴黎和维也纳的城市文化、苗族女子灿烂的服饰文化都不是谁打造出来的，是时间和心灵酿造出来的，是一代代人共同的精神创造的成果，是自然积淀而成的。物质的东西可以打造，精神文化的东西是不能用“打造”这个词的。因为一切文化都是个性化的有机的整体。因此，我们说文化的形成，而不说产生，如同说胎儿的形成一样；世界上没有哪个国家、哪个民族的文化是一模一样的，就如同世界上没有哪个人的指纹是一模一样的，文化本来没有好坏之分，只有不同。

将文化的结构、功能理解为一个整体，则一方面，一定的文化系统内部结构在性质上是相对稳定的，其整体功能及其整体结构要素也是大体被规定了的，与此同时，不同特质和不同发展水平的文化系统，在相同的历史发展阶段上是相互影响、相互渗透的。任何特定阶段的文化整体又是前代文化的积淀，具有遗传性、稳定性，从而也保持了民族性和连续性；另一方面，文化整体也在随着历史的变迁、外来文化的融入中不断地发生递变和重建，因而又具有变异性、革命性；但文化整体中的不同成分和要素，其遗传和变异又是很不均衡的，某些部分传统的力量强大，相对稳定，变迁缓慢；某些部分遗传制约比较松弛，因而变异比较迅速。文化有很强的历史传承性；文化既具民族性又具世界性；既具稳定性又具可变性。从文化层面来看，物态文化层变异迅速，其次是制度文化层；而行为外显文化层变异缓慢；心态内隐文化层作为一种“潜意识”或“集体无意识”则具有顽强的稳定性和延续力，其往往透射出一个民族的精神特质。

总之，我们只有将文化看成一个动态的、有机的、开放的整体，并且注重文化与环境的结构关系，才能把握住文化的生成机制、内在特质及发展趋势。

三、文化的发展

（一）文化发展的原因

文化发展的原因一般归结为以下三个方面：

1. 人与自然之间的矛盾运动是文化生成和发展的重要原因

为求生存，人要在适应自然的同时不断地改造自然，人类在改造自然的过程中打上人的印记，文化是人类改造自然的成果。人类的需要逐渐由简单到复杂，由单一而多样化，在满足物质方面需要的同时，又产生出精神方面的需求。这就为人类文化的发展提供了动力。

2. 人与人之间社会系统内部的矛盾运动又是文化发展的直接动力

文化是人类实践的集中体现，人们依靠社会力量实现对自然的改造，创造出人类特有的文化。社会生产的过程就是人类文化生成和发展的过程。各种各样的社会关系以及由此产生的各式各样的社会矛盾及其运动，成为推动人类文化发展的动力。

3. 不同文化系统之间的交流，甚至矛盾冲突也是文化发展的重要因素之一

文化中有各种不同类型的系统，某一特定的文化系统形成后，总要以起源地为中心呈放射性向四面八方传播，形成文化圈（或文化区）。文化系统及文化圈越来越大，就会出现不同文化圈的交叉、重合的现象，形成文化的发展。

（二）文化发展的方式

1. 文化系统的自我更新

所谓自我更新，是指文化系统在其基本稳定的基础上，通过增殖或损益，以及文化系统表层结构的变化，使文化得到发展，这是文化发展的基本方式。在自我更新的文化系统内部，始终存在着文化的继承和创新的矛盾，如何对待文化传统问题，常常是决定文化系统能否顺利发展的关键。

2. 文化的变迁

所谓文化变迁，指的是文化的跳跃性发展，或文化的突发性变化。文化变迁一般表现为文化发展的突然中断或文化停滞。文化停滞的原因既可能是人与自然之间关系处在简单的平衡状态，使文化发展失去了驱动力；也可能是由于文化系统的自我封闭性，使文化系统无法实现交流；也许是由于文化系统之间的不平等对话，处于强势的外来文化利用各种优势压制本土文化的发展，使本土文化发展趋于停滞。

案例：

老秀水街的命运、新秀水街的前景

在北京，秀水街是改革开放的“标志性建筑”，号称“20世纪的清明上河图”。

这幅浓缩展现我国市场经济发展的窗口，极具特色文化符号的商业图，是20年来用改革开放的“剪刀”裁制出来的首都民营经济发展的“商业长城”。

1982—1985 年路边散摊→合法经营；1985—1987 年集贸市场→丝绸一条街；1987—1995 年倒爷→大款；1995—2001 年丝绸专营→假货泛滥；2001—2004 年生意萧条；2004 年“新”“老”接替；2005 年 1 月 7 日拆秀水街；2005 年 3 月 19 日 新秀水正式开业。

1999 年以前，秀水街的 418 位商户，一年上交主管部门管理费 255 多万元；2002 年有关部门上调了管理费，一年多达 354 多万；2003 年以来，有关部门再次调高了管理费，上交金额达到了 551 多万元。而在上交的管理费之外，秀水街 418 位商户们每年仍承担着 300 多万元工商管理费、1 100 多万元的国家税收。很难想象，在这条长不足 160 米，宽不足 10 米的狭街上，竟然能创造出如此惊人的财富。这组可观数字的背后，包含着秀水人无数的故事，记录着秀水街商户在改革开放 20 多年来对国家、对北京、对朝阳区经济发展做出的巨大贡献。

政府拆迁老秀水市场的原因主要有两个：一是购物环境存在安全隐患；二是出售假冒名牌商品。所以要拆市进厅，加强管理。

秀水街在北京朝阳商务旅游的中心，它的影响、它的地位不仅体现了改革开放以来民营经济在党的政策指引下，艰苦奋斗奔小康的历程，而且也集合了北京多种文化的融合和发展。经过 20 多年的风风雨雨，这里已成为京城一个雅俗共赏、土洋结合的国际旅游的必游之地。其自然生成的狭长格局，商业文化多年聚集的人气，加上清晰的历史发展轨迹，不愧是一条有着京城特色的“商业长城”，与人气鼎沸的桂林阳朔、上海的城隍庙可以说是并驾齐驱，反映着中国改革开放以来不断发展着的商务文化。秀水市场大厦摊位拍卖，据说秀水街的老商户也参加了竞拍，并拍出了一个 5 平方米的摊位 395 万元年租金的天价，这似乎在向人们诉说着秀水这个品牌的含金量。

秀水的魅力何在？老秀水不是商场，它只是一个“胡同市场”，秀水的最大魅力在于游客能在摩肩接踵的露天街市中随意讨价还价，充分享受民间原汁原味的购物情趣。不少年轻人到秀水来买服装，就像“淘宝”一般，他们要赶时髦，却还要花钱不多。在他们眼里，秀水的商品丝毫不比名牌差，“假冒不伪劣”，穿戴在身上很有“面子”。老外们一到北京，就跑到秀水进货，购买商品，一样也瞄上这里追赶潮流快、市场信息灵的特色。一条街，一串记忆，一种欲望，一份情缘，一次买卖，一段历史，一样心情，一打故事。这就是“秀水文化”。

今天，老秀水街已经不复存在，取而代之的是一栋近三万平方米的“高楼大厦”。在这样需要灯光照明的现代化的大厦里，秀水市场所剩下的还有什么？面对人们对秀水未来的担忧，秀水市场的开发商——北京新雅盛宏房地产开发公司董事长张永平却显得胸有成竹。他说，新秀水街保持了原有市场商品结构、“街”的特色、砍价特色；同时，还改善了市场硬件环境，强化了购物语言环境，增加了民族特色商品。其实，秀水的本质并没有变，如果一定要说变了，就是变得更好了。他表示，他将深入挖掘秀水的文化内涵，即带有一定特质的价值观念、基本信念、商业道德规范、市场管理制度、商户和消费者的行为准则、商业文化环境和明确的发展目标。他的目标是将秀水打造成中国唯一的世界知名市场；并将延续其“登长城、吃烤鸭、逛秀水”的文化定位。

新秀水市场的一份画册上充满深情地写道：“传说中的东方神鸟凤凰，每五百年集香木自焚，浴火重生，毛羽更加绚烂夺目，美丽不可方物。涅槃重生的凤凰初试啼声——秀水街盛装出场。她焕发出新的光彩，将会更加迷人，更有魅力。”

可以说，新、老秀水的更替，既是“文化系统的自我更新”，又是“文化变迁”作用的结果。

分析提示：

1. 秀水市场形成的环境。
2. 秀水文化的特征。
3. “秀水街”变“秀水厅”的原因。

进一步讨论：

1. 秀水市场由“街”变“厅”以后，问题是否得到了根本性解决吗？
2. “秀水街”变“秀水厅”属于文化的哪一种发展方式？

第二节　商务文化的内容及特质

一、商业、商务、商务活动

商业是社会生产力发展到一定阶段的产物，是伴随着商品交换的产生和发展而产生发展起来的，在中国，商品经营有一个发展过程。商业的含义起初就是指单纯的买卖行为，指以赢利为目的直接或间接从生产者手里购买商品，然后又转手贩卖的行为，商业的经营对象仅限于生产资料、生活资料等有型的物质产品。不包含仓储、运输、信息、服务、金融、国际贸易等。后来《辞海》将商业定义为：“商业亦称贸易，从事商品流通的部门。商业分对外贸易和国内商业。商业是产品的生产同分配和消费之间必要的中间环节。它是联结工业同农业、城市同乡村、生产同消费的桥梁和纽带。其主要职能是进行商品的收购、销售、吊销和储存。任务是为生产、为消费服务。”商业就是以买卖为手段进行商品流通的经济行业。

商务又称商事，即商业经济活动中的一切事务。《现代汉语词典》解释：

商务即“商业上的事务”，同时把商业定义为：“以买卖方式使商品流通的经济活动。”那么商务就是“买卖商品的事务”，是指经济法律认可的，以社会分工为基础，以提供商品劳务、资金或技术等为内容的盈利性的经济活动。它是以交易为目的的所有活动的总称。

“商务”一词在我国经济生活中的广泛应用始于1978年后的改革开放。为了区别于传统的专业商业商品流通企业从事的商业活动，人们开始把生产企业直接从事的商业活动称为“商务活动”，与生产活动相对应。国内的管理学著作中大量出现诸如“商务谈判”“商务惯例”“国际商务”“商务礼仪”等术语。一些生产和服务性企业也纷纷设立“商务部”；甚至在外交官中设有“商务参赞”之职。“商务”一词的广泛出现还与改革开放后大量引进西方经济管理学方面的著作有明显关系。人们通常将“business”译为“商务”，而将“marketing”译为“营销”。与“business”相关的解释有“买卖、商业、贸易；商店、工商企业；赢利性事业”。因此可以这样理解：

（1）商务就是买卖商品的事物。一切买卖商品和直接为买卖商品服务的活动都是商务活动；一切旨在达成商品交易的行为都是商务行为。

（2）商务即市场营销。一切买卖商品的活动都是市场活动，都要以销售为中心。市场营销活动就是以销售为中心的市场活动，也就是商务活动。营销与商务是一个概念的两种表述。

（3）商务指各种经济资源（包括物质产品、劳动、土地、资本、信息等）有偿转让的活动。只要这种资源通过交换方式实现所有权的转移，那么，这种所有权转移的活动就是商务活动。

（4）商务泛指一切盈利性的事业。只要人们从事的活动是以赢利为目的的，那这种活动就是商务活动，它包括了商业活动、生产和服务活动。

商务的实质是通过买卖方式实现商品所有权转移的经济行为，它反映微观经济主体为获得收益的各种交易行为的统称，其核心就是买卖商品。商务活动离不开买和卖两个方面，有买有卖发生商务行为，缺少任何一个要素都不可能产生真正的商务行为；交换或买卖的对象包括各种有形商品和资产，也包括无形商品和资产。一切不通过买卖方式而实现商品所有权转移的行为都不是商务行为，如国家征税、企业捐赠物品等。

商务的范围包括直接买卖经济资源和买卖经济资源服务的全部活动，如寻找货源与市场、交易磋商、购销运存、风险防范等。

贸易泛指一切商品买卖活动，是各种商品买卖行为和交易方式的统称。贸易分为国内贸易、国外贸易；有形商品的贸易和无形商品的贸易；专业商业部门组织的和生产企业进行的贸易。贸易是一个与商务相近的概念，不同的是，贸易通常指各种买卖行为和方式，而商务不仅包括组织商品买卖活动的直接事务，还包括为贸易服务的相关活动（如市场调研、商业机会选择、交易磋商、合同签订与履行、开拓市场、制定和实施竞争战略、防范经营风险等)。应该说商务是以贸易为中心的各种相关活动的总称。

营销是市场营销的简称，是从国外引进的一个术语，英文为“marketing”，指以市场（需求市场）为中心，以实现销售目标为任务的综合销售活动。营销与商务都是面向市场的销售活动，都要从企业整体出发思考问题，都面临市场风险，都要注重满足消费者的需求。不同的是，商务活动面临是双向市场——买者和卖者。

经营的本义是策划和组织某项事务的行为，是企业进行商品采购、生产、销售活动的统称，经营农业、银行、慈善事业等。管理来源于经营，又从经营分离出来成为一种独立的职能且决定着经营的结果。经营是企业进行商品采购、生产、销售活动的统称，而对采购生产、销售过程进行计划、组织和控制的活动是管理活动，扮演的是需求者和供给者的双重角色，决策面临的是货源市场和销售市场双重环境。它把再生产的起点和终点有机地结合在一起。

服务也是一个与商务密切相关的概念。因为商业行业一向被称为服务行业，商务活动就是一种为生产、为消费、为实现企业赢利目标的服务活动。

服务作为经济学范畴，通常指以提供劳务来满足人们某种特殊需要的经济行为。马克思说：“服务这个词，一般地说不过是指这种劳动所提供的特殊的使用价值，就像其他商品也提供自己的特殊使用价值一样。但是，这种劳动的特殊使用价值在这里取得了‘服务’这个特殊名称，是因为劳动不是作为物，而是作为活动提供服务的。”（《马克思恩格斯全集》第26卷，第435页。）西方经济学认为，服务是能够用于出售或连同产品一起出售的具有无形特征的活动。即服务是一种无形商品，具有价值（耗费了人类劳动）和使用价值（能为消费者或用户提供满足感）。在失常经济条件下，服务的特定概念是指可以用来交换的无形商品，指一切以非物质形式体现出来的、能够满足消费需求的有偿劳动。包括直接满足消费者需求的服务性劳动，如保姆的劳动，理发的劳动，演员的劳动；与有形商品交易结合在一起的服务性劳动，如售后服务。商务服务就是媒介产品（有形商品）和服务（无形商品）交易的服务性劳动。因此，商务属于服务的范畴，服务活动包含了商务活动。

商务活动是以对利益的创造、获取、分配与维护为目的的价值创造活动，商务活动的基本单位是经济环境下的人与人之间的沟通、交流与交易行为。具有交易性、利益性、竞争性等基本特点。商务活动是以赢利为目的的，为他人提供商品或劳务的社会经济活动。例如，商品营销、商务沟通、酒店服务、旅游服务、金融服务、信托服务、商业宣传、商务谈判、商务广告、商务竞争等。广义的“商务”贯穿于生产、流通和消费的全过程。流通是生产与消费的桥梁和纽带。生产、流通和消费属于三个不同的领域，各自有不同的发展规律。这里对商务文化的研究是从流通这个中间环节入手，并且以流通领域为主要研究对象。

按国际习惯的划分，商务行为可分为：

（1）直接媒介交易活动。如批发零售商业，直接从事收购与销售活动，称为买卖商。直接媒介交易活动是传统的商务行为，迄今为止，仍然是最主要的商务行为。

（2）为买卖商品直接服务的商务活动。如代理、经纪、运输、仓储、加工、整理等，称为辅助商。

（3）间接为商业服务的。如金融、保险、租赁等，称为第三商。

（4）具有劳务性质的活动。如宾馆、旅行社、美容、影剧院，以及商业信息、咨询、广告、外包等劳务，称为第四商。

显然，“商务”的外延比“商业”宽很多，随着全球市场经济的发展，还会产生第五商、第六商……事实上 2005 年我国在行政上把“商业部”与“外经贸”合为“商务部”，也充分表明其行业范围的扩大。但在英语中，商业和商务都用 business 一词表示。目前在我国，人们往往也有意无意地将商业和商务混用。

二、商务文化的概念及特质

（一）商务文化的概念

商务文化是文化的一种表现形式。广义的商务文化是人类为社会生存和发展在设计、生产，经营和消费商品的实践活动中形成的物质和精神成果的总和。

狭义的商务文化是指实际商务活动发生、发展过程中所形成的文化现象，即在商品流通领域里，各行各业、各个环节商务活动中所发生、反映、传播的具有商业特色的文化现象，它是人类在商务活动中产生的物质成果、精神成果的总和。这里研究的是狭义的商务文化。我们可以通过下面这个故事来理解商务文化的形成和发展。

案例：

关于《石头城的故事》

这是 20 世纪发生在美国南方的真实故事。从美国佐治亚州进入田纳西州的 24 号公路，有一条要穿过阿巴拉契山脉的路程。许多弃留的小牧场上有一些建筑物，像一座座纪念碑一样，饱经沧桑地矗立在公路两旁。人们叫它们谷仓，在它们歪歪斜斜的身躯顶着的枣红色大屋顶上，赫然可见巨大的几个白色的字迹：从石头城看七个州。石头城原来只是大自然的一个杰作。那是深山中绿叶簇拥的悬崖、瀑布和清泉池，景色充满奇异魅力。在 21 世纪初，这片 300 英亩的山林属于一对夫妇，噶奈·喀特和他的妻子弗丽达。喀特先生以男人的雄心创业，全力投资开发一个叫做“仙境”的居住小区。他的妻子弗丽达，怀着女人天然对美的敏感，一心一意地营造一个真正的人间仙境——“石头城”。“石头城”的名字是来自当时的美国儿童乐园，弗丽达在山中建造的“石头城”是一个自然园林，它本来就有着天造的美景，她又在其中修建布道，用无尽的南方野花装点，细心收集，竟有了几百种。美国南方一向是人们眼中没有文化的蛮荒之地，弗丽达在“石头城”的园林创作，使她在1933年，为南方人赢来了第一个美国园林俱乐部的杰出作品铜质奖章。

作为一个聪明的投资者，1932年5月21日，喀特先生决定将“石头城”作为旅游点，正式对外开放。旅游点是要有人来参观，才会有收入的。可是，在那个年代，并没有电视和现代化的广告手段，喀特先生想到了南方无所不在的谷仓。他找来了一个叫克拉克·巴易尔的机灵可靠的男孩，现在他已经80多岁了，在当时，他可是真正的广告人，从寻找推销对象、推销广告、直到制作广告，一个人全包。他开着车，寻找路边的谷仓，设法找到谷仓的主人，答应替对方免费油漆谷仓屋顶，以交换在屋顶上面刷上几个大字“看石头城”，然后就开始自己“制作广告”。克拉克干着干着，还会编些新的广告词，比如：“从石头城看7个州，世界第八大奇迹!”这些广告过几年就要翻新，所以连新带旧的活儿干都干不完。就这样一份兢兢业业的谷仓广告人的工作，使克拉克挣到了自己的土地，1947年，就在他制作广告的一个谷仓附近，他成为100英亩（1英亩≈4 046.86平方米）土地的主人，和妻子一起，抚养了3个男孩、2个女孩。这是典型的所谓“美国梦”模式。

从20世纪60年代起，美国开始建立跨州的高速公路网，从小公路带走了大量的旅行者，使得原来在小公路旁的广告，突然间失去了读者。1965年，约翰逊总统夫人促成了《公路美观法》，也迫使他们停止在很多路边的谷仓顶上刷写“石头城”广告。这个特殊的谷仓广告的制作，渐渐走进历史。然而，“石头城”已经“名扬天下”，成为美国东南部的著名旅游胜地。

又过了二十来年，喀特夫妇的外孙比尔·卡宾，成为“石头城”的新一代经营者。1988年，比尔·卡宾和我们的新朋友大卫·简肯聊天。比尔·卡宾说自己一直有个梦想，就是为所有现存的谷仓出一本影集，只是他还不能立即投资去做。他请经常外出拍摄风景的大卫留意看到这样的谷仓就先拍下来。他给了大卫110个谷仓的位置。六年以后，大卫拿着一些谷仓的照片和调查结果说还像点样子没有全部坍塌的谷仓不到100个了。

比尔·卡宾凝视着这些照片，15分钟后，他只说了一句话：我们做。

几天后，大卫收到了一个包裹，里面是一大包老旧的明信片，每张明信片上，几乎都贴着一张小小、已经发黄的“石头城谷仓”的照片。这是几十年前克拉克寄回给喀特先生的广告记录。原来，当年克拉克每做完一个谷仓，就会为新完成的广告拍一张照片，并且记录谷仓的主人和位置。大卫告诉我们，这些照片透出的历史感，深深打动了他。此后，他尽可能抽出时间，以一个摄影艺术家的眼光，打量和拍摄这些“石头城谷仓”。两年后的1996年，大卫跑了3万5千英里（1英里=1 609.344米），造访了500多座“石头城谷仓”的遗址，在14个州里，在大大小小的公路边，发现了现存的255个谷仓，可是，还没有坍塌的，只剩下85个了。就这样，大卫的摄影集《石头城谷仓——一个过去的年代》出世了。

案例分析：美国梦模式构成的是美国的历史、美国的文化、美国的商务文化。当我们翻阅《石头城谷仓——一个过去的年代》那本广告相册，游览那座名叫“石头城”的美丽公园时，我们看到的是一种文化的物象。物象的背后是一种精神，一种生生不息的创业精神。而这种文化的形成过程是政府的鼓励、支持——她在1933年，为南方人赢来了第一个美国园林俱乐部的杰出作品铜质奖章；是人们以劳动致富为荣、以创造性劳动为耀的价值观念与相应的商务活动方式的秘密相结合——在这里，是聪明的投资者喀特先生＋怀着女人天然对美的敏感的喀特太太＋喀特夫妇的创造性经营＝家庭的富足＝梦想的实现。这是典型的所谓“美国梦”模式。这些“美国梦”的个体集合以及时间积累，就使美国强盛起来，从而得到人民物质文化生活不断提高、国家经济得以发展繁荣的良性循环过程。美国正是通过这种模式求生存，得发展的。

人类为了更好地生存和发展，在适应和认识自然的过程中，利用灵活的大脑和手足对自然进行改造，产生了与原来不同的思想行为，使自然人化或创造了人化的自然，创造成果得到了人们的喜爱，就会被学习，学习的过程中人们又对其分析概括、提升和完善，逐渐形成了一种概念沉积在人们的脑子里，这种抽象化了的东西传授、保存、积累壮大，文化由此而形成。商务文化亦然。

（二）商务文化的内容

商务是以交易为目的的所有活动的总称。商务文化是在商务活动中的观念、方式和结果。商务活动是以赢利为目的的，为他人提供商品或劳务的社会活动。任何一个独立的经济单位从事任何一种商务活动都离不开观念的支配、环境的制约、风俗的影响，依次重叠形成商务观念文化（商务文化的核心）、商务环境文化（观念形成的环境）、商俗文化（观念在以往文化中的积淀）和商务企业文化（观念的主体）。因此，商务文化的观念层面，根据文化的历时关系，从纵向组合的角度可析分为：

1. 商务观念文化

商务观念文化，即商务伦理道德、价值取向等思想意识形态方面的文化现象，它包括经营思想作风、营销哲学、审美意识、职业道德等，是商务文化的核心。

2. 商务环境文化

商务环境文化是指影响和制约商务主体组织经营活动的各种外部环境中所渗透的文化因素，它包括物态的自然环境文化、区域环境文化和人居环境文化，以及非物态的法制政策环境文化、经济环境文化等。

3. 商俗文化

商俗文化，即商务民俗文化，是指一个国家或民族在经济领域里所创造、积淀、享用和世代传承演绎的商务文化形态。这种文化形态，以约定俗成的方式存在于社会经济生活之中，影响着人们在生产、流通与消费领域里的价值观念、心理意识、行为方式，是特定阶层族群或人群沿袭成俗的文化意识的综合体现。

4. 商务企业文化

商务企业文化是指企业等经济组织（包括盈利和非营利性组织）在商务活动中所形成的独具特色的思想意识、价值观念和行为方式。

商务企业文化研究建立于企业文化基础上，专指各类参与商务活动的独立的经济单位在长期发展过程中形成的组织哲学、精神及以此为指导核心的共同价值取向、道德规范、行为准则、生活信念和习惯、组织形象、全体员工对组织的责任感、荣誉感等。它不但表现为人们的观念，也同时表现在内部组织结构、规章制度和产品（包括有形和无形的产品）上。

企业文化是一个信念、价值观、理想、最高目标、行为准则等内容的生命体，是一种精神力量，用于调动、激发目标对象作出贡献。

案例：

海尔带电脑桌的冰箱

张瑞敏首席执行官去美国哥伦比亚大学和沃顿商学院讲课时，发现美国市场海尔的小冰箱销售很好，经过市场调研，发现当地很多大学生喜欢海尔小冰箱，是因为海尔的小冰箱有个台面，在窄小的学生公寓可以放东西，当桌子用。受这个信息的启发，海尔迅速开发了一种带折叠台面的小冰箱，深受大学生的喜爱，市场份额迅速提升。后来，在这个基础上，他们又开发了带电脑桌的小冰箱，巩固了其在这一消费领域的市场地位。据统计：在美国小容积冰箱市场，海尔已占据了50%的份额。而在大冰箱市场，海尔冰箱的销量也在逐年攀升。海尔冰箱已经进入到美国沃尔玛、希尔斯等连锁超市。海尔以带电脑桌的学生宿舍冰箱为切入点打开美国市场。

案例分析：美国市场是世界各大名牌的汇集地，对海尔来说，紧盯消费者需求，创造需求，开创市场是唯一的优势。自从海尔冰箱进入美国市场以后，首先在设计上实现了本土化，在洛杉矶设立了设计中心，认真研究美国消费者的需求，受到了美国消费者的好评。带电脑桌的小冰箱就是海尔在美国市场的一个成功创举。

另外，由商务活动的操作层面来认识商务文化，并依据当前商务活动的主要类别，从文化的共时关系（即内容的横向聚合角度）可将商务文化细分为营销文化、商务礼仪文化、商务经纪文化、商务会展文化、商务传媒文化、商务娱乐文化、商务体育文化、商务旅游文化等。伴随科学技术的进步，市场经济的发展，人类文化的创新历程，商务文化的具体形态必将更加多姿多彩。本教材限于篇幅，重点介绍商品文化、营销文化、商务会展文化、商务传媒文化等在商务文化操作层面中形成的亚文化。

三、商务文化的经济特质

由于商务文化是指实际商务活动发生、发展过程中所形成的文化现象，商务活动本身丰富而深刻的经济学蕴涵使商务文化展露出其经济特质。

（一）商务文化具有商品特征

商务文化是一种经济资源，按照马克思的观点，商品是用来交换的劳动产品，具有价值和使用价值。即只要是用来交换的劳动产品，包括劳务等，都具有商品的特性。商务文化有很明显的商品性特征。首先，商务文化可以用来交换，它不是单纯为满足商务系统自身的需求而产生的，它主要是为消费者提供的，其目的是为了促进商品交换，并实现其交换价值。其次，被创造出来的商务文化都可以说是劳动产品，它们不是天然的。文化这种资源要成为满足人们精神需求的特定文化内容，是需要有其转化过程的，对具体的对象而言，商务文化是要通过加工创造才会产生的，它是一种特殊的劳动产品。最后，商务文化要实现其交换价值，必须具有价值和使用价值。商务文化的创造过程即劳动创造的过程就是其价值的创造过程，商务文化是有价值的，因为它包含了一般人类劳动。商务文化的价值，或为显性的或为隐性的，如商品文化，它通过商品的文化艺术形态直接展现出来，是显性的，而商业品牌，则是一种无形资产，体现为一种隐性的价值。商务文化对人类精神需求的满足功能，即是其使用价值。因此商务文化具有商品特征。

（二）商务文化是生产力的表现

商务文化从其刺激需求、推动流通的功能角度看，具有生产力的性质。生产力，简单的理解就是生产能力，它主要体现在两个方面：一是生产者的能力，一是生产手段的能力。商务中的生产者当然是指商务企业和商人，而商务企业和商人的生产能力就包含其商务文化水准，因为没有文化含量的商品是一种低端的产品，是没有竞争力的产品，生产没有竞争力产品的生产者就是生产力低下的表现，因此，商务企业和商人的商务文化素质就直接反映为其生产能力。从手段来看，商务文化中的营销文化、商务环境文化、商务企业文化是直接为流通服务的，可以看成是重要的流通技术形态，具有浓厚商务文化氛围的商务企业、商务环境及营销方式对商品流通的推动作用是不言而喻的。那些高品位的追求，高雅的审美情趣、审美意识，必然体现在其商业的各个方面，如优质服务、注重生态环境、注重健康、简洁、方便等，必然受到市场的欢迎。这就是说，商务文化能够创造需求，并能够刺激和推动需求的产生、满足，这种独特的功能被称为“文化力”，即是生产力。商务文化作为一种独特的文化工具，应该说，它也是一种生产力。特别是商务企业文化，作为管理的高级阶段，一种高级管理形态——文化管理，它给企业带来的凝聚力直接就转化为生产效率，也就是说，它直接就转化成了生产力。所以20世纪80年代初美国人考查日本企业时，发现的并不是什么管理秘密，而是管理文化，美国企业经济停滞的原因不是别的，而在于其管理文化的局限。

（三）先进的商务文化可以降低交易成本

交易成本是产权（交易目的物所有权）于商务活动中的交易时发生的，是交易目的取得的过程耗费。交易成本由交易信息搜集、谈判、缔约、监督履约、可能违约处理行为等成本构成。商务文化作为商业领域的文化，它为进入商务领域的人提供文化的范式，制造良好的商务环境、和谐的人际关系氛围，因此，对整个商务领域而言，它扫除了一般的沟通障碍，减少了彼此存在的道德风险，使流通过程的监控成本缩减，流通更加顺利，从而降低了交易成本。而商务文化对消费者所产生的路径导向作用，还将给商家带来更多的商机。对商务企业内部而言，良好的商务企业文化，可以对员工产生强大的感召力、号召力，达成精神的统一，从而自觉地服务于企业，自愿奉献于企业。这样，管理的各个环节自调节功能增强，信息沟通更加便捷，人际之间更加和谐一致，从而最大限度地减少内部摩擦，最大限度地形成合力，去实现企业目标，节省控制费用，使管理成本大大降低。

（四）商务文化是一种最为开放的动态文化体系

因为与市场的直接而紧密的联系，商务文化是一种最为开放的动态文化体系，它衔接生产和消费，为市场提供行为原则和价值标准，是为市场的稳定和繁荣发展服务的，其广泛适应性和前卫性又对市场的发展起着良性的引领作用。作为商务的意识形态，商务文化是商务的灵魂，是商务须臾所不能离开的，它同时又是对具体商务形态的超越，摆脱琐碎经济事务的纠缠及其狭隘视野，它有着对商务的宏观域感和人文追求，商务文化不是脱离经济实务的空谈，而是融入经济的特殊经济因子，它的经济属性和其经济功能反映出其深蕴的经济价值，令我们不可忽视，更不可低估。

第三节　中西方商务文化的差异及其根源

在全球经济一体化浪潮袭来的同时，跨文化研究成为国际商务发展的动力。探索中西方商务文化差异形成的原因，有助于正确面对差异，使不同文化间的碰撞与交流擦出互化（不同文化间的交互影响）与涵化（对来自其他文明的文化成果的吸纳与消化）的火花，实现文化的互动与更新，从而缓解商务活动中的文化冲突与敏感性，促进商务活动和谐开展。

一、中西方商务文化差异的根源

（一）"农耕文化"与"海洋文化"对商务文化的影响

中国位于东亚大陆，东临太平洋，北向沙漠，南面群岭，西有高原，在古代人无法征服海洋的时代，古代中国几乎处于封闭的空间。形成了传统的农耕文化，即依赖可耕种土地进行农业简单再生产所形成的文化观念和形态。其特点是：思想保守，开拓意识不强；经营粗放，科技意识不强；自给自足，商品交换意识薄弱。

以西欧诸国为代表的古代西方国家，面朝大海、土地资源贫瘠、草多粮少，不宜农耕，适于游牧，或者进行海上贸易，人们若不适应环境变迁经常流动，就无法生存。因而西方的游牧业发达，商业发达；人们生存必须应对环境的挑战。西方海洋文化是依赖海洋资源进行商品交换所形成的文化观念和形态。它是人类与海洋在互动中产生的物质财富和精神财富，其特点是：思想开放，崇尚机遇；重视科技，强调质量和效益；商品交换，重视货币的作用。

农耕文化与海洋文化两种源于不同自然地理环境的经济文化形态，对中西方商务文化差异的形成产生了重要影响。

古代中国，安居乐业的农耕生产模式导致生活在周围环境中的左邻右舍几乎都是自己的亲人，自然只能用爱心来维系。仁、义、礼、智、信是最重要的主流道德价值观，"仁"是核心，同时强调人与环境的和谐，产生了"天人合一"哲学观念。一方面，与西方相比，古代中国不可能产生像古希腊社会那样由上层公民和若干对抗性的利益集团共同推举统治者的所谓民主制度，而只能是推举受人尊崇的德高望重的长辈成为理所当然的领袖，就如一家之主变成了一国之主。因此，传统的家族观念、家长制、尊老尚贤、家天下、祭祀祖宗的一整套宗法观念和体制都不是某个个人主观提出来的，而是环境与人之间的长期交相互动、逐步适应、逐步改进使然，是几千年来古代中国人不断适应其所处环境而逐渐完善发展起来的。另一方面，因为商人逐利，会动摇国之本业“农”，影响在小农自然经济基础上建立的君主专制统治，与农耕文化冲突，所以古代中国长期执行重农抑商政策，商务活动无法拓展市场和扩大规模，即便是中古史上商业最发达的宋代，也无法逃脱商人转化为地主的怪圈，无法培育独立的商业资本。中国传统商务文化封闭而具有内倾的思维方式，求稳定、安逸。

古代西方，长期对海洋的征服强调个人的能力与利益以及技术发展，个人至上、尊重私有财产、生而平等、自由主义、人本主义成为主流价值观，具备了对国家用商业管理的可能性，通过发达的民法、独立的经理人制度来调剂人与人的关系，强调人要征服和改变恶劣的环境，产生了“主客二分”的哲学思想和人类中心主义。西方商务文化因此具有强烈的开放性和外向性特征，求利益、冒险，以迁徙、漂泊为常态。

（二）“儒教”与“基督教”对商务文化的影响

中国的“儒术”就是宗教——“儒教”。

自春秋战国时期孔孟以“仁”为核心的儒家思想发端至秦汉时期汉武帝明令“罢黜百家，独尊儒术”，儒家思想在思想界取得了独霸的地位。这个“儒术”中包含了孔子所提倡的对祖先的仰慕“祭”，对长辈的敬重“孝”，爱的精神“仁”（主要含义是“己欲立而立人，己欲达而达人”，就是自己肯定自己，也承认别人），等级制的道德规范“君君、臣臣、父父、子子”；也包含孟子所提倡的注意百姓生计的意见“仁政”；还包含法家注重农业、抑制工商业的“重本轻末”思想。“贵义贱利”是儒家学说的核心，也是中华民族传统的道德观，它不仅作为一种美德，还被当做判断是非曲直的标准世代沿袭，成为支配、规定人们社会及社会经济活动的原则和尺度。由此所派生出来的“见利思义”“取之有义”“先义后利”等思想，构成了儒家“义利观”的基本内容。不过，这种相对的“义利观”秦汉以后经由董仲舒、朱熹等人之手的演变，被推向了极端。“重义轻利”变成了“存天理，灭人欲”，将义、利完全对立起来；“先义后利”被抽象为“正其谊不谋其利，明其道而计其功”，只要精神，不要物质。“义务本位”成为中华民族的价值观，“重义轻利”成为人们奉行的行为准则。而这个“义”，指为人之正路，就是遵循儒家的思想。中国人追求的正义，表现为追求美的历史形式，重视个人对社会的价值，仰慕安邦定国、名垂青史。中国人在伦理原则上倾注了全部理性与情感，忧国忧民的屈原就是代表。中国人的心理从来不把个人这个实体看作独立的价值实体，只有把人放在社会伦理体系中人才有人格。个人的一切见解与活动都要放到伦理原则——人与人的关系准则的价值天平上称量，个人的人格没有独立的意义。这种民族心理特色造就了历史上成千上万可歌可泣的忠义之士，写下了许多优美的篇章。同时又是许多可怕偏见的根源，是压在亿万人民身上的沉重负担。义务本位的价值观形成的安定哲学，对国家安定、家庭和睦、社会稳定起到积极的作用。但这种精神又成为变革和发展的阻碍，商业历来被视为不安定因素而遭到遏制。

基督教发源于公元1世纪，耶稣思想的中心，在于“尽心尽意尽力爱上帝”及“爱人如己”，这与孔子“仁”的思想异曲同工。中世纪初，教会对商业也持否定态度，认为商业就是贱买贵卖。16世纪新教改革运动以来，因信称义，勤劳致富以荣耀上帝的观念得以广泛传播。这使得西方在经济思想的发展上走出了一条与中国正好相反的道路：追求利润从道德上变得神圣，从而新教使得商业伦理成为可能……一个人不仅可以通过工作来为上帝工作，正确地使用财富也同样可以为上帝增光。结果是，对利润的追求和对天堂的渴望不仅成为相融的，而且还可以相互增强……简而言之，改革第一次使一个人既可以成为一个道德上的好人，同时也可以是一个出色的商人。这种工作理论鼓励了一种对个人成就感、控制环境、有益的方法和对公正世界的信仰的强烈追求。“利己即利社会”的道德观使人们视财富、利益等为可以通过努力创造和争取的变量，孕育了西方开拓、冒险、竞争等民族意识。

(三)“天子”与“上帝”对商务文化的影响

“天道观”及“君权神授”的思想在中国由来已久。将最高神谓之天，并认为天是“有意识的人格神”，它直接监督社会的一切事；还认为顺应天意是人类生存应该恪守的自然法则，是人类的义务。“天子”是传统天道观与宗法观相结合的产物。出于对天的敬畏，君权被看做神圣的、至高无上的，拥有无限的权力；传统的宗法观念又将天子与民联系在一起，“君为臣纲，父为子纲”，对鬼神、对天地、对君王、对父母的尊敬很难分开，君、父、神已经三位一体，体现这三者统一的是君王。这种思想不仅适合统治者的口味，也很容易为千百年来在“尊古崇祖”宗法观念熏陶下的中国人民所接受。这使得几千年来中国社会一直实行“人治”，即专制主义中央集权的政治体制。

因此，中国盛行官本位、权利拜物教，商人地位低下，位列四民之末。因为权利拜物教是唯一可以与义务本位协调、谐和的崇拜，如果信奉来生、佛祖是“无君无父”的；信奉金钱是无情无义的；只有走仕途是名正言顺的，是光宗耀祖的被鼓励的义务。专制主义政治体制下的官本位、权利拜物教以君王为主干，形成遍及全国的、单一纵向的、自上而下的权力结构，以安邦定国为己任，从稳定中获得不能转移的统治权力。而且，以儒家为首的大多数学派不但反对法制，也反对神治，形成了视君王为神的传统政治哲学，使中国人远离神权统治，发展了特殊的人文文化。西汉末年佛教传入中国，东汉时期道教得到张道陵的倡导，从而佛教、道教在中国发展兴盛起来，但其地位却远远低于君王的地位。中国可以容许一切宗教，但这些宗教都必须向皇权低头。武则天下令佛教第一、儒家第二、道教第三，这个命令本身并不重要，重要的是全国就此太平相处，不争高低，体现了中国专制主义的特色。

因此，黄仁宇的《中国大历史》认为，中国自西汉以来“创造了一种权力政治的传统，视一切技术问题为道德中的是非。”在专制主义中央集权的传统下，无法实现货币管理、数目字化的管理，无法以商业组织取代农业组织。

与中国君主专制不同，西方政治体制从古代希腊城邦民主制，历经古罗马的寡头共和政治和君主专制后，进入中世纪的神权统治和分封制并存时期，神权凌驾于世俗贵族权力之上，君王的权力在纵向上被神权分割了，商人地位较高，金钱在横向上分割了政治权力。自15世纪起，历经文艺复兴、地理大发现、宗教改革、重商主义、欧洲民族意识、近代科学的兴起，促使以神权为特征的欧洲封建制转变为“开明君主专制”，依靠短暂集中的国家世俗权力，最终为17世纪以来的资本主义民主政体的建立开辟了道路，促使西方国家走向世俗化、工业化、现代化。

二、中西方商务文化差异的表现

由于地理环境、宗教意识、哲学思想、政治体制等方面的综合影响，中西方在思维方式、价值取向、信仰与态度等方面存在的差异必然会体现在商务活动过程中。借鉴荷兰学者霍夫斯泰德的民族文化维度理论；美国人类学家克拉克洪与斯乔贝克的六大价值取向理论，中西方商务文化的差异主要表现为：

（一）群体主义与个体主义

群体主义与个体主义指“人们关心群体成员和群体目标（集体主义）或者自己和个人目标的程度（个体主义）”。主要体现为中西方文化之间存在个人本位的竞争观与群体本位的和谐观的差异。

在国际商务活动中表现为西方从事商务工作的人员具有很强的个人奋斗意识和竞争意识，强调个人的作用，通常个人也有足够的权利来处理各类日常的和突发事务。企业鼓励雇员个人奋斗，不断创新，个人能力是以个人的实际经营业绩为基础，将个人能力与企业报酬和补偿结合为一体。而中国的企业文化往往更加强调个人利益服从群体利益，企业利益服从国家利益。个人的成就由企业和国家共同分享。个人的成就不是看他个人的能力如何出众，而是看个人为企业和国家的公众福利事业作出了多少贡献。和谐作为一个极具深刻历史传统的文化价值观念，在企业的经营活动中表现为公平、均富和稳定。

（二）权力距离

权力距离是指一个社会中的人群对权力分配不平等这一事实的接受程度。接受程度高的国家，权力距离大，社会等级分明，倾向于自上而下的决策方式；接受程度低的国家权力距离小，人和人之间的关系比较平等，倾向于自下而上的决策方式。

虽然在美国的《人权宣言》中早就赋予了“人类生而平等”的基本思想。而事实上，每种文化中的所有个体都不能享受平等的社会地位与权利。不同文化中的人们因其个人财富、年龄、性别、教育、体力、成就、家庭背景和职业等不同而享受不同的对待。不同的是，在“高权势距离”文化中，每个人按照社会等级次序都有自己所受保护的地位，社会等级制度和不平等是合理而有效的，权威有权为任何目的而使用任何手段。中国等东方国家属于“高权势”文化。而所谓“低权势”相信社会应尽可能缩小等级差异，人们要敢于挑战权威，消除等级制度，只有在出于法律的目的才可动用权力。澳大利亚、丹麦、新西兰和美国等西方国家属于“低权势”文化。

在调节和处理商务纠纷方面，古代中国人习惯于回避法律，着重从伦理道德上考虑解决。一些人重吏治，轻法制，习惯于“后台”交易，认为这种“摆平”方法理所当然。纠纷发生，首先希望赢得舆论支持，不适应利用法律。西方人恰恰相反，他们更多从法律上考虑问题，惯用法律手段处置纠纷，不以良心和道德为转移。西方文化是契约文化，他们非常重视契约的精确性，也非常尊重契约的权威，契约一旦生效就会严格执行。可是在东方文化的传统中，更注重的是信誉和信任。而这种差异的背后实际是价值观的差异，是重规章制度还是重人情的差异。

在如何对待雇员与企业的关系方面。西方企业要求注重法律、注重契约的观念渗透到企业管理的各个方面，合同或企业规则以及既定的工作计划程序和规定具有至高无上的地位，企业或公司的委托代理人可以有权取消所有不成文的规定。东方文化的传统伦理思想所注重的则是人伦情谊关系，追求心理上的认同与和谐。

（三）不确定性规避

在任何一个社会中，人们对于不确定的、含糊的、前途未卜的情境，都会感到面对的是一种威胁，从而总是试图加以防止。不确定性规避指人们忍受模糊或者感到模糊和不确定性的威胁的程度。弱的“不确定规避”文化易于容忍非传统的行为举止，善于通过不确定因素和模棱两可的局面来应对压力和不安的情绪，所以人们在沟通中更加积极主动，灵活性也更强，而且在交流中更能应对自如，像这样的国家有丹麦、牙买加、爱尔兰和美国等。而在强的“不确定规避”文化中，人们习惯生活在确定性强的环境中，追求稳定的生活与工作环境，认为变革会带来动荡不安的环境，并把规避冒险作为其核心价值观，这样的国家有希腊、葡萄牙、乌拉圭、日本和中国等。应该注意的是，不确定性规避应区分具体的领域（或指向），不能笼统地一概而论。

（四）男性度与女性度

男性度与女性度，即社会上居于统治地位的价值标准。在男性气质突出的国家中，社会竞争意识强烈，成功的尺度就是财富功名，工作优先于其他职责，人们崇尚用一决雌雄的方式来解决组织中的冲突问题，其文化强调公平、竞争，注重工作绩效；而在女性气质突出的国家中，生活质量的概念更为人们所看中，人们一般乐于采取和解的、谈判的方式去解决组织中的冲突问题，其文化强调平等、团结，认为人生中最重要的不是物质上的占有，而是心灵的沟通。研究显示，斯堪的纳维亚半岛国家文化柔性较强；日本和奥地利文化刚性最强。美国是“男性度”程度较强的国家，企业的重大决策通常由高层做出，员工由于频繁地变换工作，对企业缺乏认同感，因而员工通常不会积极地参与管理。中国是一个“女性度”的社会，注重和谐和道德伦理，崇尚积极入世的精神。

（五）高背景文化与低背景文化

高背景文化又叫“强环境”文化，低背景文化又叫“弱环境”文化。根据人类学家爱德华·霍尔的观点，在跨文化沟通中，强环境和弱环境文化涉及了沟通与沟通环境的关系问题。人们在强环境文化中交流时，有较多的信息量或者蕴涵在社会文化环境和情景中，或者内化于交流者自身，相对地说，语言本身负载较少的信息量。这就意味着，在强环境文化中，环境（包括形体语言）比言语更能表达交流者的意思，这也就说明了为什么中国人有时“没说出的”要比“说出的”更为重要。而在弱交际环境文化中，交流过程中所产生的信息量的大部分由显性的语码负载，即直接用言语表达和传送，相对地说，只有少量的信息需要通过环境来表达。

东方和西方在这方面的差异是非常明显的。东方文化属于强交际环境文化，西方属于弱交际环境文化。在跨文化沟通和交流中，表现为言语对话、非口头语言沟通、空间距离、时间观念等的差异。这就是为什么在中国交际时重“意会”，而美国人交际时重“言传”的缘故。所以，中国人往往含蓄、内敛，反应很少外露，人际关系紧密，时间处理高度灵活；而美国人往往外显，明了，反应外露，人际关系不密切，时间高度组织化。

（六）时间价值取向

时间价值取向是指某一文化成员对待时间流逝所持有的价值观。主要涉及两个层面。一个是关于时间的导向，即一个民族和国家是注重过去、现在还是未来；另一个层面是对时间的利用，即时间是线性的，应在一个时间里做一件事，还是时间是非线性的，在同一时间里可以做多件事。

中国文化关注过去和现在，较少注重未来；美国文化则很少关注过去，主要着眼现在和未来。在以过去为导向的文化中，过去的经历和发生的事件是最重要的，所以人们要尊重传统和祖宗传下来的智慧。在解决现实问题时，在历史的长河中寻找“药方”总是正确的。在以将来为导向的文化相信明天或者将来的某一时间是最重要的，目前所从事的工作不是为了履行而履行，而是为了将来潜在的利益。欧美有许多国家便属于这种重视将来的文化。

时间价值取向的不同反映在商务活动中则表现在：美国人更讲究计划性，时间观念很强，视时间为有限的资源。

总之，中西方商务文化差异的产生和存在有其客观性、合理性，片面地强调孰优孰劣都不是明智之举。通过比较，探索差异形成的原因，明确了解差异以及适应差异是双方面的，这有助于更加深刻地认识各自的文化，从而有助于批判地继承传统文化遗产，避免遇到差异时用自己认为正常的标准去作判断，用自己的文化作为参照物来评价他人，误将差异变为不可调和的对立，因而失去不同文化互化与涵化的良机，增加发展的成本和代价。

第四节　商务文化发展趋势

全球贸易自由化与区域经济合作形成的规模经济、国际大市场，带来了更高效、更具竞争力的经济环境；现代消费从对实用功能的消费正在过渡到对意义的消费。商务文化的发展呈现出文化的竞争与文化的整合、商务文化化与文化商务化两大特征。

一、商务竞争表现为文化的竞争与文化的整合

从宏观看，植根于西方文化土壤的西方资本主义社会，进入后现代社会以来，已经不能解决后现代社会的诸多问题，诸如人与自然的对立，个人与社会的矛盾冲突，人际关系的紧张，世界发展愈益不见平衡等，而这些问题恰好阻碍了西方经济的发展。同时，在全球贸易的"战场"上，欧美发达国家"经济爱国主义"的声浪此起彼伏。而20世纪中叶以来，东方的日本与东亚四小龙受儒家精神的影响，与新教国家相似，也走上了经济发展的道路。中国改革开放引进市场机制所取得的成功，也尽显东方文化的魅力。劳动密集型产业是和对外贸易出口紧密联系在一起的，良好的贸易自由化环境是发展劳动密集型产业发展的必要条件，因而受到发展中国家的普遍欢迎。两相比照，强调综合，注重和谐的东方文化，开始显示出新的生命力，发展中国家与西方国家在保护贸易自由化和谐、健康、平衡的发展中发生了角色互换。亚洲经济正在崛起的事实表明，如果说性格决定一个人的命运，文化则决定一个国家的命运。忽视文化因素在商务发展中的影响，忽视发展中国家在国际贸易发展中的作用，将导致在世界经济浪潮中偏离航线。

从微观看，文化渗透到经营管理的各个细胞——结构、战略、人力资源等。文化差异对企业经营管理的影响和制约从来没有像今天这样明显。一方面，全球贸易自由化与区域经济合作形成的规模经济及国际大市场，带来了

更高效、更具竞争力的经济环境。另一方面，经济一体化成为世界经济发展的必然趋势，它要求各国的企业打破国别经济界限，树立全球经营意识，在企业经济发展战略和管理制度方面作出相应的调整和变化，从一般的市场战略、资源战略向全球市场战略转变，使生产和资本进一步国际化。从经营管理角度看，世界经济的发展正在使企业成为“多文化”团队，“全球化”组织；企业经理成为“国际化”经理、员工成为“世界公民”。国际经济的大环境为各国经济发展带来了机遇，也带来了挑战。文化学家们分析，在未来的世界经济发展中，谁要想取得领先地位，都必须在文化上做文章。这是一种软实力，即文化的竞争。商务文化能带来经济和社会效益的根本原因是，在再生产过程中，生产、消费、交换、分配诸要素、诸环节对文化含量的要求越来越高。这在商务活动中表现为文化的竞争与文化的整合。

（一）文化的竞争

一家国际性杂志《电子世界》曾就“什么是在全球市场做生意的最大障碍”这个问题在全球范围内向国际营销人员询问，结果，在所列的八大障碍中，文化差异被列在榜首。跨文化问题已日益显示其重要性和迫切性。商业的竞争，不仅是商品的竞争，更是文化品位、文化水准的竞争。

美国肯德基炸鸡店在日本开设了800多家分店，照日方经理大河原信所说：“我们出售的是往日美好的美国风光，青翠的牧场、新鲜的空气和清澈的溪流。”无独有偶，麦当劳创办人、美国最具传奇色彩的企业家克洛克，也曾说过一句令人深思的话：“麦当劳不是餐饮业，我们是娱乐业。”

贵州茅台镇的小糊涂仙酒，畅销北京、广州、武汉、兰州、长沙等地，主要得益于其独具内涵的酒名。许多消费者认为，小糊涂仙酒不仅品位上乘、口味独特，而且酒名正应了郑板桥的名言——“难得糊涂”，即“小事糊涂，大事不糊涂”“小糊涂，大智慧”。怀着这样的情怀饮酒，益处多多。

文化搭台，经济唱戏的创举也屡见不鲜，中国沈阳沈河以“塑造中央商务区（central business district，CBD）形象，迎接世界贸易组织（world trade orgnization，WTO）挑战，打造现代城市名片”为宗旨举办的国际商务节，其主题便是“商务与文化，合作与交流。”

（二）文化的整合

所谓文化整合，就是指组织要适应外部环境、社会文化氛围、组织制度的变化，将构成组织文化的各异质文化要素统合为一个有机整体。随着我国市场经济的不断发展，商务活动的内容也日趋丰富，特别是国内涌现出一批强壮起来的民族企业，已经把发展的触角伸向国外，跨国兼并成为商战的一种形式。而这种跨国竞争，由于文化背景差异大，其竞争主要表现为文化整合能力的竞争。

案例：

中国上汽收购韩国双龙后的困境

中新网2005年11月11日电《文化整合不畅 上汽双龙韩国遭遇“内忧外患”》据每日经济新闻报道，韩国双龙汽车财报显示，该公司上半年亏损6 530万美元，与去年同期赢利3 910万美元形成巨大反差。据报道，代表了一半工人利益的双龙工会，正在恐吓要举行阶段性罢工，理由主要有二：一是督促上汽履行承诺的投资计划，二是对上汽独立开发第一款双龙新车表示不满。

对此，上海大学外国语学院商务沟通教授、中国跨文化交际协会副会长庄恩平认为：“中国企业进行国际并购，避免风险的关键在于文化整合。”其实，上汽并不是没有相关举措。此前有媒体报道，在收购谈判之初，上汽的管理者们一直将如何让双龙员工也了解中国文化、了解并融入上汽文化、认同上汽对双龙未来的经营方针，当做急需解决的一道难题。为此，2004年12月7日至8日，上汽还邀请了一个阵容强大的双龙汽车工会代表团前来参观、访问。

但在庄恩平看来，上汽的这些努力一开始方向就错了，“为什么要让对方了解你的文化呢？事实上，上汽无意中透露了‘控权者的姿态’，这在跨文化管理中是最忌讳的，对于上汽而言，关键在于进行两国文化差异培训，要营造‘第三文化’，也就是一种双方都认可的文化。”

案例分析：据国际调查显示，国际间经济合作的失败，只有30%是由于技术、财务或战略方面的原因造成的，有70%的失败在于人员之间的跨文化沟通。因此，如何避免海外收购风险，成为中国越来越多尝试“走出去”的企业面临的新课题。企业在海外收购过程中，除了事先要考虑产品和组织机构的整合，还要考虑整个文化的磨合。要增强跨文化意识，缩小文化差异；了解交际双方的价值标准；充分注意文化差异对商务交往的影响；注重文化分析，掌握持不同文化的商人在商务交往中的行为特点。

随着中国加入世界贸易组织，国外跨国公司纷纷入驻中国市场，同时国内企业也开始走出国门，开拓国外市场，并以兼并、合资或者独资的形式融入经济全球化轨道。由于中西方在思维方式、价值取向、信仰与态度等存在差异，形成了世界上形形色色的商务文化差异。21世纪是一个“整合的世纪”，参与全球市场竞争的诸多企业间往往会出现大量整合互补的机会，这种整合互补中蕴藏着巨大的发展机遇。因此，文化适应与文化整合的能力尤显重要。

二、商务文化化与文化商务化的发展趋势

商务文化源于人类对商品消费的需求，因此消费者的需求是推动商务文

化最直接的动力。随着市场经济的不断发展，一方面，人们的生活水平日益提高，人的消费观念发生了很大变化，当满足基本生活需求不再是一个问题的时候，人们的消费需求将沿着阿伯拉罕·马斯洛的“需求的金字塔”规律向更高层次发展。现代消费呈现出这样一种发展趋势：从对实用功能的消费正在过渡到对意义的消费。另一方面，消费者的价值观常常受文化因素的影响和制约，商务文化对消费者价值观的影响是直接而迅速的。优质商品的生产和优质商务服务往往在满足人的生存需要与人的精神享受需要的同时，又是对人的文化熏陶。

商务活动具有文化创造和文化传播的性质，而这种文化的属性可以提高商品和劳务的附加值。根据让·鲍德里亚的符号价值理论，物或商品除了具有马克思所说的使用价值和交换价值外，还有符号价值，这个附加值就是符号价值。后现代文化中的消费概念，就成为一种系统化的符号操作行为，工业社会的物的消费由此转化为关于社会的符号的消费，是对我们自身存在方式的一种言说。人们对空闲时间的支配和花钱主次的安排正在发生根本性的变化，文艺、娱乐、科技、教育、传媒将出现新的繁荣。商务文化化与文化商务化的发展趋势正是以市场经济发达为物质基础，以人们的精神需求为推动形成的。

（一）商务文化化

商务文化化是指商务通过与传统文化的内在结合，以增加商务的文化内涵，提高整个商务活动的文化附加值，从而最终增加经济效益和社会效益。商务文化能创造效益。随着经济发展和人们需求层次的提高，利用文化发展商业，依靠商务文化带来效益增值已经成为世界性的潮流和趋势。加拿大蒙特利尔的西部商场，将文化娱乐、旅游、体育、健身与商贸紧密结合；中国成都武侯祠博物馆的锦里鲜明地打出了两张文化牌：一张是三国文化，一张是川西民俗文化，进行公司化运作，获得了文化部授予的“全国文化产业示范基地”的称号。还有南京的夫子庙、上海的豫园、昆山的周庄，潍坊、哈尔滨、云南、乐山、丰都等地利用本地独特的民族、民俗文化，振兴当地经济的成功尝试，都显示了商业与文化结合而产生的巨大经济效益和社会效益。

完成商务与文化的内在结合，可以从以下几方面下工夫：

1. 从商名的确定上下工夫

在当代经济环境中，决定商品是否畅销的第一个因素就是名称。商名是商业组织名（是一个商业实体的代码）、商品名（是一个企业产品的代码）、商标名（是商品的牌号）的统称。在市场与文化联姻的时代，商品的竞争力既要靠自身品质，更要靠商标在公众中的形象和知名度。商品商标命名既是一种经济行为，又是一种文化现象，优秀的商标名字都是商业目的与艺术文化糅合的产物。商名不仅是商业实体和商品的标志和象征，更是企业形象的一个重要组成部分，商名往往是企业愿景的艺术体现。比如：“国泰”“锦里”“好又多”“四通”等企业名称都传递了经营者希望企业兴旺发达、财源茂盛的理想。“万家乐”“小天鹅”（家电）“不倒翁”（酒）“金杯”（足球）“奔驰”等产品商标的命名，一方面寄托了经营者自身希望企业发展一帆风顺，蒸蒸日上的愿望；另一方面又是对消费着的良好祝愿。在“北京真爱环保科技有限公司（商业组织名）力天（商标名）空气新鲜机（商品名）”中，商标名“力天”的含义为：“努力每一天，为共同的目标努力每一天。集众人之力，成环保之天。众人指的是员工、顾客及所有从事环保健康事业的企业和个人。环保是件艰辛而又意义深远的事业，只有联合志同道合的人士并唤醒所有人的意识、提高全民素质才能创造环保的生存环境。”在当代经济环境中，决定商品是否畅销的第一个因素就是名称。

2. 从树立商品品牌方面下工夫

世界驰名的可口可乐公司的总经理曾断言，即使他所有的工厂一夜之间化为灰烬，他完全可以凭可口可乐的牌子东山再起。可见品牌是企业形象的象征，是无形资产，是巨大的财富。

案例：

欧林斯谈品牌

欧林斯是全球公认的企业形象与品牌战略大师，2006 年在一次接受中国记者采访时，当记者问及国家品牌的效果如何评价时，他说了一段耐人寻味的话：“我想一个可行的方式是观察人们对一个国家的说法、口碑，年复一年，仔细观察外国直接投资，观察他们希望改变的外部环境。举例说，从中国的角度，有一件非常有趣的事，对中国也很重要，就是所谓‘原产国效应’。比如我有件衬衫，口袋上有条小鳄鱼，标签上说是法国制造，从法国大公司来的，它值（比方说）80 美元；而一件同样的衬衫，只是没有小鳄鱼，只有‘中国制造’的标签，那只值 10 美元。再比如我有件西门子的家电，德国造，另一件型号相同的是中国造，后者的价钱只是前者的一半。中国要做的事情就是改变这种效应，当衬衫贴有‘中国制造’标签的时候不是值 10 块而是值 80 块。怎么做呢？就是创造自己的品牌，有它自己的价值。‘日本制造’曾经意味着廉价，三五十年后已经代表好东西，像索尼、松下、三洋已等同于高质量；‘韩国制造’也曾是便宜货，但现在有了三星、现代。‘中国制造’有一样的问题，没人知道中国名牌，所以联想会并购 IBM。你们有自己的迫切任务，建立自己的品牌。”

简析：中国有自己的品牌，如中国名牌商标“红塔山”和“海尔”的价值都在 400 亿元以上，但比起世界第一饮料“可口可乐”商标价值 359. 5 亿美元；香烟商标“万宝路”价值 330. 45 亿美元还有很大的差距。关键是，中国的品牌太少。品牌的一半是文化，因为欲创品牌商品，要先创品牌企业，而品牌企业一定有自己成熟优秀的企业文化。

3．从商品包装上下工夫

包装是商品的衣服，既要漂亮，又要体现内在的文化内涵，做到协调亮丽，赏心悦目，富有吸引力，从而提高商品的附加值。

比如旅游商品包装应体现地方民族特色与时代精神的共融。对游客来说，旅游是为了体验当地的风俗民情。由于生活方式、思想观念的差异，往往越具有“地方特色”的商品越容易吸引游客。因此，在包装上应注意融入地方文化的特色。在包装材料的选择上，一般以自然材料为主，用纸、竹、木、泥、植物的茎叶等天然材料。传统的天然包装材料，最能体现出东方传统美学的观念——“天然去雕饰，”天然美借艺术美而名扬天下，这也体现了现代人的环保意识。如第九届华东包装大奖获奖作品“五谷杂粮”用麻袋做成各种别致的小包装，既方便携带，又带给人们一种新的感受与体验。

4．从商品与历史文化的联系上下工夫

案例：

美国著名的李维斯牛仔

1873 年牛仔裤之父——李维斯注册发明了全球第一条钉口袋的牛仔裤，堪称牛仔裤之父。李维斯植根于早年粗犷的美国西部生活，李维斯牛仔是自由和个性的体现，它是独立、民主理想、社会变迁和富有情趣的象征，同时也是最为经典的牛仔品牌。对外国人来说李维斯是美国文化的象征，穿牛仔裤有一种异国风情。李维斯牛仔裤深受电影明星们的推崇。上世纪 30 年代至 50 年代，好莱坞的明星们在西部牛仔片中穿足了这个品牌的牛仔裤，其粗犷、浪漫的西部风情引领了时尚新潮。

简析：这是一种自然沉淀的品牌文化，预先没有任何人刻意地去设计和营造其文化内涵，在产品发展过程中经历的事件、故事和趣事逸闻成为了产品名称联想的一部分，在后人的记忆中，这个产品名称成为了某种文化的象征，进而具有了文化内涵，成为品牌。

中国是个历史悠久，文化博大精深的国度，我们应该善于挖掘，并运用历史积淀的文化元素为经济服务。

5．从把握现代人的文化心理需求上下工夫

著名人类学家马林洛夫斯基说：“在人类的社会活动中，一切生活的需要已转化为文化的需要。”现在人们掏钱绝不仅为温饱，在很大程度上是在买“软价值”，买潇洒、买社交、买友情。买化妆品是为了买青春，买自信；买礼品送老人是在买孝心、买长辈的高兴；买礼物送晚辈是在买爱心、买晚辈喜欢……所谓男人买牌子，女人买样子都是在买文化、买形象。

6. 从提高从业人员文化素养上下工夫

商务活动是以营利为目的，为他人提供商品或劳务的社会活动。现代商业企业开展商务活动的具体目标主要是树立企业形象、建立信誉、联络感情、取得消费者及公众的理解、信任和支持，使企业得到发展。而商务活动的主体是人，商务与文化的内在结合离不开人的作用，因而商务从业人员的文化素养尤显重要。

（二）文化商务化

文化商务化是指文化利用各种途径直接获取经济效益，自己处理自己的事务，求得生存和发展。文艺、娱乐、教育、科技主动适应商品经济效益环境迎接经济挑战，而不是依靠政府的财政拨款或基金会的资助。随着市场经济的发展，为满足人们对"意义的消费"需求，文化与商务的相互渗透是全方位、多渠道、丰富多彩的。以创造"符号价值"的大众文化、创意经济等商务活动蓬勃发展。

文化商务化的途径：

随着市场经济的发展，文化与商务的相互渗透是全方位、多渠道、丰富多彩的。有的直接一些，有的间接一些。

1. 直接的——文化产业化

大众文化是以大众传播媒介为手段，按商品市场规律运作，旨在使普通市民获得感性愉悦的日常文化形态。它是工业文明的产物；是社会都市化的产物；是日常的、愉悦性的商务文化形态。如韩国的影视产业，2004 年韩国民间调查机构现代经济研究院发表的《"寒"流现象与文化产业化战略》称，裴勇俊及其衍生产品创造了近 30 亿美元的经济效果，而这年韩对日出口总额 217 亿美元——"8 个裴勇俊大于韩国对日出口总额"。在美国，影视产业是目前仅次于军工企业的第二大产业，早在 1996 年其产值已经达到 600 亿美元。

根据英国创意产业小组的定义，"创意经济"是"源自个人的创造性、技能及智慧，通过对知识产权的开发和运用可创造潜在财富和就业机会的活动"，包括出版、音乐、电影电视、软件、广告、建筑、设计、艺术创作在内的 13 种行业。文化创意是把过去我们没有的，以及分散的创意资源催生和激发出来，组合起来，形成生产力。文化创意产业 = 文化创意 + 科技支撑 + 商业模式。有了这些要素的组合，便可以发展文化创意产业。2005 年全球创意经济总产值达到 2. 9 万亿美元，预计 2010 年将达到 4. 1 万亿美元，成为当今最有活力的产业。2006 年时任北京市市长王岐山提出，北京将重点发展六大文化创意产业，到 2010 年要把北京初步建设成"创新型城市"；上海则抢在北京之前成立了"创意产业发展领导小组"，计划用 10 年时间建成亚洲最有影响力的创意产业中心之一；深圳在 2004 年成立了文化创意产业园，主攻印刷、动漫、建筑、服装的设计。国内三大经济圈的重点城市不谋而合地要把文化创意产业作为新的经济增长点，向创意经济方向寻求发展。

2. 间接的——文化作为商务的媒介

例如："香格里拉"为什么这么"香"——名著效应。

"香格里拉"一词，是1933年美国作家詹姆斯·希尔顿在小说《失去的地平线》中所描述的一个永恒、和平、宁静，且充满神秘色彩的庙宇。那里有雄奇壮丽的峡谷，金字塔般的雪峰，明镜般的高原湖泊，碧毯似的辽阔草原，金碧辉煌的喇嘛庙，安静苍凉的古城……香格里拉不仅是西方人心中的世外桃源，也成为世界人心中理想的地方。传说中的香格里拉在哪里？大半个世纪以来，人们苦苦寻求着。云南中甸、西藏昌都和四川甘孜州稻城亚丁成了三个热点。"香格里拉"为什么这么"香"？是因为其独具的文化内涵具有很高的商业价值。

我们学习商务文化的意义，就是通过分析看得见的商务文化现象，了解和认识国内外商务文化，并去其糟粕，取其精华，传承和发扬优秀的商务文化。培养文化经商的能力。把握商务文化形成、发展的客观规律。树立商务文化的理念，在从事商务活动的过程中，能自觉将所学到的科学文化知识融入商务活动中去，并有所发现，有所创新，能够从文化层次上解决商品生产与社会需求、商务服务与商务竞争的矛盾，从而提高整个社会商品生产和商品流通的水平，促进我国市场经济健康发展。

思考与练习

一、问答题

（一）如何理解文化的内涵？

（二）文化有哪些特征？

（三）文化是怎样发展的？

（四）什么叫商务、商务文化？

（五）商务文化的表现形式有哪些？

（六）中西方商务文化差异形成的主要根源是什么？

（七）什么叫商务文化化，文化商务化？

（八）学习和研究商务文化有什么意义？

二、案例分析

（一）认真阅读第一节的案例"老秀水街的命运，新秀水楼的前景"。

问题：如果你是决策者，你会采用什么方法解决秀水市场的两大难题：一是购物环境存在安全隐患；二是出售假冒名牌商品。

（二）关于孙悟空和迪斯尼的米老鼠。

论年龄，单是甘肃张掖博物馆中的孙悟空像，就已有500多年，而米老鼠仅有20多岁；讲本领，孙悟空上天入地，几乎无所不能，米老鼠除了拿着个拐杖有点绅士风度以外，没什么大本事。可是孙悟空一个跟头就是十万八千里，却老是翻不出国界，然而米老鼠拄着它的拐杖，自由自在地走遍全世界，在给人们带来欢乐的同时，也装满了自己的腰包。因此米老鼠早就成为拥有无尽财富的大富翁，孙悟空仍只能靠啃几个偷来的桃子过日子。

问题：有人认为，只要孙悟空从书中走出来，从墙上跳下来就行了。你认为呢？请从中国传统文化对商务的影响角度进行分析。

（三）国美商战制胜的法宝

国美从1987年珠市口大街路边一间几十平方米的电器小店发展到今天全国最大的家电连锁企业，截至2005年，国美全国门店由200家增至400家，国美电器的扩张速度令同行瞠目结舌。在人们的印象中，国美的经济神话是和“价格战”紧密相连的。

问题：当代商战的竞争是文化的竞争。请到当地国美商店进行调研，找出国美在家电市场竞争中胜出的根本原因。

（四）“大芬现象”分析

自从1989年，香港画商黄江带着20多名学生来到大芬画行画，把油画变成产品至今，位于中国深圳的大芬村，已由一个仅4平方公里、居民仅300余人、人均年收入不足200元的小村落，发展成为拥有300多家画廊、5 000多名油画从业人员的“中国油画第一村”。大芬村一年制作油画行画上百万幅，2005年1到6月份油画销售额达到6 500万元，成为中国的一个油画制作销售中心。可是，在这一片繁荣的背后，大芬人却高兴不起来，首先是生计问题；知识产权问题；大芬的升级之路在哪里？大芬人面临太多的困惑。

问题：把文化做成产业，怎样才能够持续发展？

（五）为了更好证实不同文化背景人群对员工评价上存在的差异，有人对以下四类员工做了调查研究，要求被调查者选出心目中最令人满意的员工：

a. 员工主动要求做某项新工作，并且做好了。

b. 员工主动要求做某项新工作，但未能做好。

c. 员工被动接受某项新工作，并且做好了。

d. 员工被动接受某项新工作，但未能做好。

结果显示：在100多名中国研究生和本科生及72名外资企业中方高层管理人员中，100%的人选择c类为最令人满意的员工，超过半数的中国经理认为其次令人满意的员工是d类；而对于32名国外大学生和2名美国首席执行长官，他们都一致认为a类员工最令人满意，其次为b类员工。

问题：从中西方商务文化差异的角度分析，为什么在员工评价方面，评判标准会如此迥异？跨国公司或外资企业员工应如何做好自己的工作，如何表现自己，得到老板的欣赏呢？

第二章
商务伦理道德文化

第一节　商务伦理道德文化的性质和特征

一、伦理道德文化

（一）伦理道德

伦理道德是指社会伦理道德观念。它是在一定社会形态下，行为主体与所处的社会关系之间相互对待的各种意识和表现。

伦理是主体对与他人社会关系的应然性认识，即主体应该怎样对待他人为正当。表现为对事物认识的思维逻辑和行为方式在秩序关系上的思考。

道德是主体在思想和行为上对善、美、有德等的认识、判断与规范；是人们在社会生活中形成的善恶观念、情感和意向，以及与此相关的依靠社会舆论和内心信念来调节人与人之间相互关系的行为规范、行为准则的总和。

因此，伦理道德即是针对行为规范的思辨意识（应该怎么想是正确的和需要怎么做是有德）的概括。社会生活中，行为主体需要通过参与社会活动，在一定条件下建立持续的社会关系，实现社会目的、处理社会生活事务、获得社会认同；需要以“伦理道德”价值观念做出行为判断。如文明礼貌、尊老爱幼、尊重他人、爱祖国、爱护公物等就是基本的伦理道德规范。

伦理道德是自然形成的个人与个人之间或个人与社会之间的关系准则。而法律则是确证并强化社会普遍接受的道德行为规则。法律和其所承认的道德之间并不是完全吻合一致的。法律以国家强制为后盾，调整、惩罚被立法者界定的法律所认定的不道德的行为。

（二）伦理道德文化

伦理道德文化是传统习得的行为主体对他人、社会责任、社会秩序等社会关系的态度、行为表现的总和，不仅是行为主体（包括个人、法人、组织等具有独立人格形态的个体）与人相处的价值观念文化，也是主体参与社会活动、规范自我行为的处世文化。

人们总是同周围事物处于价值关系系统中，任何人都会对客观的价值关系进行这样或那样的反应和评价，并在此基础上形成各自不同的价值观。价值观反映了主体的根本地位、需要、利益，以及主体实现自己利益和需要的能力、活动方式等方面的主观特征，表现为人们“信什么，要什么，坚持、追求和实现什么”的精神目标系统。

人们总是以自己认识和接受的某种道德准则作为行为的出发点来为人处事；每个社会群体也总是以自己群体的伦理道德文化观念作为自己群体意志的行为规范，作为处理群体内外部人际关系、社会关系的准绳。

（三）伦理道德与法律

道德和法律同属于上层建筑，同属于人们的行为规范的范畴。它们都是为一定的经济基础所决定，又为一定的经济基础服务。两者关系极为密切，互相配合，互相补充，同时又有着特殊的矛盾。两者不可相互替代。

（1）法律是国家制定的，靠强制的力量来实行的。为了实现法律，国家必须设有法院、检察院、公安机关等机构。否则法律的实施是不可能的。道德则不同，它在社会生活中的作用，并不具有法律那样的强制性。

（2）作用范围的不同。道德对人们的态度和行为所干预的范围比法律要广泛得多。法律只对违法者起作用，又总是有一定量的限度，不管法律如何严密和具体，仍然不能对社会生活的一切方面都做出明确的规定，法律起作用的范围总是有限的。而道德则不同，在现实生活中，有不少方面是无法做出也不需要做出法律规定的，道德却可以干预和起作用。

（3）法律只是一定历史阶段的产物，道德是任何社会都不可缺少的意识形态。从历史发展来看，道德比法产生得更早。在原始社会，还没有法，但道德已经产生了。法的产生是与私有制的出现，阶级的形成密切联系的。统治阶级为了维护自己的利益，建立了国家，制定了法律。任何一个国家只有一种法律，但有多少个阶级就会有多少种道德，一个法，多种道德，这是人类历史进入阶级社会以后，任何一个国家都具有的现象。随着人类社会的发展，阶级的消亡，国家的消亡，具有阶级意义的法也就要被废除。但维持人类社会秩序、调整人们行为规范的道德却仍然是需要的，而且会进一步完善和发展。

二、商务伦理道德文化

（一）商务伦理道德

商务伦理道德是以商务有关政策、经济法规和社会伦理道德、社会各个历史时期市场经济体系为基础构成的思想意识形态。对社会经济生活秩序形成和发展起着直接的、决定性的作用。遵守商务伦理道德是市场经济对从事商活动主、客体的基本要求。它涉及由个人、组织、客户、社会公众和政府等各利益相关者的关系。

商务关系是指在法律基础和道德原则的前提下，国际组织、企业及个人之间涉及商务行为的经济政策、文化交流、经济合作、贸易往来等多层次作用关系以及商品交换关系的总和。

因此，商务行为主体的经济利益与社会责任之间的关系（合理与义务关系）、商务活动的利益相关者彼此尊重与相互依存的关系（德性与目的关系），构成了行为主体的商务伦理关系。

这种关系是自然形成并经世代相传，为社会成员所认可的，与经营者职业相适应的，制约和调整人们相互关系的社会行为规范。遵守商务伦理道德是市场经济对从事商务活动主、客体的基本要求。它涉及由顾客、供应商、雇员、股东、社会公众和政府等 12 个方面的利益相关者的关系。如图：

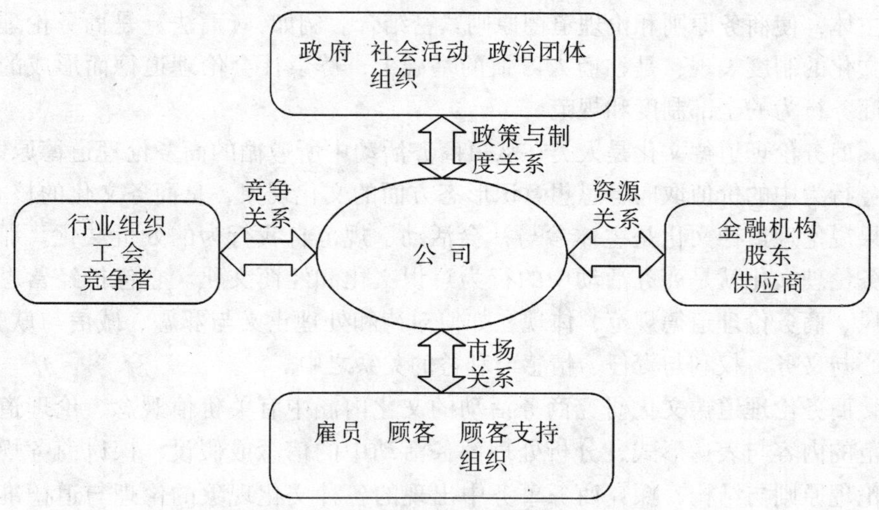

图 2－1　公司极其利益相关者示意图

（二）社会伦理道德与商务伦理道德的区别与联系

1. 区别

社会伦理道德，是人与社会各种关系之间的道德规范，主要是针对个人品德与社会公德问题在社会公共环境中的道德哲学；是个人、组织和国家在对待亲疏关系、社会公共问题上的价值观念和行为取舍的道德原则；具有社会环境中的总的道德规范的内涵。如，爱在于付出而非索取。

商务伦理道德，是商务环境中人与商务关系的道德哲学，主要是针对人们在商务问题上的价值观念和行为取舍的道德原则；是处理经济环境中的道德规范与经济利益和社会利益关系的伦理问题，具有专业性。在经济利益关系中，不涉及社会问题时，商务伦理道德与个人品德无关；符合商务伦理道德原则的行为，不一定符合社会伦理道德。如，生意人赚钱才是道德的，做生意不赚钱是不道德的。

2. 联系

商务伦理道德是社会伦理道德的分支，是社会伦理道德在商务事务中的具体表现。当经济环境中的道德问题影响社会伦理关系时，需要以社会伦理道德规范作为前提。如，患禽流感的家禽必须灭杀，而不能贩卖。克隆动物有益于人类科学技术与医学的发展，是促进经济发展的活动，但也必须在可以控制的范围内进行；而克隆人，目前来说是有违社会伦理道德准则的；君子爱财取之有道等。

（三）商务伦理道德文化

商务伦理道德文化是商务伦理关系规范的文化，是规范商务行为既合乎商务原则又合乎伦理道德原则的价值评价尺度。商务伦理道德文化是商务伦理关系的全部精神成果和行为表现的总和，适用于规范和解读商务行为及行为主体，使商务原则和伦理道德原则紧密结合。例如，《商法》是商务伦理道德文化的制度表现，是在商人习惯的基础上，尊崇社会伦理道德而形成的规范商务行为的全部制度和规范。

商务伦理道德文化是人类在从事商务活动中所遵循的商务伦理道德原则，商务行为中的价值取向等思想意识形态方面的文化现象，是商务文化的核心。如果说伦理道德文化是主体参与社会活动、规范自我行为的处世文化。那么商务伦理文化就是商务活动中的行为意识文化和经商文化。它包括经营思想作风、商务伦理道德规范，体现在如何对待和处理正义与邪恶、诚信与欺骗；良心与义务、权利与责任、情感与利益的关系之中。

商务伦理道德文化研究商务活动的文化内涵中有关价值观念、伦理道德规范的内容与表达形式，分析处理商务活动中的信念或假设，探讨商务规则的伦理原则与结构，探究商务事务中出现的各种文化现象的伦理与道德准则内涵与商务行为关系问题，如：针对商务活动中有关商务政策与制度规范、商务规则、商务组织形式、商务经验与经商格言、商务沟通和商品交易的程序与形式等文化现象的价值观念与行为模式的探讨。

由商务行为过程和结果传达出的价值观念，就是我们要认识的商务伦理道德文化的基本内容。

案例：

“注重微笑招客，落实和气生财。”这是一种善待他人的道德行为；以讲求和气的伦理意识处理生意的经营利益，是一种经商求财的价值观念，是一种经营伦理道德的行为规范。

“经营讲信誉，售货路自通。”在生意经营的实践中坚持体现良好信誉的伦理道德意识，是做好商品营销的经商原则。

“褒贬是买主，无声是闲人。”当客户有异议，正表明客户对推销的产品和服务感兴趣，意味着客户有成交的希望。这是一条观察顾客行为的经商经验，它要求我们面对他人光顾的商务行为、商业机会和对待与处理随时可能出现的交易机会必须有所准备，透过客户的异议了解其心理，及时给客户异议一个适当的答复，这是商人们有着深切体会的把握交易机会的一种有效方法。

“顾客不分贫富，交易不论多少。”在经商伦理的态度上，尊重顾客、遵循市场规律、维护潜在持续的交易利益关系，是商人看重交易的典型价值观念现象。

“人脉就是钱脉。”这是一条需要从社会生活角度深刻地理解和把握义利关系的生意经，它要求我们以商务伦理道德意识来看待社会关系，从而通过社会关系的有利渠道实现商务目的。比如，以多级代理环节构成“老鼠会”式繁衍的“传销”，是一种使人最终丧失既有社会关系的经营文化现象；而商品和服务的经营单位，在不经过中间多级代理环节的情况下，直接面对客户服务的“直销”，则是一种有利于促进交易双方保持原有良好社会关系的经营文化现象。

“靠山吃山，靠水吃水。”不同眼光、不同社会经验、不同商务伦理道德文化意识的人理解和实践这条原则，会产生截然不同的道德结果和价值意义。以因地制宜、因势利导的眼界，通过有建树和发展的作为来理解与实践；还是以坐享其成、巧取豪夺的行为意识来耗费、侵占有限的资源？是依靠社会制度对某种资源保护或开发限制的规则中可能构成的垄断机会，通过“权力寻租”套取利益；还是着眼于有效地维护社会资源的合理利用，通过建立公平的资源调节机制来充分发挥有限资源的价值效用？二者之间具有截然不同的道德意义。

还有如：“钱财如粪土，仁义值千金”“亲兄弟明算账”“不骗不赖，不成买卖”“衣帽取人，看人兑汤”等文化意识现象，都具有商务伦理道德文化的内涵。

分析提示：因不同的价值观而形成的各种各样商务伦理道德文化现象随处可见，沿着“对待商务行为和处理交易利益关系”所表现的观念特征，就可以探究和把握其中的商务伦理道德文化内涵，更深入地认识和把握其价值作用，提高我们驾驭商务的能力。

三、商务伦理道德文化的特征

有人群的活动就会有伦理观念文化的产生，差异化的社会有着不同的商务环境文化氛围，导致了商务伦理道德文化具有多种特性。

世界上各国的商务文化中所包含的基本伦理道德文化观念，不外是寓于其宗教信仰或哲学思想以及风俗习惯之中。由此可以归纳出以下主要特征：

（一）一致性

商务伦理道德文化与社会伦理道德文化具有一致性，伦理规范具有与商务规章制度、社会伦理习惯紧密相连的文化特征。如，“说实话办实事”。

（二）继承性

商务伦理道德文化是通过商务活动习惯形成的文化。如“以义制利”是中国传统商务伦理道德文化的精髓。

（三）层次性

商务伦理习惯和规范要求在个人层、组织层、社团层、社会层和国际层，分别具有不同层次的文化特征。现实生活中，私人之间的交易行为相较组织与组织、国与国之间的商务活动，显然是具有不同层次的要求和规范的。

（四）多样性

在不同历史背景、不同政治与经济制度，以及不同宗教信仰、哲学思想、风俗习惯的影响下，商务活动的善与恶、应该与不应该具有许多差异性规范的文化特征。例如，作为商务契约的伦理文化重在信用有所保证，而作为商务接洽中的伦理文化则重在建立人们相互沟通、信任的礼仪规范。又如我国一些民族或地区的风俗习惯中，把饮酒能力看做建立商务信任的一种基本要求；而另一些民族或地区却并没有对饮酒能力的要求，饮酒只作为商务关系建立的助兴。

（五）稳定性

商务伦理道德文化始终是以人与人的互信为承载而表现的信用道德文化，商务行为始终是建立在确信基础上的交换、交易行为，在历史上不同社会巨大变迁中，表现了具有延续稳定性的文化特征。从以贵金属流通作为信用媒介的古代到以银行电子汇兑信用媒介的今天，商务行为的形式变了，而以互信为基础的伦理道德文化稳定不变。

（六）约束性

道德规范处理的是我们认为会对人类带来利益或造成伤害的事情。商务伦理文化以商务道德原则规范和《商法》条文律令规范作为其文化表现，在客观上对人们从事商务活动具有自律和他律的文化特征。如，对食品、药品等的制假贩假行为是对消费者信任和社会道义原则的破坏。

把握商务伦理道德文化的性质与特征，有利于我们在商务实践中深入认识和理解不同的商务伦理道德文化现象，在工作中有效实现商务沟通、建立稳定持久的商务关系。

第二节　商务伦理道德文化的内容和作用

一、商务伦理道德文化的内容及表现

商务伦理道德文化的具体内容在于不同商务活动群体所坚持的价值信念和原则的内涵和表达方式在商务文化中的不同现象。不同社会群体在商务活动中形成的行为模式，对于信仰、价值与道德关系的处理有着文化符号、语言、规范和价值概念内容的差别，是商务实践中以文化模式所反映的伦理道德价值观念和原则。由商务行为过程和结果传达出的价值观念，就是我们要认识的商务伦理道德文化的基本内容。

中国传统伦理文化是以儒家思想价值体系为主流，综合了道家、佛家道德思想以及多民族民间风俗伦理思想的伦理文化，反映在商务文化中就是古往今来中华商人以“礼、信、仁、义、智、勤、勇”为主要特征的经商之道。礼，是重视人、倡导德，强调人与人之间相互尊重，表现商务文明以礼为先；信，建功立业需要说话、立论都信实，商务交流与发展建立的基础是诚信；仁，表现为以人道主义原则尊重人、理解人，经营过程中要能守住诚信的道德底线，秉持以仁爱之心对待他人，“凭良心做事”；义，是一种人生价值观，重大的商务决策往往要求商人们具有“义无反顾”“舍生取义”“义不容辞”的人生态度，以道义准则规范、引导逐利行为，才能积累声誉资本，进而可以吸引更多的资源，引发更多的商机，从而“生利”、增加财富；智，则表达经商中善于经营谋划，并需要有见地、有眼光才能够发现和把握商机；勤俭，既是经商的一种美德，也是商业资本积累的一个重要手段；勇，要求商人在面对商机的不确定性中具有胆略，勇于把握机会，要在仁、义、智的基础上敢于挑战、竞争和冒险。

坚持以中国传统商务伦理道德文化为基础发展当代商务伦理道德文化，是我国商务文化建设的必由之路。当我们有着自由、平等的观念与环境，有着以真诚和信任为前提的商务氛围和需求时，商机就会出现；当我们不是以形式上的现象来模仿一种经营，而是从商务伦理道德文化的本质上把握商务活动的过程和目标时，真正的市场就会展现在我们眼前。在知识经济时代的今天，商务活动尊重市场选择，支持市场经济的活跃，正是现代商务伦理道德文化的表现。

根据商务伦理道德文化层次性特征，从实际操作中（而不是解释）我们可以依主体不同利益和不同的动力而将商务伦理区分成三个不同的层次：微观层次，我们探讨单个的个人——雇员或雇主，同伴或经理，消费者、供应商或投资者——做什么、能做什么以及应该做什么，以便去理解、去设想他

的伦理责任。在中观层次上，不仅包含了经济性组织和公司、厂家，而且包括了贸易联盟，消费者组织、各种职业联合会等，他们的行为不能简单地表述为单个成员的行为之和。组织具有其自己的目标、利益和行为方式，并能发展一定的自治性，而这种自治性有可能与个人的利益相矛盾。当论及公司该做什么，公司的伦理责任是什么（这正是公司伦理的问题），这意味着公司本身被看成一个“道德主体”或“道德角色”，可对应于个人被看成一个“道德个人”。

在宏观层次上经济制度和经济条件形态：经济秩序、经济、金融、社会政策、国际经济关系等。例如：关于生态问题。公司的环境政策与个体消费者的生态行为在本质上是不同的，而与政府的环境政策有根本的差别。它表现出个人（个人信念）、组织（集体价值）、整个制度（公共义务）三层。

这三个层次既不能混淆，又缺一不可。尽管三个层次之间的关系错综复杂，但任何一个层次都不能彻底左右其他任何一个层次。即使在一个层次上所有的问题能彻底地解决。三层次的中心点是尽可能具体地去认识决策、行动和责任之间的联系。即在每一层次上能做什么以及应该做什么。每一单个的角色不能将他的责任推到其他的角色身上，也不能将责任从此层次推到彼层次上。一个人不可能对任何人、任何事都负责任（那样我们最终会对什么都无法负责）。每个层次商务伦理道德文化具体体现为：

（一）微观层次——商家与消费者

商务活动主要是通过商家与消费者之间的买卖行为而实现的经济活动方式，因此协调商家与消费者之间的伦理关系就成为商务伦理的主要内容。此外，协调商家与供货方、商家与商家之间的伦理关系，也是商业伦理所要规范和协调的内容。综合国外对商业道德规范的要求及国内贸易部《职业道德建设“九五”规划》中提出的“诚信、公平、情义、服务”的规范表述以及国内学术界的若干研究 ，将商业道德的规范要求概括为：“交换自由，平等协商；公平交易，讲究情义；诚实守信，追求信誉；优质服务，礼貌待客；公平竞争，正当求利”四十个字五条规范。

其内在逻辑和相互关系是：前三条是调解商业交易活动过程中的售前、售中、售后的相应道德规范要求，交换自由，平等协商是商品交易在售前必须具备的思想基础和前提条件，而公平交易是交易过程平等公正的道德保障，讲究情义是交易过程所注重的精神价值，也是交易能顺利并长久进行的保证。诚实守信虽然是贯穿于商业活动的始终的，但客观上是否具有诚信，往往只能通过售后才能完全体现出来，通过诚信，树立企业的良好信誉 ，这不仅是企业所追求的目标，也是社会对商业企业的期望。优质服务，礼貌待客是处理商业人与顾客之间的一条人际道德规范，也是商业道德的根本和核心。公平竞争则是处理商业主体之间关系的一条道德规范，而正当求利则是对所有商业主体的一种道德要求，也是他们所应追求的价值目标和归属。

（二）中观层次——企业商务伦理（企业责任）

企业商务伦理是企业和企业中的个人在从事各类商务活动时所应该遵循的道德规范和行为指南。当今社会，各类企业已经成为人类经济和商务活动的主体。企业与其他社会存在的相互关系和相互影响变得越来越重要、显著。因此，作为社会的一个重要组成单位，企业必须处理好与其他社会存在的关系，才能和谐地融合到社会运行与发展的生态机制中，从而求得自身的生存和发展。企业商务伦理主要涉及三个方面的问题：

1. 企业的价值、使命和目标

企业之所以产生和存在，从根本上说是由于它作为一种社会组织能够满足人类生存和发展的某方面的需要，具有某一方面的功能和效用。即企业的价值在于它能通过创造财富，提供产品和服务的活动更好地满足人类在精神和物质方面的需求，并使社会得以更好更快地发展。企业对人类社会的使命是为社会创造财富和提供各种满足人类生存和发展需要的产品和服务。要完成其使命，实现其价值，企业本身也需要获得自身生存和发展的资源和能力。在市场经济体制和环境中，这种能力集中体现为企业获得利润的能力。企业利润实质上是社会对企业所作贡献的一种回报和奖励。因此，企业的目标是培养和提高获得利润的能力。在市场经济的竞争的条件下，这种能力主要表现为企业拥有以较低的成本创造出较好的产品和服务的能力。

2. 企业与其利益相关者及社会和自然界的伦理关系

企业与个人的关系：企业为个人提供就业机会和产品服务。

企业与其他社会组织的关系：互相提供资源和服务。

企业与社会的关系：企业为社会提供金钱和财富，社会为企业提供良好的社会环境。

企业和自然界的关系：企业改变自然环境与景观，自然界为企业提供自然资源。

3. 企业内部的伦理关系应该注意的问题

重动机轻结果的伦理观念不仅会导致内部随意决策的不良作风，还大大增加了企业经营行为的难度。

重权益轻责任合乎义务的伦理倾向会增加少数人决策的风险最终使各方的权益都遭受损失。

公司领导和管理层人员因缺乏公正、平等的伦理观念，而不能公平地对待员工，不仅会使一些有效的管理机制和手段失灵。还会在运行这些机制时，对企业的内部管理和企业的总体发展产生十分不利（副作用）的影响。

案例：

强生的信条

我们相信公司的首要责任，是照顾那些使用强生产品或服务的人，无论他是医生、护士、病人，或是母亲、父亲以及任何其他人。

为了满足他们的需求，我们所做的任何事都必须是高水准的表现。

我们必须不断地努力降低成本，以维持合理的售价。

我们必须迅速且确实地达成客户的要求，而我们的供应商和经销商也必须有机会能赚取合理的利润。

我们对全世界的员工都有责任，每个人都应该视为有价值的个体。

我们尊重每个员工的尊严与价值，让他们对工作有安全感，他们的待遇必须合理且足够，工作环境必须清洁、整齐且安全。

我们必须帮助员工履行他们对家庭的责任。

员工要能畅所欲言地说出他们的建议和抱怨。

我们必须提供同等的雇佣、发展和升迁的机会，给那些胜任的员工。

我们必须培养一群优秀的主管，他们的所作所为必须公平且符合道德。

我们对于所在的社区及全世界有责任。

我们必须是优良的公民，支持好的工作和慈善活动，并负担应缴的赋税。

我们鼓励生活品质的提升，给民众更好的健康与教育。

要善用上天所赐的资产，并保护环境与自然资源。

我们最终的责任是赚取充足的利润给股东。

我们要尝试新的点子，持续不断地创新研究，即使失败与错误都是值得的。

我们要购买新的机器和设备，并上市新产品。

我们必须保留盈余，以备不时之需。

我们若能照着这些原则来经营，公司股东便能获取合理的报酬。

分析提示：美国强生公司（Johnson & Johnson）是世界500强的跨国企业，在2003年美国《财富》杂志上排名前五名。强生的信条就是强生公司企业文化的精髓。在其文化中我们看到了作为一个优秀的企业是如何处理其利益相关者及社会和自然界的伦理关系、履行其社会责任的。

（三）宏观层次——社会经济制度、经济形态等

宏观层次的商务伦理指社会经济制度、经济形态等。市场经济不仅是一种经济形态，也是一种伦理文化形态。作为伦理文化形态的市场经济少不了四大道德观念：一是（自由）平等观念，二是等价观念，三是互利观念，四是契约或法制观念。

宏观层次的商务伦理建设最主要的是要在经济制度的制定和执行中把握商务伦理道德文化中最基本的伦理道德原则。

1．正义原则

人们除了重视自己的利益，同时亦有正义感的能力，能够作出道德判断并自愿遵从合理的道德原则。正义是在社会基本制度安排构成范畴的、人与人之间的人格平等和人际关系的公正相待。正义在传统伦理文化中表现为对"义"的描述，即为人的品德公道和人格正直的品质，并具有直面邪恶的威严。

正义在经济意义上表示机会均等和市场分配公正。涉及利益分配问题以及社会基本政治制度安排、法律程序的公正制定与实施的现代意义上的正义主要有：遵循等值等价交换的交换性正义原则，商务伦理道德文化中处理经济主体关系上的尊重、独立自主、平等和公正、互惠互利的对待问题，交互目的关系上的交换价值利益、算计依据的可区分界定问题；以社会基本制度安排的分配性正义原则，商务伦理道德文化中处理经济行为关系上的权利和义务公平、平等和责任的对待问题；以消除事实存在的实际不公正，在社会自为的普遍伦理道义上的道义性正义原则，商务伦理道德文化中处理经济后果关系上如何承担社会道义问题，如人道主义、扶贫、赈灾、社会就业以及环境保护，等等。

完整内涵的交易中，合法经济行为主体之间，为实现互惠互利、公平合法的价值利益交换，就要求参与交易各方，都应具有财产权利明确界定的合法经济身份，具有财产价值可算计的合法依据，从而具备公平合法的伦理条件，以在经济活动范围内的社会分工、互通有无、交易价值剩余的前提条件下进行交易，实现交换性正义和分配性正义。而道义性正义原则要求交易在合法的基础上，遵从社会最基本的道德正义要求，对客观上的第三方不构成道义危害（如不贩毒，不制假贩假，不贪污腐败等），从而满足承担交易经济后果的社会道义。

2．诚实信用原则

诚实信用原则，要求经济主体必须以善意、诚实的态度对待承诺，这是对所有参与商务活动的行为主体、法人主体的道德准则。

信用是承诺的可预期性，表现为信托与受托双方之间的一种可靠的承诺或对应性的互报，是信托方在某种条件下，与受托方在权利与义务上的相互性对等信任关系。个人信用主要是指个人的诚实人格或可信赖的品质美德，是个人无条件的诚信品质；社会信用则主要是指普遍信任和普遍责任的承诺，是有条件的诚信。

不负责任的行为会破坏经济主体间的相互信赖，而市场信用仅靠个人力量是难以维系的，它需要一系列的复杂程序、规则，如市场准入、市场交易秩序等都必须在参与者多次博弈之后达成某种共识，从而建立起相应的信用制度。西方资本主义发展的历史表明，早期资本家的欺诈手段经过一百多年的发展才逐渐被比较人道的方式、比较可靠的信用规则所取代。今日的经济全球化，也恰恰是信用规则被普遍认同的结果。

3. 基本道德原则与法律原则

基本道德规范被认为是维持社会秩序所必不可少的限制和禁令。基本道德原则往往被立法者赋予法律强制力，成为法律原则。

例如，公平交易原则是市场交易原则，它指所有市场交易活动必须遵守的共同行为准则，是为经营者提供保证市场交易公正性的最基本的依据。我国的《合同法》中对交易主体订立、履行合同就做了自愿、平等、公平、诚实信用、遵守公认的商业道德等原则的明确规定。工商行政管理机关在反不正当竞争、保护消费者权益、促进公平交易中发挥法律职责作用，担负着公平交易管理执法功能。

目前，我国商业伦理教育中存在着宏观、中观和微观脱节，重视微观个人职业道德，忽视中观企业社会责任和宏观经济制度伦理的现象。

案例：

“朗讯贿赂门事件”与“肢残盲妇替亡夫还贷”

据2007年12月28日报道：美国电信设备巨头阿尔卡特朗讯就涉嫌在中国行贿一事同美国司法部和美国证券交易委员会达成调解协议，该公司将支付250万美元罚金。这是一种清晰的认罪行为。早在2005年，朗讯就因涉嫌行贿，迫于美方司法压力，解雇了中国区的4名主管人员。据12月25日《第一财经日报》报道，美国司法部的声明指出，从2000年到2003年，朗讯花费了数百万美元用于中国官员的314次旅行，涉及近1 000人，其中包括纯粹的观光娱乐旅行。仅在2002年和2003年，就有24起朗讯赞助的针对中国官员的旅行。美国司法部门的声明指出：“参加这些旅行（受贿）的人物有政府官员，其中还包括国有电信公司的高管，以及省级电信子公司的负责人。”但声明并没有指出涉嫌机构和官员的具体名称。美国司法部门已经掌握的，想必我国相应机构也不难知之。那么，“是谁接受了朗讯的贿赂？为什么在中国的违法行为，美国闹出了大动静，而咱们这里居然风平浪静、安然无事？”

也是在2007年，据《重庆晚报》11月28日《肢残盲妇乞讨八年替亡夫还贷》报道了垫江县高峰镇石丰村1组58岁的村民肢残盲妇周安会为了完成一个承诺——8年前答应丈夫临终前的嘱托：“还欠着信用社一千元贷款，一定要还。”而“走”上了为夫还贷之路。她的想法和丈夫一样：不能欠国家的钱，借了钱哪能不还？8年来，家徒四壁，双目失明，下肢瘫痪，还带着一个9岁儿子的她，靠匍匐行乞，受尽屈辱，历经辛酸，终于还清了贷款。

分析提示：如果说前一件事件让我们质疑，后一件事件让我们感动的话，把两件事情放在一起，其间的落差，在令人震惊之余，人们不禁要问“允许不道德的行为盛行本身道德吗?”可见，社会伦理道德严重缺失的重灾区不在微观层次。

当代社会，人们的基本活动就是通过生产商品和提供服务以获得报酬，然后再去换取其他商品和服务。人们日益增长的物质文化需求，一方面极大地推动了商品生产、促进社会向前发展，另一方面又对商务伦理道德文化提出了更高要求。所以，原商业部部长胡平同志指出：“商业道德准则不仅是有商业活动的企业的准则，也是全社会的道德准则，商业伦理应该体现在物质文明、制度文明和精神文明中，真正成为一个我们时代的精神支柱。”

二、商务伦理道德文化的作用

(一) 从宏观角度影响着商务政策法制环境文化和经济环境文化等非物态商务环境文化

商务伦理道德文化在政策法制的选择和制定、经济战略的提出等方面赋予经济发展以观念价值意义，给社会分工在物质生产、交换、分配与消费等方面予以信心、信念和舆论的引导；在社会主体之间促进相互沟通，保障经济生活与社会生活在一定的组织、机制之内有序地开展，赋予市场经济发展以有效运行机制的效能。市场经济体系的构建与有效运作依靠合乎伦理道德的商务行为而存在，以一定特性的伦理道德框架所界定的商务活动规范和制度，不仅是构成一种商务文化价值体系的最重要的内容，也形成与之适应的商务政策法制环境文化和经济环境文化的内容。

商务活动发展要求健康、和谐的非物态商务环境文化，无论在不毛之地或是在极其繁荣兴盛的现代都市，都以其所具有的商务政策、市场运行机制和商务信任关系环境所体现的商务伦理道德文化的内涵和底蕴，预示着它未来的发展前景。合乎伦理的具有建设性的价值观念、交易成本低的政策法制和经济环境是市场经济发展的结构性前提因素，加上人们对竞争优势与时机条件的把握，就具有了商务活动成就的必要条件。

(二) 从微观角度影响着每一项商务活动

商务活动和经营行为中需要知进退、明事理，善于站在机会的窗口。商务伦理道德文化意识使我们有机会处于以信任为基础的良好的商务环境和商务氛围之中，有机会获得商务活动的持续发展；同时依靠法律保护我们与他人的契约关系的建立，能够使双方没有履行义务得到追究，使违约行为得到监督制裁，完善道德信任关系。能够使人们通过认识行为主体对商务目的采取的手段和所采取的态度与行为，产生一定的鉴别能力，避免商务活动的道德风险。

（三）具备利益保障、行为决策和规则作用

1．利益保障作用

商务活动是以对利益的创造、获取、分配与维护为目的的价值创造活动，没有对权益的界定和保障是难以为继的。商务伦理道德文化满足了人们对物权界定的需求，成为利益保障的道义原则。

2．行为决策作用

商务伦理道德文化还在商务行为中承担起主要解决组织决策、行为和政策的“对错”问题的责任，通过伦理思维使当事者面对互相冲突的选择和信息并进行筛选，能够获得方法处理伦理困境；通过伦理思维来把握一些指导原则，从而使商务决策能够更好地平衡经济利益和社会责任。商务活动是不断向前发展的，制度和法律体系无法预见和涵盖所有问题。当涉及影响深远的伦理问题的复杂事件和危机时，市场体制不能有效地指导人们应当怎样。复杂的道德问题会导致当事者正视眼前的事态，需要商务工作者能够凭直觉认识或学习理解并关注公平、公正，以及对他人、对组织和社团能够采取适当措施和调整程序来对待和处理问题。组织或个人在企业政策、程序或针对他人采取的行动中所享有的利益、份额或索取权，可能建立在道德、法律、经济、社会、技术、生态环境或政治力量基础上。其中的利益相关者和利害关系并非总是一目了然或清楚明了的。当行为主体要参与某个市场竞争，就与相关竞争性企业在经济生存力上构成利害关系。利害关系可以是时间导向的。如对过去行为的索赔，对当前事故或导致他人精神紧张的索赔，对未来事件提出请求权以免计划受到相关者的阻止。商务伦理道德文化因而具备了行为决策和规范的作用，帮助组织正确认识商务关系价值，理解和分析利害关系。

国际组织、跨国公司、金融市场、各国文化和政治意识形态与政府政策、各国法律以及技术和无数利益相关者的利益之间的纷繁复杂、动态变化的相互关系组成的全球经济环境，是今天称之为全球一体化的国际经济发展方向。以新经济商务模式为先行者的经济全球化，提高了国际间物质与文化生活水平、就业机会，扩展了资本交叉流动；但也加剧了文化与价值观的西方伦理化，强势跨国集团在经济权力上削弱了弱势国家主权与法律对其国民利益的保护，使得自由贸易活动在处理和对待文化与价值冲突、防止贿赂与腐败、关注环境与生态保护等方面，成为国际性组织和企业面对的商务伦理上的尖锐问题。

商务环境中的每个利益相关者都具有自己的道德角色，并由此负有承担利益追求的行为责任。商务伦理思维，要求我们认清并界定好所处商务环境各个层次与环节中的利益相关者，评估商务活动或行为于相互间的利害关系本质和力量（如，利益相关者在商务行为要求中的合理合法性与利益公正敏感性、目标信念于商务机会中的积极作用、合作中的权益与道德责任的关系等)。通过基于价值意义的有效分析方法和决策准则机制来权衡利弊、处理行为对待，表达正确的信念和鲜明而积极的立场，保持理性积极的道德角色形象，避免行为失范。

3. 规则作用

商务伦理道德文化通过其制度内容，如市场经济制度、行业管理和组织协会的交流规则与行为自律规则规范、企事业文化中的制度和行为规则伦理规范、市场交易秩序规则伦理规范、所有特定行业商务纪律规则与各个民族、地方风俗习俗规则、因各种缘故以不成文形式出现的潜规则，还有国际间跨文化商务应遵循的国际惯例等，构建起商务活动的规则，不断作用于商务活动的全过程，形成不同层次经济的发展和制约因素。

商务伦理道德文化发挥规则作用，将成为商务活动的激励或钳制因素，调剂和维护市场经济活动平衡关系，并强化社会信用机制。由于社会生活中的自然竞争关系，人与人之间存在道义、信任与感情差异，使不同社会层次、权力层次、政治地位、经济地位、行业组织和不同性质团体的人，在权利与责任的差异、机会与现实的条件中存在着实际的各自利益的不平等，在道德伦理境界与文化修养的差异以及不可言说的各种既定“内部”协议（如商业秘密）等关系上，促使人们为维护个人自身、组织团体、社会群体的实际利益，以潜移默化的方式在现实社会交往中形成大量的伦理“潜规则”。潜规则潜在于各种正式和非正式组织之中，是潜存于人们意识中无法明言或“不可明言”的行为方式，它们各自担负着不同人群利益的使命。好的潜规则有助于正式的伦理道德规范发挥作用，起到社会关系润滑剂的效用，也是优秀道德规范的前身。比如，作为公司商务谈判代表和公司产品推销员在处理客户关系上有着明显的差异，但趋向前者的行为规则正是现代商务模式的发展方向。不良的潜规则蔓延，既有源于社会政治、经济利益等级差异的不平等关系和社会道德伦理观念混乱以及法制民主不健全的因素，还有因政策管理责权出现交叉、权力失控、责任不到位而有意无意形成了权力真空的灰色地带因素。它会形成恶性循环，如导致人们被迫在模糊朋友、亲属馈赠与受贿、行贿的界限上做文章等，创造对“权力寻租”的现实可能。不良潜规则导致了人治大于法治，导致了潜规则重于明确的道德规范，重视编织人际关系网，轻视法治等现象。而更为危险的是，灰色地带一旦导致“权力寻租”，既得利益者往往通过某种潜规则而构成强大的势力，成为危及社会公平正义的毒瘤，使正常的市场经济运行机制遭到严重破坏。

商务伦理道德文化是涉及由不同的行业经济利益、文化价值环境构成的交流氛围文化，这就要涉及不同的文化和利益“圈子”，如：影视圈、娱乐圈、广告圈或产业界、商业界等。尽管各行各业都有自己的行规，但都必须遵循最基本的商务伦理道德原则，才能有效建立其信誉。因此，我们既可以从各种交易交流会、展览会，各种商务谈判、营销推广、公关礼仪中看到不同氛围和规则的要求，但又看到讲究秩序、礼节仪式和规矩的一致性，这便是以商品、服务为中心的全球化商务伦理道德文化的表现。

在一定环境条件下，人们都形成有既定的商务“游戏规则”，建立这些规则的基础首先就是正义和诚信原则。

国际间的跨文化商务活动需要遵循国际惯例。国际惯例通常是指由国际组织根据国际上长期实践中逐渐形成的一般习惯做法而制定成文的规则，这些规则，根据当事人意思自治的原则，被国际上普遍接受和广泛使用，而成为公认的国际惯例，是国际社会通行的商务伦理规则。国际惯例并非法律，但通过政府立法和国际立法可赋予它具有法律效力。尊重国际惯例，是有效开展国际商务业务，维护国际经济秩序之道。

（四）诚信是一种资源

1. 诚信可以在竞争中取得双赢

对诚信缺失的思考，是一场高层次的道德反思，更是认识市场规则的过程。在表面上，“诚信”与“利益”似乎处于鱼与熊掌不可兼得的矛盾之中；但实际上，“诚信”与“利益”并非一对冤家，坚持诚信是获取长久利益的前提。诚信在伦理学上的含义是“真实无妄谓之诚，诚实不欺谓之信”；诚信在经济学上的含义是“信用”，诚信的缺失，就是信用制度的崩溃。不健全的市场机制撕裂了“诚信”与“利益”的纽带，把“诚信”与“利益”推向矛盾的境地，对利益最大化的狂热追求，导致欺诈行为的出现。随着市场机制的健全，诚信成为现代经济的规律之一，坑蒙拐骗的手法在西方市场上早已不适用了。

为什么外国人无一例外都讲究诚信？外国人讲究诚信不是出于伦理上的狂热，也不是良心发现，而是随着市场竞争机制不断健全，企业生存发展的巨大压力所逼。讲究诚信，是外国人心甘情愿的选择。我们可用“博弈论”（又称策略论）来解释选择“诚信”的合理性。

案例：

“囚徒困境”的故事

一天，一位富翁在家里被杀，财物被盗。警方在此案的侦破过程中，抓到了两个犯罪嫌疑人，并从他们的住处搜出被害人家中丢的财物。但是他们矢口否认曾经杀过人，辩称是先发现富翁被杀，然后只是顺手牵羊偷了点东西。警方将两人隔离，分别关在不同的房间进行审讯。检察官说：“由于你们偷盗罪已有确凿的证据，所以可以判你们 1 年徒刑。但是，我可以和你们做个交易。如果你单独坦白杀人罪行，我只判你 3 个月，你的同伙要被判 10 年刑；如果你不坦白，而被同伙检举，那你要被判 10 年刑，他只判 3 个月的监禁；如果你们两人都坦白，那么你们都要被判5年刑。”在罪犯看来，显然最好的策略是双方都抵赖，这样两人都被判1年徒刑；但由于两人处于隔离的状况，无法串供，权衡之下，最稳妥的策略就是两人都选择坦白，各判5年。

分析提示：我们可以从这则故事中领会到博弈的主要观点：“损人不一定会利己。”故事看起来很简单，其实蕴含了很深的博弈道理，也就是说把所有可能出现的对策，一组一组地排列出来进行分析，为决策提供参考。

由此可见，要想诚信成为博弈者自愿的选择，关键是把一次的博弈转化为重复性的博弈。其方法有两个：一是建立行业协会，互通信息；二是建立完美信用交易记录制度。如此一来表面上的一次性交易，事实上就成为一种长期的交易，一次性的博弈，也就转化为重复性的博弈。

2. 现代社会的诚信，可以这样理解

诚信是一种具有回报性的投资，因为市场经济是信用经济。可是现在有些企业为了眼前的利益，采用坑蒙拐骗、假冒伪劣等方式来积累财富。这种敛财行为迟早会受到惩罚的。

诚信建设也是一种能够确保中国民营科技与经济企业可持续发展的宝贵资源，要打造一个优秀企业、长寿公司，就必须对顾客有绝对的忠诚。百年老店“胡庆余堂”，今天为什么还能屹立在商业界当中？原因就是它的匾牌里的两个字“戒欺”，绝不短斤少两，绝不以次充好。

世界贸易组织是信用大法。我们要加强信用体制建设，提高信用水平，完善市场体制，发挥市场的自身净化功能，让信誉好的生产者长期生存，让不讲信用的生产者被淘汰。

第三节 中西方商务伦理道德文化的比较

一、中国商务伦理道德文化概述

（一）中国传统伦理道德文化的核心

中国传统伦理道德文化在中国人的日常生活中处于举足轻重的地位，其核心是以儒家伦理观为主导的基于结构化社会的等级关系下的道德规范。道德价值体系体现社会等级阶层的身份、地位与彼此界限，表现为以“尚礼”为基本秩序的社会伦理道德观念。礼作为中国传统文化的核心，也是结构化社会需要依据的准则。礼是一代王朝的政教刑法和朝章国典，是王朝统治者治理国家、维系家天下的等级制社会政治秩序的准则、制度或规程。古代中国从家庭到家族、国家，都是按照“礼”的原则建立起来的。“恭而无礼则劳，慎而无礼则葸，勇而无礼则乱，直而无礼则绞。”（《论语·泰伯》）。

中国古代，天子以礼治国的方式就是王道，是臣民必须遵循的秩序，伦理道德规范和一切规矩的建立都要以此为根本，才是顺应天道的。中国人的血缘关系是人际关系中最重要的关系，君臣、朋友等关系均由此推出，个人在这些群体的关系中是一个依存的分子，几乎没有“自我”的空间和余地。中国人习惯于将个人称为角色（具有某种身份和地位）而不称个体，是具有群体生存需要，有伦理道德自觉的主动的个体，并且认识到其行为是由行动者知觉到这个关系中的其他人的思想、情感和行动所决定的。

（二）中国传统商务伦理文化强调“义利”关系

社会诚信道德观念和统治者伦理道德法令规范是商务伦理行为原则，在先秦儒家看来，商人要实现组织商品流通、媒介商品交易的社会职责，就是要正确处理好体现商业经营指导思想和根本原则的“义”与“利”的关系。

儒家“义利观”的核心是“义以生利”和“以义制利”，由此所派生出“见利思义”“取之有义”“先义后利”“重义轻利”等思想，构成其基本内容。这些“义利观”同市场的公平交易、等价有偿、互惠互利等原则相融会，构成中国传统商务伦理道德文化主流。

二、西方商务伦理道德文化概述

（一）西方伦理道德文化的核心

西方伦理道德文化是基于契约化社会的平等关系下的道德规范。个体的基本社会角色是公民而不是家族成员，公民包含着贵族与平民，而奴隶则不在公民之列。在这种文化中，个体总是要使自己独立于他人，自我是独立自主的，自我表达和实现被认为是最重要的。

苏格拉底第一个指出了行为与知识的内在联系，探讨“至善”问题，建立了“美德即知识”“三等级、四立德”理论体系。

西方法律起源于《圣经》中的摩西十戒。法律高于国王，法律至上，对法律的畏惧就成为了西方法律的特色。西方伦理文化中，上帝与人类是以契约关系相互对待的，社会关系就必然以此为基础，法律的约束构成维系社会存在的先决条件。

近代西方思想家们，从发展资本主义的要求出发，强调满足个人的需要和利益，深入地探讨了人的价值、人的尊严和自由、善的本质、道德评价的根据等问题，并以不同的方式提出了调解个人和他人、个人和社会利益关系的道德原则。

西方伦理思想的基本精神表现为人道主义、个人主义和敬畏上帝。人道主义反对超自然主义，把人看做是自然对象，肯定人的基本尊严和价值，以及人运用理性和科学方法获得自我完善的能力；个人主义高度重视个人自由，认为只有个人得到充分发展，才能有社会的发展；敬畏上帝构成了西方人的精神支撑，是西方人通向精神信仰和终极关怀之门，也是西方自然科学发展的巨大精神动力。

（二）西方商务伦理文化强调“契约”关系

罗马法竭力维护私有制，是“以私有制为基础的法律的最完备的形式”。罗马法对买卖、借贷、债务、契约以及继承涉及简单商品所有者的一切法律关系，都作出了明确的规定。罗马法中发展起了诚信契约和诚信诉讼。相对于严正契约而言，诚信契约要求债务人不但要承担契约规定的义务，而且要依诚实信用承担善意、诚实的补充义务。西方世界商务伦理文化由此表现为以罗马法道德体系作为核心构成。

西欧中世纪城市的兴起，商品经济日益发达，这些城市逐渐脱离领主而取得独立地位，契约关系使执著于现世的物质生活的市民阶级产生；“文艺复兴”驱动了人的创造力，追求财富与幸福的努力带来经济的发展和社会的进步，同时也积存下自私自利、尔虞我诈、道德沦丧的种种可能，必须以强有力的法制与道德来制约，法制传统与宗教精神成为西方经济的规范机制。

西方商务伦理道德文化始终以宗教伦理观为主导，罗马法是贯穿西方社会和商务的伦理和法制的规范基础，近代工业革命的迅速发展使之开始了全新的发展。

三、中西方商务伦理道德文化比较

（一）中西方商务伦理道德文化的相同特征

中西方商务伦理道德文化都强调以正义与诚信原则为商务关系的基础。中国传统商务伦理文化视“正义”为“见利思义，舍生取义”，视“诚信”为“人而无信，不知其何”等；西方传统商务伦理道德文化强调非勉于公德不能得社会之尊重，讲求博爱公道。

（二）中西方商务伦理道德文化差异

1．在基本伦理信念上的差异

西方人认为只有法的普遍推行才能使人人享有权利，并有益于社会正义的形成。西方的文化偏重于理智、理性，认为理智应该而且能够控制情感，人应该控制自我的欲望，用理智和道德去追求幸福，理智的分量大于人情的分量；这样，其在商务伦理道德文化表现上重视契约，轻视情感。

中国的责任意识因其仅仅与义务相对应，故由“仁义”所引发，“仁义”要靠“礼”来体现公正、正义。中国儒家思想的核心是“仁”，孔子曰“仁者爱人”，注重孝悌为仁之根本。推行仁义的办法是通过血亲情感和强调人的道德修养，导致推崇德治而忽视法制。由于重德治、轻法制，个体的权利无法真正确立，主要表现为一种自觉的责任意识的自觉全面的履行，而不是想去维护一种付出后应当得到的某种利益。中国传统商务伦理道德文化由此表现出重视地位关系情感而轻视契约。

2. 在人伦关系和人与自然关系上的差异

西方人认为人与人之间只是依靠契约联系在一起的。在处理人与自然的关系时强调“人为万物之灵”，自然界不过是人的陪衬；强调对自然的索取和征服，认为人有能力而且必须征服自然以获取生存的条件，其商务伦理道德文化中强调独立人格的完整。

中国人讲究人伦情谊关系，讲究“君臣、父子、夫妻、兄弟、师友”，“三纲五常”等。天人合一的哲学观点使中国人自然而然地认为，人是自然的一部分，人事就是天命，人道即天道，注重人与自然的和谐、注重人与人之间先天所具有的关系基础。人伦、人情与人缘三位一体，使个体成为这个网络上的一个纽结，个体的价值只能依存于群体的实现而实现。人情、乡情是中国人际关系的纽带，商务伦理道德文化中强调服从社会关系利益的满足。

思考与练习

一、问答题

（一）什么是商务伦理道德文化？

（二）怎样理解商务伦理道德文化的性质与特征？

（三）为什么说商务游戏规则的基础首先是道义和诚信原则？

二、思考题

（一）通过学习商务伦理道德文化的性质和特征，谈谈我们在商务实践中应该具备怎样的商务伦理意识。

（二）试举一个你熟悉的例子，谈谈你对商务伦理道德文化性质的理解。

（三）商务伦理道德文化的作用是什么？

（四）谈谈你对建立信任关系的理解。

试举一个商务实践中的例子，概括商务伦理道德文化在其中发挥的作用。

谈谈你所知道的中西方商务伦理道德文化的差异。

三、论述题

（一）谈谈了解中西方商务伦理道德文化，对我们从事商务工作有什么意义？

以商务伦理道德文化知识，试述对商会和国际经济组织的认识。

（二）通过学习商务伦理道德文化知识，谈谈树立社会主义荣辱观的“八荣八耻”对我们从事商务工作的意义。

（三）试举一个“潜规则”的例子，从商务伦理道德文化的角度谈谈你的看法。

四、案例分析题

双赢的智慧

2006年7月5日，就在全世界的球迷都将目光聚焦在德国的时候，从美国传来一个令人震惊的消息：世界著名饮料巨头可口可乐的“内鬼”，企图将包括其新饮料样品在内的商业机密出卖给其主要竞争对手百事可乐。但幸运的是百事可乐拒绝了这一不正当的交易，并将这一信息及时通报给了可口可乐，世界为两大可乐一片哗然。

对于可口可乐来说，这又是一个广告机会——再次告诉全世界，可口可乐是有“神秘配方”的，这个配方是可口可乐最值得骄傲的财富，是传奇，是经典也是一个世界品牌不可超越的“武林秘籍”，虽然谁也不知道究竟是真是假。事情结束以后可口可乐是这样说的“我们的秘方保存完好，没有危险”，再次用配方吊足了世界的胃口。

对于百事可乐，这次事件使企业的形象指数更加上涨。说起品牌，百事可乐依然不是可口可乐的对手，但是2005年百事的市值表现却首次超越可口可乐。

于是有人说，这是可口可乐在演戏，目的在于用计“勾引”百事上当，把对手牵到违反法律的泥潭中去；也有人是说百事在演戏，以获得一个高姿态；但我说，这还可能是可口可乐和百事可乐共同出演的一场戏，目的在于让全世界的人把注意力转移到“可乐”上来。因为这是夏天，是饮料销售的绝对好时机。

这是两家聪明的公司，所谓商业道德就是通过商业手段不断积累财富，百事可乐和可口可乐都做到了。

问题：试分析案例中表现了怎样的商务伦理道德文化及其作用？

第三章 商务环境文化

第一节　商务环境文化的性质及特征

一、商务环境文化的性质

（一）商务环境文化的定义

现代环境文化因人类对环境危机的反思而形成，指人类适应并改善自然生态环境和解决人类生存与发展的手段，以及实施这些手段过程中所形成的环境知识、信仰、艺术、道德、法律和习俗的综合体，核心是人与自然的和谐关系。

商务环境文化与现代环境文化既有联系亦有区别，前者在后者的推动下产生；反之，又影响着后者的发展。与现代环境文化的主旨“人与自然环境”比较而言，商务环境文化被界定于商务范畴内，除了“商务人与自然环境”的内容，还包括“商务人与人文环境”“商务人与人居环境”。

因此，商务环境文化是指人们对商务活动发生的环境（包括宏观自然人文环境和微观人居环境两大类别）的认知、信仰、艺术、道德、法律和习俗的综合体，以及由此综合体影响下的商务行为和现象；既涉及商务活动主体如何处理与外部自然环境和谐发展、适应各种人文环境的问题，也涉及如何处理内部人居环境的问题。

近年来，众多商家提倡的“绿色革命”“绿色购物环境”“绿色消费”“跨文化营销”“绿色管理”“循环经济”和“可持续发展”等口号，在食品安全方面树立的“绿色食品”等检验制度，正是商务环境文化发展的表现。

案例：

今天，你“拼”了吗？

2006年，北京就有大型国际商务车展提倡“商务伙伴1+1”拼车活动，

2008年北京奥运期间，为向世界全面展示绿色北京形象，在制度的推动下，拼车更是盛行。当前，中国各大城市奔波于商务活动的人们，彼此问候的话语多了一句："今天，你'拼'了吗?"

图3－1

分析提示：现代环境文化加速了商务环境文化的发展。拼车在中国的盛行，说明商务活动不再以简单的经济利益为中心，开始了承担环保的责任。尚未树立环境文化意识的人，不能成为未来商务精英。

（二）商务环境文化的性质

1．具有主导性和制约性

任何商务活动都是在一定的环境下进行的。环境因素对商务活动的繁荣与否起主导作用，制约着各种商务活动的进程和存亡。所以，商务环境文化具有主导性和制约性。具体表现在：

一方面，从事商务活动的首要和必要条件是了解跨区域或跨国界的商务环境文化，熟知并能灵活运用商务环境文化资源，即商战意义下对孙子兵法"知己知彼，百战不殆"的发挥。

另一方面，在环保主义影响商务活动的当代，凡污染或破坏环境（无论是自然还是人文环境）、过度攫取或浪费资源的商务活动，都是短期效益行为，最终将为消费者、市场唾弃，被政府取缔，不可能持续发展。即使某些看起来微小的举措，也可能产生蝴蝶效应，造成对循环经济的破坏和人类永续发展的阻碍。各国在商务活动项目的审批过程中日益强化对环保影响的评估，不利于自然环境的项目即使上马也可能被中止执行。环保，将成为商务投资及相关活动的重大准则，必须事先做好相关策划，避免因环保问题而被取缔的惨痛教训。

2．传统性和现代性并存

商务环境文化在观念层既具备传统性——东方早期人类社会"天人合一"及西方"征服自然"两大传统；又包含着现代性——可持续性发展，合理开发，共生共存。

在行为和物质层面，各个区域商务环境文化既保有传统基础上的特色，也体现出相似的现代性。伴随全球经济和文化一体化的加快，商务环境文化的现代性逐渐加强，商务活动重视环境文化、强调构建和谐环境的程度超越以往任何一个时代；但因现代性的趋同，逐渐改变着各区域商务环境文化的传统特色。

现代市场经济环境文化在全球不断推广；区域环境文化中的消费观正在由传统的多种多样，转为朝着现代时尚引领的方向前进，可口可乐化的快餐、欧美的奢侈品等现代性消费盛行；面目一致的现代化摩天大楼商务中心越来越多……纷纷体现着商务环境文化的现代性。

3．具有可变性和适应性

人们在不同时代对商务环境的认知和相关规定是多变的。伴随着现代性的发展，商务环境文化的这种可变性呈加速状态，同时也表现出将商务活动和人类持续发展谐调统一起来的适应性。

案例：

跨文化营销：必须渗入不同地区的商务环境文化

“生意就是生意”，这样的千年古训在国际市场上已不通行。如果不能渗入异乡人的文化，风险便无处不在。法资家乐福连锁超市险遭中国“滑铁卢”，可口可乐公司也曾在印度被砸过。而日系手机于2008年初在中国市场“全军覆没”，更证明了商务活动必须适应本土，了解当地人关心什么、担心什么。

京瓷公司是继东芝、松下、三菱和NEC手机之后，最后一家宣布退出中国手机市场的日系手机，在华年销售量仅10万台，不及中国本土品牌一个月的销售量。而它是日本最大的手机制造商，产能居世界第六位。为什么会在中国市场遭遇“寒流”？日系手机在中国市场遭遇退市高潮是从2005年开始的。在与诺基亚、摩托罗拉等欧美品牌的竞争中，本土化不够是失败的主因。由于对中国市场缺乏了解，日系手机在中国市场还像在日本市场那样推出价格较高的中高端机，使日系手机在中国市场受到消费者的冷遇。同样由于价格高，利润空间有限，日系手机无法得到中国渠道商的大力支撑，在“渠道为王”的中国市场，日系手机渠道拓展不力致使销量大受影响。技术创新不够，新机推出不快是日系手机退出中国的另一大原因。而中国3G牌照的迟迟未发，作为第三大原因，加速了日系手机的退出速度。据了解，目前日本手机市场多是3G产品，而由于中国目前还是以2G和2.5G产品为主，使得日系手机在中国市场上显得“有心无力”。据了解，京瓷振华一度推出了低端手机，但由于采用的是3G标准，最后也是无力回天。

简析：商务活动如果不适应各类环境条件，最终是不能实现长期效益目标的。

作为主导商务活动进行的人文环境和人居环境，也在商务活动发展过程中，不断发生着变化。

古代中国，五岳山下都设有“镇”，是自然景区外部专门提供商业服务设施的聚落。美国规定商业开发要在国家公园以外的地方，黄石国家公园自被发现建立后，不仅禁猎、禁伐，而且陆续迁走了居住其中的印第安土著人。德国阿尔卑斯山国家公园的面积达300多平方公里，公园内并无一条索道，若干条索道都是设在公园之外的。这种区内观景、区外经商的优良文化传统，就是商务活动必须适应环境保护需求的表现。

中国整体经济环境营造目标和实践的过程，反映了商务环境文化的适应性和可变性。新中国成立初为适应复苏商务活动需要，保留了部分市场经济环境；1956年适应社会主义改造的需要，全面建成了计划经济环境；1979年以来，为促进商品经济的发展，将计划经济环境改变成以计划为主、市场为辅；党的十四大最终确立为营造有中国特色的社会主义市场经济环境目标。

二、商务环境文化的分类和特征

商务活动进行的环境，从影响和覆盖面角度划分，包括宏观和微观两大类别：商务活动共享共存的环境为宏观环境，个别商务活动进行的人居环境为微观环境。宏观环境细分为自然环境、法制政策环境、经济环境和区域环境；微观环境即指商务人居环境和商务网络环境，前者可细分为三类：商务活动主体内部的人居环境、联系商务活动不同主体的人居环境、联系商务活动主体和消费者的人居环境（即卖场）；后者商务网络环境是电子商务兴起后出现的新型特殊的商务活动环境。

根据以上分类来看商务环境文化的特征，有助于理解商务活动适应环境的方法，把握商务环境文化规律，促进商务活动可持续性发展。

（一）宏观商务环境文化的分类和特征

1. 商务自然环境文化的特征包括对立的两组

其一为从天和绿色，指商务活动在此意识支配下，确保环保规划先行、与自然生态环境和谐的行为特征。

其二为制天和攫取，指商务活动在此意识支配下，为利益最大化竭尽资源之力，从而导致生态环境失衡的行为特征。

商务活动是以赢利为目的的，为他人提供商品或劳务的社会活动。许多商务活动主体在逐利过程中，不自觉地忽视现代环境文化影响，按照西方近代史主流的攫取型环境文化模式进行商务活动，仍是当代环境面临的危机之一。动物皮草被商业运作成消费时尚，被有识人士诟责，甚至频发裸体抗议事件，便是攫取型商务环境文化张扬依旧而受绿色革命抵制的表现。

绿色商务环境文化的评价标准下，商务活动究竟对社会财富的增长有无贡献，要看它所创造的人造财富能否弥补所消耗的自然财富，是否形成循环经济。为着全球人类的未来，绿色商务环境文化将是发展趋势。

中国是当代世界污染严重的国家之一，在这种情况下，扩大绿色商务环境文化影响力，建立商务活动对环境影响（包括消耗自然资源的情况）的信息披露方法和体系，加强项目审批、行业准入以及其他重大商务活动的事前监管，实施环境保护和能源消耗的评估制度，把商务活动发展对环境造成的影响、资源的消耗减少到最低的程度，对控制污染、改善环境有着重要的作用。

案例：

日本的“清凉商务”——绿色商务环境文化现象

2005 年 6 月 1 日，日本发起了鼓励男性在夏天不戴领带、不穿外衣的“清凉商务”活动，倡导国民参与到减缓全球变缓的活动中。开展“清凉商务”活动三个月，将空调的温度设置为摄氏 28 度，减少了这一部分的能源消耗，并减少了大约 46 万吨的二氧化碳排放量。相当于减少了 100 万家庭一个月的排放量，100 万家庭相当于大阪市或名古屋市的规模。“清凉商务”荣获了 2005 年日本的新兴流行语大奖。通过“清凉商务”活动，过去一直萎靡不振的男士服装业得到了复苏，个人消费也得到了提高，而且商店的销售额在九年来第一次超过了上一个年度。环境大臣小池百合子在活动推行初的承诺“让地球和日本的男性清凉起来，让经济热起来。”已经实现。

分析提示：日本针对 20 世纪经济越发展，能源消耗就越大的摄取型商务环境文化采取了反思性作法，通过“清凉商务”活动，在激活经济的同时，抑制能源消费。我国也必须走上绿色商务环境文化之路。进行商务活动的主体应当把握这一原则，从技术革新和思想意识转变着手，尽量减少能源消耗，避免环境污染，赢得更广泛的发展商机。

2．商务法制政策环境文化的特征包括对立的两组

其一为驾驭和管理，指影响商务活动的法制政策环境文化以管理、约束、领导为特征，往往导致商务活动主体在与政府的关系中，处于被动和从属地位。

其二为平等和服务，指影响商务活动的法制政策环境文化以平等和服务为特征，在健全的法制政策保障和导向下，商务活动主体之间、商务活动主体与政府皆可平等对话、共谋发展，法制政策起到协调和促进可持续性商务活动发展的作用。

驾驭和管理型的商务法制政策环境文化，对商务活动能起到宏观调控和规范发展的作用；长远来看，如果管理为导向的法制政策体系不健全，直接

影响商务活动法制化程度低，不利于商务昌盛和高水平发展；管理型的商务法制政策环境文化还影响着各种商务活动主体的作为。中国的商务行业组织中，不少商会以“次政府机构”的面貌出现，难以忘怀“领导”的角色，舍不得改掉“视察”“指示”的身份，于是，商会成员不乐意交纳会费或捐款，商会工作人员还由政府出钱供养。而在服务型的商务法制政策环境文化的影响下，商会的核心之一是“服务”，工作人员独立于政府之外，由会员会费或捐款运作，会员把商会当做家，有事就找商会帮助出主意、想办法。

平等和服务型的商务法制政策环境文化，是商务发展的动力。中国改革多年，但门难进、脸难看、事难办的现象在一些部门和单位依然存在。托关系、找门路现象仍在商务活动中屡见不鲜。只有推动商务法制政策环境文化由管理型向服务型转变，才能使商务发展走出瓶颈，继续保持高速度并提高效益。

法制政策环境文化发达的区域，是从事商务活动的首选。世界贸易组织的诞生，体现了国际商务对平等环境文化的渴求，它的相关规定如国民待遇等，为商务活动中提供了公平的法制政策环境文化范例。

案例：

大学生毕业创办零售书店，工商部门高效服务

2009年8月13日，一名叫刘丹的女大学生准备在青白江人和乡下街从事书刊零售、出租等经营活动，青白江工商局太平工商所登记人员热情接待了她，给予提供政策咨询，帮助其核名，准备登记资料，并减免工商登记费。14日下午，工商所登记人员把“青白江胖姐书店”的营业执照交到了刘丹手中。工商部门的贴心服务，让她对创业的未来充满信心。这是该所认真贯彻落实中央、省、市区各级党委政府促进大学生创业工作的有关指示精神，从放宽市场准入、鼓励试营业、减免行政收费、建立绿色通道等方面为大学生创业提供的优质服务。

分析提示：2008年以来，受全球化经济危机影响，失业下岗人员增多。我国政府把就业问题的解决放在了重中之重。通过政策扶持，激励大学生毕业后自主创业，将就业重点放在了商务领域中。以成都市大学生创业项目贷款优惠政策为例，第一渠道是成都市自主创业小额贷款：高校毕业生在成都市自主创业自筹资金不足的，可申请不超过5万元小额担保贷款；合伙经营和组织起来就业的，可据实际人数放宽到20万元，贷款3年内由政府全额贴息。第二渠道是中国青年创业国际计划（youth bussiness china，YBC）和“银团互动”工程，由共青团成都市委负责。需要资金在5万以下的可向中国青年创业国际计划成都办公室提出申请，通过评审，中国青年创业国际计划将为其提供3万~5万元无息、无担保、无抵押的创业启动资金，并为其指派一名创业导师。如果资金在10万元左右则可申请“银团互动”工程，符合条件的创业青年可获20万元以下的信用担保贷款，对团组织推荐的创业项目，贷款利率和担保费率可予以适当优惠。

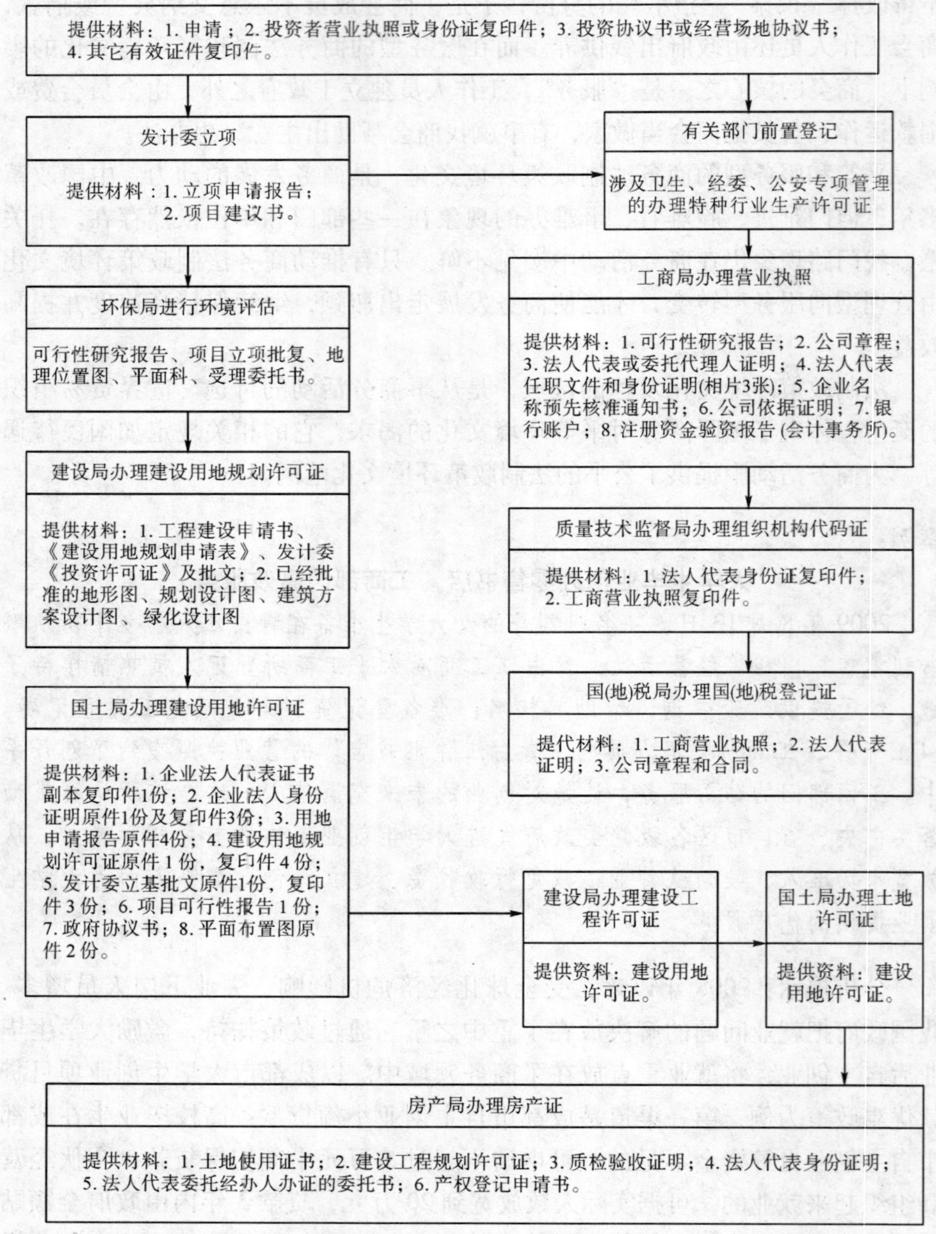

图3－2 内资企业办证流程图

3．商务经济环境文化的特征包括以下几组

其一表现为市场配置资源的自由放任和垄断并存的特征；

其二表现为计划或者统制特征；

其三表现为自由市场为主导，政府宏观调控为辅、反垄断的特征。

前两种特征的商务经济环境文化，在历史上产生过重大影响，时至今日仍在局部区域发挥影响。从“看不见的手”引导下的自由贸易扩张，到垄断行为的盛行；从垄断危机对经济的严重打击，到创造出斯大林计划或者凯恩斯统制类型的经济环境文化，又逐渐发展为运用货币等经济杠杆进行国家宏观调控，既保持自由市场体制又反对垄断的经济环境文化；当前各国的商务经济环境文化其实再也不存在任何纯粹而单一的特征，而是各种大同而小异的混合。经济学大师弗里德曼坚信，自由模式市场经济会因人的创造力而自我完善，已经为绝大部分国家所接受；商务活动对经济环境文化的认知和运用过程，实质是充分释放人的创造力的过程。

由于不同商务经济环境文化造成的影响，在不同特征的经济环境中进行同一种商务活动，可能出现完全不同的情况。具体而言，当前各国的商务经济环境文化的区别在于以下要素的运用是否便于商务活动进行：

市场秩序，业主的信誉和市场的整体信誉，市场的供应能力配套协调机制、设备材料价格、人员工资水平、资金来源、资金成本、银行贷款利息、贷款条件、融资要求和条件、关税、税收、不同时期的货币汇率等。

4. 商务区域环境文化的特征

商务区域环境指经济地理学上可从事商务活动的地区环境。商务区域环境文化的特征包括：世俗化、宗教化、传统化、地缘化，以及在商务活动规范、行为和消费等方面具有的区域趋同性。

区域环境文化因传统和地缘差异，形成了多元的表现，与商务有关的区域环境文化的多元化决定着不同发展程度、模式的商务活动。同一个区域内，因传统和地缘的一致性，形成了可供商务活动了解和分析的规范、行为和消费习惯，即“跨文化商务背景”。所以，跨区域的商务活动成功与否，与掌握商务区域环境文化信息并能恰当运用这些信息、实施跨文化营销紧密相关。

（二）微观商务环境（商务人居环境和商务网络环境）文化的分类和特征

1. 商务人居环境文化

管理学和心理学研究已经证明商务人居环境条件，如通风、照明、噪声、空间布局等因素对员工工作压力和效率的影响，推动着商务活动主体在人居环境设计方面注入更多适应发展的文化内涵。

（1）商务活动主体内部的人居环境文化的特征是激励员工和高效节能，具体表现为安全、整洁、现代化以及能够反映企业文化的空间设计与布置。

（2）联系商务活动不同主体间的人居环境文化的特征是保障双赢或者多赢，具体表现为安全、整洁、便于沟通、针对性强的环境设计与布置。

商务活动各主体越来越重视对交流环境的精心选择，充分认识到商务会所类场地的环境设计与布置，对促成该项商务交往活动的成功具有重要意义。

（3）卖场环境文化的根本特征为提高顾客满意度并促进消费，其核心内容是卖场的销售观念和销售风格；具体表现为突出功能设计、区分目标市场、体现人文关怀，营造安全、整洁、舒适的卖场环境。

大卖场概念下，一个国家或区域可被视为卖场。亦将上述第二种商务活动主体共同参与的微观环境包括进去，因为相当数量的商务活动主体彼此之间进行交往时，往往选择商务会所、酒店会议室、茶楼或者其他服务性营业场所，它们便成为联系经营主体和作为消费者面貌出现的商务活动主体的卖场。因此，这里所讲是狭义卖场概念，专指联系商务经营者与消费者交易的环境。卖场内部环境设计合理，以赢得最佳的天时、地利与人和，达到经营的至善境界。商务会所一类的人居文化，纳入第二种微观环境文化。

2. 商务网络环境文化

电子商务使得买卖双方的经营环境发生了质的变化，卖方无需再提供"水泥"硬件设施，买方看到的也不再是豪华的店堂内装修，双方都在一个虚拟的环境中交流、交易。

商务网络环境和商务人居环境的最大不同，在于网上虚拟商店的开设。但这一虚拟化，并不是商品的本质、商业服务的本质的虚拟化，而只是形式上的虚拟。也就是说，虚拟商店的虚拟行为，最终仍然要以实体的商品或感觉得到的服务来完成。那么在虚拟的商业经营环境中，买方接触到的将是以下三类"陈列"而非真实商品的摆放，这也是商务网络环境文化的特征：

（1）店堂被"主页"及一系列站内页面所取代，经营的内容平面化了。在这样的"主页"上即网上商店中，浏览者所看到的不再是传统的装饰物，而是一些画面、文字、图片等，也会听到声音，甚至可以对话（如果某网上商店有足够强大的服务能力的话）；所有商品都由图片或文字来介绍。对商品的介绍当然不能像实物摆在眼前一样，在显示屏上，浏览者不会指望像接触实物一样去了解商品，这是任何一个浏览者都已经会有的心理准备。但是，浏览者失去的这一感觉，会得到补偿：所有关于商品的信息都会以文字的形式出现在浏览者面前，使浏览者对可能的采购对象有清晰的认识。而这在传统的营销模式中是做不到的。关于这一点，后面再来论述。

（2）商务服务呈现个性化趋势，通过网络环境，与每一个买方进行联系、沟通的成本几乎可以忽略不计，所以卖方可以把握每一个消费者的情况，从而使自己的市场细分到每一个人，并且准确把握市场的需求，从而做到供给平衡。网络环境下的个性化服务的来源也根本不同：传统市场模式中，所谓个性化服务只能来源于企业对市场的研究和判断，并一厢情愿地提供所谓个性化服务。至于这种服务是否为市场所认可和接受，卖方往往并不能有清晰的认识。而商务网络环境中，提供个性化服务的根据来源于市场，即消费者可以根据自己的情况向生产及经销商提出要求；于是可以根据买方的要求提供定制服务。各大“B2B”都有买方发布订制商品及服务的平台，这使生产可以定量进行，不会盲目地猜测市场的需求。例如，海尔公司是国内最早完全在商务网络环境中进行采购的企业。它将次年的采购计划提前在每年年末于自己的电子商务公司网站上公布，要求来年凡需供应海尔零配件、辅件的供应商，都应该在网上填写这些格式文件，以完成与海尔的交易。

互联网真正实现了市场的细分，实现了一对一的服务。这在传统市场形态下比如工业时代大规模的生产模式中几乎是不可想象的。互联网时代的市场可以为消费者进行大规模的定制，它将企业及其整个价值链转变成由消费者发出控制命令。商务网络环境中的经营行为，是与顾客的交互式的倾心对话、共享知识，并不完全是一种交易。商务网络环境文化的兴起，预示着商务文化进入一个崭新的时代，在这个时代里，中心体就是单个的客户。即使卖方与买方分别住在南北半球，网络环境的便捷和特质也能使商务活动主体可以结识成千上万个客户，尤其是最好的客户，可以用意义深刻的方式向这些客户展示并感谢他们给自己带来的生意。商务网络环境文化造就了与商务活动主体的服务群体相互理解、亲密友好的时代。

（3）基于数据库的智能应答系统和站内搜索引擎代替人工服务。所有商品的信息都可以出现在浏览者的面前，这主要依靠基于数据库的智能应答系统和站内搜索引擎。要提供这些服务在技术上没有任何问题，即使是小企业也可以通过业务外包的形式来实现这一点。随着技术的飞速发展，智能应答系统和搜索引擎服务的功能将越来越强大，这样浏览者或消费者将会越来越方便地找到自己想要的东西，得到更多的有关商品或服务的信息。

（4）网络环境中商务企业扩张的迅猛性和低风险性。“可以毫不夸张地说，网络的迅猛出现已经成了被世人所见证的、最大的、最易变化的、永不平静的以及彻夜不眠的商品、服务以及集思广益的市场。”在这个市场上，能够以数字形式传输的，如文件、货币等，都可以在全球以信息自由流动，而实体货物也可以在全球性的物流配送网络中送达全球的每一个角落。传统商务环境中，企业市场的扩张是随着其商业经营网点的布设而实现的。这种扩张的形式表现在组织形式上是各种各样的：连锁、加盟、特许等。但这种扩张却可能会带来了一个致命的后果：风险增加，会使扩张型的商业企业不堪重负，甚至被压垮。国外这方面比较典型的例子是日本八佰伴的倒闭，国内的例子则是原亚细亚商城的倒闭。这两个例子都是由于扩张不当而导致企业遭到灭顶之灾的。但在网络环境中，电子商务模式却使企业的存在和发展“由实变虚”“由硬变软”，从而在企业的经营向更大范围扩张的时候，上述风险可能部分甚至完全避免，这就有利于企业迅速向从未涉足的地区或领域扩张。所谓“由实变虚”，是指企业在互联网上开设的是“虚拟商店”，而不是实体商店，这种商店以网页的形式存在，而网页则只不过是由特定的语言的不同组合。所谓“由硬变软”，则是指所有实体商店所必需的开业硬件设施投入，这在互联网上都不需要。企业要做的，只是将原有的网页和数据库内容不断更新，然后将链接不断地“扩张”，即在别的网站上宣传。网上“虚拟商店”没有“装修豪华”的区别，没有服务设施“档次”的区别，有的只是服务水平的高低。

第二节　商务环境文化的形成、发展及表现形式

一、商务环境文化的形成和发展

（一）人类经济活动对自然环境、人文环境和人居环境的影响，推动着商务环境文化产生及内涵不断丰富

自然生态环境文化理念是早期人类观念的重要内容，先于商务环境文化理念产生。采集狩猎阶段的人们，已经知道不能滥杀滥伐，人与自然互相依存。进入农耕产食阶段，社会分工不断进行，人跃居万物之上，打破了其仅作为生物的一种与自然和谐相依的格局。世界文明分成断裂和延续两大走向，西方文明源自苏美尔文化的传统，倡导人和自然是竞争、征服、占有的关系。它逐渐引领西方社会走向商业时代，一开始就放弃了氏族、宗族的团体，而以地缘的团体来代替，人际关系断裂了，代之以地缘关系；苏美尔楔形文字是全世界最早的文字之一，用来做商业记录，完全跟农业时代断裂。其他还有城乡关系、财富的累积等差别都表现出与早期人类社会的断裂。传统环境文化在西方没落。而以中国为代表的东方文明则一直延续着传统的自然环境文化理念。《中庸》阐述的“致中和”，强调必须跟自然和谐，然后整个生态才会在位，万物才会合理地生长，这种理念一直在近代史前的中国延续。著名人类学家、考古学家张光直教授说过：“中国传统宇宙观建基于人类和自然的一种和谐的关系，建基于文化行为的一致性，表现在农业、建筑、医药、畜牧、烹调、废物处理，以及物质生活的各面。”

自16世纪以来，西方重商主义兴起，伴随商务活动的发达，商人为主体的市民阶级（即后来的资产阶级）成为新生产力的代表，他们取得政权后，为促进自由贸易经济，开始重视影响商务活动的经济环境、法制政策环境和微观人居环境建设，西方进入商务环境文化萌芽阶段。历经三个多世纪的发展，商务人文环境建设不断探索与发展，推动西方率先进入发达的商品经济阶段。19世纪之后，伴随人们对物质享受和精神享受的双重追寻，文化的商业化现象日益突出，例如，艺术等文化要素广泛应用于商务环境装饰与布置

中，现代设计因此诞生与发展；与此同时，管理科学的诞生和发展和现代设计一起，在微观人居环境营造方面，充分利用和发挥环境对商务活动参与者的影响，并且围绕着消费者满意度，形成了经营战略（customer satisfaction，CS）。上述变化，意味着商务环境文化开始进入形成时期。然而，迄至20世纪上半期，西方商务环境文化内涵构成中，最重要的自然生态环境文化理念仍然没有在西方复苏。

18世纪人类进入工业革命阶段，现代性历程开始。表现在：大肆掠夺自然，对资源和能源进行掠夺性的开采和利用，无节制地浪费，人跟自然之间的关系不能调和。该进程以全球化的扩张使古老东方文明“人与自然和谐”的延续性中断。“制天”而不“从天”，重竞争征服而漠视和谐、无限制利用而欠缺循环与回馈观念，已造成全球环境、气候、生态的极大危机。占世界人口比例仅四分之一的发达国家，所消耗的能源远远超出其他国家占四分之三人口的能源消耗总和。工业文明带来了科技与经济的飞速发展，工农业产品通过高度发达的商务活动行销全球，人类物质生活水平获得了极大提高。但是，大量无法自然降解的废弃物的排放，已打破了全球生态系统的自然循环和自我平衡；资源的匮乏和环境的恶化已形成一种增长的极限，阻碍着经济社会的和谐发展和可持续进程。人类走向工业化商品经济社会，付出了极大的代价。西方国家最早享受到工业化带来的繁荣，也最早品尝到工业化带来的苦果。20世纪中叶，西方工业国家频频出现环境恶化。

案例：

整个20世纪，人类消耗了142 013亿吨石油，2 650亿吨煤，380亿吨铁，7.6亿吨铅，4.8亿吨铜，占世界人口15%的工业发达国家消费了世界56%的石油和60%以上的天然气、50%以上的重要矿产资源。目前全球石油剩余可采储量仅为1 400亿吨，按目前产量，静态保障年限仅40年，天然气的剩余可采储量为150亿立方米，静态保障年限仅为60年。中国的情况更不容乐观，中国人口占世界的21%，但石油储量仅占世界的1.8%，天然气占0.7%，铁矿石不足9%，铜矿不足2%。改革开放20年来，中国的工业化进程突飞猛进。从1990年到2001年，中国石油消费量增长100%，天然气增长92%，钢增长143%，铜增长189%，铝增长380%，锌增长311%，十种有色金属增长276%。这样的消耗速度，将迅速耗尽国内资源。

工业发达国家于20世纪50～60年代开始，“公害事件”层出不穷，导致成千上万人生病，甚至有不少人在“公害事件”中丧生，如“世界八大公害事件”就触目惊心，骇人听闻。

工业革命后最严重的环境危机，包括：

水资源危机。目前全球有15亿人缺少饮用水，到2050年，这一数字将达 20 亿，发展中国家有近 10 亿人饮用不到清洁的水；80% 的疾病与 33% 的死亡因饮用污染之水而引起。1997 年马拉喀什世界水资源论坛表示，全球每年有 300 万人因饮用污染水而丧生，与水污染有关的死亡每年达 2 500 万人。伴随水资源危机的加剧而出现的“环境难民”在 1998 年达到了 2 500 万人，首次超过了战争难民人数。中国有 3.6 亿农村人口喝不上符合卫生标准的水，全国有 400 多个城市正面临着缺水危机；我国水资源仅为世界平均水平的 1/5，而七大江河水系中劣五类水质占 41%，城市河段 90% 以上遭受严重污染。母亲河黄河曾经一年断流长达 226 天，长度达 720 公里；据专家测算，黄河的天然径流量为 580 亿立方米，废污水的入河量就占 7% 左右。

城市空气污染。据联合国统计，截至 2003 年年底，全世界排入大气的污染物每年多达 1 600 多亿吨，世界上约有 9 亿人口生活在二氧化碳超标的环境中，有 10 亿多人呼吸的是严重污染的空气。1994 年，人们首次观察到了南极上层至今为止最大的臭氧空洞，它的面积相当于一个欧洲。专家预测，每年大约有 400 万儿童死于空气污染引起的呼吸道疾病，与环境污染有关的传染性疾病每年造成 1 700 万人死亡，近年来城市居民呼吸道疾病、呼吸道癌症和心血管疾病的急剧上升，都与空气污染有关。经联合国组织公布材料表明，美国每年排放的工业残留物质有 110 万吨，其中有 10 万吨是致癌性物质，1 万吨是引起白血病的苯类物质。另据英国绿色和平组织报告，英国约有 1 850 万人生活在空气严重污染地区，英国每 7 名儿童中就有 1 名患有哮喘病，近 10 年来，英国哮喘病的死亡率已增加了 30% ~60%。工业污染和交通污染所产生的硫氮化合物形成酸雨，又严重威胁着地球生态循环。中国工矿企业每年排入大气的二氧化碳 1 500 万吨，烟尘约有 1 400 万吨，占世界总量的 14%，二氧化硫排放占世界总量的 10%，致使北方 1/4 的城市中大气所含二氧化硫严重超标，并使全国 1/3 的国土被酸雨侵害，平均每天造成的经济损失达 5 000 多万元。2003 年，全球污染最严重的 10 个城市中，中国占 5 个。

严重的土地荒漠化和生物资源危机。这两个危机不仅吞食着人们的生存空间，严重破坏生态平衡和自然循环，而且已成为导致贫困和阻碍经济社会可持续发展的重要因素。据联合国统计，全球每年约有 200 亿吨耕地表土流失，荒漠化土地面积已达 3 600 万平方公里，12 亿多人口受到荒漠化的直接威胁。到 20 世纪末，人类已知的动植物中已有 20% 彻底消亡。

分析提示：案例所列举的事实足以全面反映出总体的环境危机。全人类正共同面临一场新的文明转型，如果没有新技术的革命性突破，没有新的全球资源配置体系的革新，人与自然、人与人的矛盾将会迅速激化，人类就有可能越不过这次文明转型的门槛。而无论怎样突破新技术革命和建立全球资源配置系统，前提都得首先保持生态、环境、资源的和谐与平衡。

危机迫使现代环境文化产生，实质却是古老东方的自然生态环境文化的复苏。

1962 年，美国海洋生态学家蕾切尔·卡逊（Rachel Carson）所著的《寂静的春天》出版，该书第一次揭露了杀虫剂、灭草剂等农药破坏生态环境，标志着现代环境文化的兴起。1970 年，罗马俱乐部发表《增长的极限》，成为发展环境文化的理论基础。同年，第一个地球日（4 月 22 日）发起，美国环境保护署成立。1972 年人类环境会议在斯德哥尔摩召开，这是联合国史上首次研讨保护人类环境的会议，也是国际社会就环境问题召开的第一次世界性会议，标志着全人类对环境问题的觉醒，是世界环境保护史上的第一个里程碑。当年联合国大会作出决议，把 6 月 5 日定为“世界环境日”；提出了“只有一个地球”的口号，通过了《人类环境宣言》，呼吁世界各国共同保护自然环境，标志着环境文化的理念开始成为人类共识。1992 年，世界环境与发展大会在里约热内卢召开，环境文化的理念转化为可持续发展战略。2002 年，可持续发展世界首脑会议在约翰内斯堡召开，会上确认经济发展、社会进步与环境保护共同构成可持续发展的三大支柱。短短四十余年，现代环境文化已演化为世界文化的主流意识形态，它迅速超越国家民族以及政党学派的差异，成为人类和平发展的共同选择。中国政府对此的积极反应走在了世界各国的前列，把可持续发展战略应用于中国的建设实践，促进经济建设与环境保护的协调发展，有关部门组织起草了《中国环境问题十大对策》，编制了《中国 21 世纪议程——中国 21 世纪人口、环境与发展白皮书》，成为世界上第一个编制国别“21 世纪议程”的国家。它是根据中国国情而编制的、阐明中国可持续发展战略和对策的纲领性文件。

20 世纪以来，世界环保主义对传统工业文明的高增长、高消费、高消耗的发展方式进行了有力的挑战，著名的环保组织有国际自然和自然资源保护同盟、世界自然保护基金会、国际科学学会联合理事会、国际环境和发展研究所、世界资源研究所、地球之友、绿色和平组织、美国绿色组织等。

商务活动虽然不如工农业生产一样对自然生态环境的破坏力大，但仍属于依赖和消耗能源的人类经济活动，同样产生环境污染。作为商务活动主体，重视环境文化，主动探索和实践，将会赢得未来。管理战略在某种程度上是源于环境的影响而作出的被动反应，商务企业、团体必须适应环境，并在适应环境的过程中寻找自己生存和发展的位置，环境可以迫使组织进入特定的生态地，从而影响战略，拒绝适应环境的企业终将死亡。企业重视环境文化，也就是重视自身与周围环境的统一，一个企业必须适应环境，并且不断改造和美化环境，是其长寿之道，在不断探索绿色经营的基础上，力求使现代商业更加贴近自然，充分体现商务活动对人类健康和永续发展的关怀，通过如组织设计和选购绿色商品，包括建立绿色商品基地，推广绿色包装、营造绿色购物环境，推广绿色营销、绿色服务、宣传绿色消费方式等。

于是，萌芽于重商主义时期，并在19世纪开始形成的注重人文环境、室内环境的商务环境文化，到20世纪后半期，适应现代环境主流意识，最终在当代发展为涵盖“商务人与自然环境和谐、商务人与人文环境和谐、商务人与人居环境和谐”等多重内容的商务环境文化。

（二）当前经济全球化加快，商务环境文化渗透在商务活动的每个环节中，推动着商务活动的发展，影响着商务活动的效益

商务活动的准备工作要考察其适应环境文化要求与否，这已经成为从商者共识。商务活动进程中，环境文化的敏感性与冲突能否被解决，直接影响贸易双方的深入合作；而在最终的销售环节中，环境文化是否以顾客满意度为指标，以绿色和谐为宗旨，势必影响消费者重复消费的行为。

（三）商务环境文化意识优先，是商务活动未来的发展趋势

社会发展史表明，人类有了文化武器，也不能脱离生物进化的规则。生物的本性是适应，但尽量适应会变成过量，变成生物学上所谓“最适应”即“特化”，生物因此灭种的例子比比皆是。人类改造自然的文明成果，虽然帮助我们在进化的过程当中，抵抗很多进化的压力，让我们的身体不需要直接地来适应自然，但文化还是生物的一部分——人类学家李吉园先生称文化是一种“体外器官”，如果不适应自然的规则，还是会“特化”。西方现代性文化在今日的发展已走入特化门槛，及时反省，考虑改变文化凌驾于自然之上的态度，从人类生存攸关的角度树立商务环境文化意识优先决策原则。

著名的科技史学家林恩·怀特于1967年在美国《科学》上发表《生态危机的历史根源》批评道：“基督教是世界上所见到的最以人为中心的宗教。”现代环境伦理学不受西方传统哲学支持，因为“西方哲学传统否认人与自然之间有任何直接的道德关系。根据大多传统的伦理学理论，只有人类才有道德身份，其他事物只有在服务于人类利益时才有伦理价值。”这样，人类中心主义成为西方近代以来的主流哲学与文化。正如英国学者克莱夫所说，“尽管20世纪尤其是最近几十年的政治、社会或文化史，可以归结为对发展后果的逐渐醒悟，已经形成了对环境保护更感兴趣的趋势，但这样的思想趋势还没有代替两千年来在西方思想中根深蒂固的将分离的‘自然界’看做供人类利用的基本哲学，仍然是将持续的工业化和进一步的经济增长看做是任何环境改善的前提条件……”因此，环保危机依然，环保之路还很漫长。为全人类共同的未来，当务之急应是普及现代环境文化教育，从而推动商务环境文化意识优先，根据它的原则进行商务活动，克服人类自身优越性，应对特化的挑战，从容走上永续发展之路。

二、商务环境文化的表现形式

根据商务环境文化的分类，以下列举商务自然环境文化、服务型政策法

制环境文化、商务经济环境文化、商务区域环境文化、办公空间环境文化、商务会所环境文化、卖场环境文化的表现案例进行分析，便于深入理解商务环境文化的意义。

（一）商务宏观环境文化案例

1. 不适应商务自然环境文化要求而被声讨的影视剧拍摄事件

“电影《无极》剧组在云南香格里拉碧沽天池拍摄，对当地自然景观造成破坏。”在2006年5月9日于杭州举行的城镇和风景区水环境治理国际研讨会上，建设部副部长仇保兴在主题报告中对当前存在的破坏风景区和城镇水环境的行为提出严厉批评。

海拔4 000米的碧沽天池位于云南迪庆藏族自治州一片山区里。在《无极》剧组到来前，这块不为人知的世外桃源有着一池秀水、满山杜鹃。拍片后，美丽的天池却犹如遭遇了一场“毁容”之灾：除了遍地垃圾外，天池边上的一片属于禁伐区的高山杜鹃被推平，用沙石和树干填出了一条简陋的公路，天池上还搭出了一座木桥；被弃用的“海棠精舍”一直无人拆除，成了一个与周围景色格格不入的人造怪物。此类事件屡见不鲜。仅在2005年，就接连曝出《神雕侠侣》剧组破坏九寨沟神仙池钙化堤、珍珠滩植被，《情癫大圣》剧组在神农架建造“水泥大蘑菇”等新闻……

《无极》等影视剧环保事件，促使从国家到地方，环保、建设、林业、宣传、广电等部门的陆续介入，“绿色影视”的共识逐渐形成。

分析提示：在很多景区管理者看来，剧组到本地拍摄是“难得的机遇”，可以由此扩大景区影响，也能收取一些费用，于是打起了“影视旅游牌”。影视制作是文化活动，也是商务活动。不是到哪里拍摄，就能给哪里树立形象，带来政绩的。对于原始生态景点来说，保护好才是最大的政绩。景区政府应当警惕用生态环境换取经济效益的短视行为，审慎利用影视旅游的经济发展模式，不能只管开绿灯放行，尤其是对原始生态和国家文物景点的拍摄，更要依据相关法律制度对剧组作好规范和管理。影视剧野外拍摄引发的环保问题，从负面促成了中国绿色影视细则的探讨。开展类似商务活动时，务必遵循自然环境文化规律，遵守政府规定，以免得不偿失，成为众口唾弃的对象。

2. 服务型政策法制环境文化是招商引资成功的首要条件

在一座美丽的海滨城市，一家韩商工会的负责人向记者抱怨说，当地的经商环境的确非常好，企业发展不用担心，但时间长了，孩子上学的问题却让人难以舒心。他具体列举了以下几方面问题：一是当地一些中小学视他们的孩子为“唐僧肉”，正常报名上学不行，非要交一大笔赞助费才行，每人每年少则5 000元，多则1万元，当地孩子却不用交。二是在当地学校，学生中考不合格交1.8万元就可以接着上学，而对外来投资商的孩子尤其是来自外国的孩子，学校根本就不提供考试的机会——只管交钱就行了。去问“为什么”，他们说“反正考也考不上，还会影响学校升学率”。三是那些所谓的涉外学校也一样，领孩子去报名都说“名额满了”，但是交足一笔钱，或者找个熟人通融一下，又可以接收。这名已在中国生活了8年的韩商质疑道：“难道当地政府就没有办法规范一下这种事情?”在另一家年出口额达数千万美元的外商独资食品公司里，一位财务部长也倒了一肚子苦水：比如“出口信息”的问题，税务部门说，通过海关口岸的电子信息录入系统，第二天就可查到，但是海关却说“必须3天以后”；再比如“出口报关单”问题，税务部门说，海关方面5天之内可以打出来相关联单，但是海关报关行却说“半个月以后才能打出相关联单”。按规定，企业在税务部门规定的期限内交不上整套的报关联单，就要对企业预收税款，而事实上，这笔钱一旦交上后，就很难退回来；还有，按规定中国有企业出口退税这项政策，但是在操作中却很难及时落实。这家公司的总经理说，目前，光是去年的应退税款就有400万元，今年又形成了100多万元。他说，其实，对于前两者，只要海关与税务协调好，加快一下输入速度，尽快提交就可以了；对于后一个问题，政府兑现一下当初的承诺为什么这么难？几年时间了，为什么就是没人去做呢？“也许，对于一些政府部门来说，这些只是太小的问题，不足挂齿。”其他几位投资商叹口气说，“但对投资商来说，这些问题也是非常重要的事情。”

分析提示：把外资企业视为敛财对象，“四乱”，即乱收费、乱检查、乱摊派、乱罚款现象严重。甚至利用职权，以检查为名，干扰外商正常经营活动。政府和其他公共服务部门没有提供充分的公共服务产品。如子女入学、安全保障等，使外商产生后顾之忧。这些看似小事，但对外商的投资抉择却有重要影响。还有，一个优良的法制环境，遇事时能通过法律程序公平、公正地处理解决，这对外商来说也是至关重要的。因此，比优惠幅度、政策扶持更重要的是当地政府营造的服务型政策法制环境文化。对真正想到一个地方创一番事业的人来说，政府用实实在在的服务，解决外商身边实实在在的困难，这才是他们最期盼的。

3. 商务经济环境文化对国际工程承包至关重要的影响

在国际承包工程的工程成本、工程质量、工程进度三大目标控制中，如何控制好工程成本，降低工程造价，获取较好的利润，是每个承包商所关心的首要问题。这就要求承包商要充分了解自身所处的经济环境、掌握市场经济信息和所在国家政府的经济政策。国内的经济环境要素如：设备材料价格、人员工资水平、资金来源、资金成本、银行贷款利息、融资条件、国家的经济优惠政策和有利于降低工程成本可利用的优惠条件等。国外的经济环境因素有：关税、税收、不同时期的货币汇率、当地材料设备价格、人员工资水平、融资要求、贷款条件、国家的经济政策；针对工程项目建设有重大影响的资金筹措方式、融资渠道、税收等重要环节制定具体的解决方案。以往中国公司在国际上承包工程项目均以较低的人工费用和材料价格为优势与西方公司竞标，并能以较低的价格赢得中标。如今随着经济技术逐步与国际接轨，中国的人均工资水平和材料价格已有了大幅度的上涨，国际工程中新材料、新技术的应用和管理水平的提高已迫使中国的承包企业不能再以过低的标价来竞标，必须要寻求适应当今市场经济环境的新路子。一些公司通过买方信贷、卖方信贷、BOT等方式对国外工程进行融资建设，从一定程度上避免了竞争压价的局面，但随之而来的是筹集资金的问题。中国承包商在承建一项较大的国际工程承包项目时，最棘手的问题莫过于资金的筹措问题。向银行贷款需要抵押和担保，融资也需要担保甚至还需要让利。

分析提示：从上述案例可知，了解和运用商务经济环境文化知识，对国际工程承包影响重大。

4. 商务区域环境文化的表现

建立于成都休闲地域文化基础上的锦里等系列街市的开发

成都“锦里”仿古民俗休闲一条街于2004年年底正式开街，老街、宅邸、府第、民居、客栈、商铺、万年台坐落其间，青瓦错落有致，青石板路蜿蜒前行，让人恍若时光倒流。三国宴、四川名小吃、川茶、川酒、川戏、蜀锦蜀绣、漆器、竹编工艺品、川中草药和诸葛连弩等古蜀文化如清风扑面而来。同时，锦里定期举行丰富多彩的民俗文化活动，再现蜀地民俗文化。运行三年，锦里产生了巨大效益，成为成都文化旅游的创新招牌。

古代成都早有街头月市，并成为重要的街头商业和庆祝活动，至少可以追溯到元代。费著的《岁华纪丽谱》曾有生动描述：“成都游赏之盛，甲于西蜀。盖地大物繁，而俗好娱乐。凡太守岁里宴集，骑从杂沓，车服鲜华，倡优鼓吹，出入拥导。四方奇技，幻怪百变。序进于前，以从民乐。岁率有期，谓之故事。及期则士女栉比，轻裘服，扶老携幼，阗道嬉游。”可以看出，自然条件优越的成都自古有休闲文化的底蕴。现代成都也保留了传统区域环境文化的特征，以休闲美食文化著称，被称为一座“来了，就不想走的城市”。

因此，成都丰富的休闲文化资源、强大的休闲消费趋同意识，使市武侯祠博物馆成功开发锦里民俗休闲一条街后，继之又有成都中房集团挟厚资投入，利用文殊院庙会旧址，开发了文殊坊川西民居庙街商务圈。接下来，市政府还要完成总数为十条的旅游特色街打造目标。

分析提示：由于仿古人造民俗景观以商业效益第一，缺少使外地客源重复访问的吸引力，如果没有本土休闲文化传统吸引大量当地人消费，其效益不可能长久，类似主题不可能在同一地区再三开发。而锦里模式如果搬到欠缺休闲文化底蕴的地区，未必会成功。

西班牙"温州鞋被焚事件"引起的文化思考

2004年当地时间9月16日晚，西班牙东南部城市埃尔切发生了焚烧中国鞋货品的事件，联系到2001年8月至2002年1月的俄罗斯扣鞋事件、2003年冬罗马烧鞋风波、2004年尼日利亚温州鞋被列入"禁止进口商品名单"等一系列事件，人们不禁想问，近几年来在国际市场上攻城拔寨又屡陷困境的温州鞋究竟怎么了？中国大量物美价廉的商品出口的背后又蕴藏着怎样的危机？中国鞋之所以力压欧洲鞋，主要优势在于价格，欧洲鞋平均价格是温州鞋的3到8倍。烧鞋事件背后来自于民间的非法抵制和西班牙等欧洲国家官方采取的贸易制衡，使"中国鞋业征服欧洲"的说法太过自大及盲目。专家指出，为了长久进入欧洲市场，中国鞋商应该以长远的眼光来看问题，不能仅仅依赖价格优势，而应尽早调整产业方向，提高鞋子品质，改良制革鞋工艺，向高档次靠近。因为在欧洲人眼里，中国鞋还是低档次商品，不仅文化附加值低，品牌认同程度也比较差，从长远来看，温州鞋的竞争力不容乐观，其面临的反倾销风险却非常之高。反思"烧鞋事件"，难道仅仅是因为当地激烈的商业竞争引发的吗？

分析提示：温州鞋与欧洲鞋的尖锐矛盾在贸易、文化、种族等领域里全面爆发，提醒中国商人在积极开拓海外市场的同时，应该努力融入当地社会和文化，应该多行善事，造福一方，这样的主动回馈有助于缓和商业竞争导致的族群矛盾，运用商务区域环境文化理念来化解潜藏在贸易事件后的文化冲突。

中美纺织品贸易摩擦的背后

根据世界贸易组织《纺织品与服装协议》的规定，存在了40多年的纺织品贸易配额终于在2005年1月1日取消了，但是纺织品"配额时代"的结束并不意味着世界纺织品贸易的自由化。世界纺织品贸易在激烈竞争的同时出现了相当多的贸易摩擦和争端。其中，中美之间的纺织品贸易摩擦就是一例。纺织品属于劳动力密集型产品，而中国的劳动力工资与美国相比很低，由此根据比较优势，美国专业化于纺织品之外的资本密集型产业，而让中国专业化于纺织品，这样从整体上两个国家都会获得贸易利益。可是，美国的做法却是处处设限，似乎在放弃这种互利贸易。这一悖论产生的原因究竟何在？

分析提示：从经济学来看，在中美纺织品贸易中资本家收益不确定，而纺织品部门工人在中美纺织品贸易中受损，其他部门工人的实际收益增加；土地所有者所代表的农场主实际收益也是增加的。只有从政治学角度分析，才能理解案例中出现的与传统国际贸易理论相违背的"悖论"。纺织业作为美国最大的制造业部门之一，近几年就业人数一直在5%左右徘徊。如此庞大的劳动者队伍是美国社会中一支不可小觑的力量。随着中美纺织品自由贸易的开展，这一部分人感到自身的收益每况愈下，他们渴望从美国政府那里得到贸易保护，于是他们会通过工会向政府施压。同时，他们也是未来大选的选民，政府官员为了自己的选举利益，也会制定针对中国纺织品进口的贸易政策，以争取更多的选票。从美国工会的角度来看，因为普通工人群体的利益在贸易中是受损的，所以在发生贸易利益冲突时，他们会采取行动给政府施压，迫使政府出台纺织品贸易保护政策。这是中美纺织品贸易摩擦形成的主导内在因素之一。另外，还可从宗教社会学角度解释，由基督新教意识支配下的美国对华外交导致了这个悖论出现。这两种解释皆说明了区域环境中的主流文化意识对商务活动的影响。

（二）商务微观环境（人居环境）文化案例

1. 办公空间环境文化

建设环境影响你的办公室心情

人们期待人性化办公环境

在美国华盛顿，每年都会评选出这样一个奖项：最受员工欢迎的办公环境奖。

可能这是你从未听说，也从未见过的办公环境：在美国一些高科技公司，工作人员可以带着心爱的宠物上班；在星巴克总部，母亲可以带着幼儿上班，因为办公场所中设计了“喂奶室”。

对于“人性化办公环境”，人们需要改变一些观念。

很多国内的老板认为，给员工提供过于“人性化的办公环境”会导致员工工作更加懒散。但实际上，这能给员工足够的信任与尊重，一个好的办公环境能够留住更多的人才。

老板的办公室往往占据最佳位置，不是通风最好就是临窗视野开阔，而在比较人性化的设计中，能看见室外美景的位置一般会留给员工，在办公环境中，员工才是第一位的。

对于上班族来说，一天中至少有8小时要待在办公室，良好的办公环境能够使人心情愉悦，工作效率提高，于是上班族对于办公环境的关注与期待自然就会多起来。以前在工厂上班的人总羡慕那些能坐办公室的科员，说他们连上班都能舒舒服服的。

后来，能坐上办公室的科员开始羡慕外企白领，说他们上班也有自己的“领地”，不过，白领们也有羡慕的——老板，因为老板的办公室往往占据最佳位置，不是通风最好就是临窗视野开阔……其实，这仅仅是个老套路，对于人们所追求的“人性化办公环境”来说，这些都只是皮毛，人们真正关心的是躲在设计背后的种种细节。

人性化办公环境注重“人本”设计

总部设在美国华盛顿的MulvannyG2建筑设计公司不久前二度获得“最受

员工欢迎的办公环境奖”，MG2 公司副总裁、总建筑师张铭介绍说，在工作节奏加快的现代社会，办公环境的好坏很大程度上决定人们的工作状态，华盛顿设置这个奖项也是为了在该地区产生出更多更好的人性化办公环境，让员工能够在工作中充分感受到舒适。

“人性化”应该体现到身体（生理）与社会（心理）两个层面

人性化办公环境在浅层意义上要符合人的生理需求，办公环境应该自然通风、能够很好地采光，比如 MG2 在美国赖特蒙市新市政厅的室外设计上，充分利用自然光和自然通风，保证主要工作空间朝向南或西南以争取最大限度地利用自然能源，不会让员工待上一会儿就感到疲倦，另外，室内要控制好温度、湿度等，这些都是使人们能够长时间高效率待在办公室的因素。

分析提示：该案例介绍了节能高效、激励员工、体现人性关怀的商务人居环境文化影响逐渐扩大的趋势。

美国 A&H（亚洲区办公室）办公室空间设计——“盒子”

A&H 是一家专业生产包装盒及印刷制品的跨国企业，它为迪斯尼、拉斯维加斯等大型机构提供一流的包装服务，企业总部设在美国，并在七个国家设有分部。中国的深圳、青岛等作为其主要生产基地，在亚洲市场占有不可替代的主导地位，2003 年年末，A&H 经考察后将亚洲区总部设在了东莞。企业总裁与亚洲区总裁多次抵达现场对设计和建设过程做终审。A&H 在建筑外观上是由美国的一家建筑事务所设计，风格雷同于其他国家的分部。而办公空间设计则由国内维森设计机构设计。

设计者不断往返于东莞、美国，通过无数封的电子邮件、数据和资料沟通，以满足企业文化对办公环境设计的要求。为将企业倡导的高效、易维护的低能源运作理念落实到空间设计中，设计者尝试演义一个没有装饰的空间，纯粹的空间，墙是墙，顶是顶，地是地，柱是柱的空间，于是顶只有风口和灯具点缀，墙面只有材质的变化，柱子只有形态的改变。从而将这个矩形的、抹杀了一切装饰的现代办公空间设计项目命名为“盒子”。

分析提示：盒子是一种矩形体，A&H 是一家生产盒子的跨国企业，它的目标是生产世界上最好的盒子，销售最好的盒子，生产最好的盒子销售给盒子主人。建筑盒子——建筑在某种意义上是一种“容器”，收纳这形形色色的事物，它收纳着喜悦的同时收纳着诸多的焦虑。于是建筑又力图释放喜悦与焦虑间的冲突。冲突总能造就一种新的意识形态，或一种新的产业的发生，交错出一道“界”……这些设计元素，给予了 A&H 企业文化恰如其分的诠释，也达到环境文化节能高效的目的，成为一个经典的办公设计项目。

2. 北京法雨商务会所的文化氛围

法雨商务会所（CROSS CLUB）以浓厚的英伦气息，典雅的贵族风范，风格品位独树一帜的酒吧文化，站在了古典文化的前沿，为京城人所青睐。法雨是一座四层的紫色小楼。走进书斋似的前厅，信步上二楼，楼梯两旁粗粗的紫色蜡烛、各色烛台、玻璃樽一一映入眼帘。每一处细节都下足了工夫。法雨商务会所是英国著名设计师在北京的第一件作品，英式建筑风格与中国古典文化的糅和，是设计师们对古典文化的领悟后，作为建筑语言与所有客人的直接交流，这一切，使法雨商务会所焕发了独特的魅力与内涵。英式高背卡座、中式的帷幔座床、开放的酒吧式小圆桌，还有围在吧台四周的坐席，是要临街看风景、被阳光暖暖地包围，还是要陷在古老的氛围里，让眼神变得迷离，1 000 多平方米的优雅氛围，极具想象空间。会所拥有大型爵士乐酒吧和各种商务套间，紫色的墙壁和鹅黄色幽雅的灯光，精美的中式手工家具与青砖墙壁的相互辉映，洋溢着两种情调的美，极具绅士情怀典雅的英式吧台，镂空的玻璃通道，中式橡木地板，充满利落线条之美的桌椅，还有特别邀请的英国黑人蓝调爵士乐队每晚精彩的演出，使人置身于古老而又浪漫的电影画面中。英式风范的前厅亲切而有层次，没有旧式的古板。桌椅是深色纯木和棉毛织物，用黄铜、玻璃和花心木铺就墙面和地板。几乎各个角落都燃起蜡烛，通透感觉顺着甬路向前厅洒脱而来。二层的酒吧弥散着柔和的紫色神秘和诱惑，镂空的天花板上镶嵌的透明玻璃镜掩映着纯正的英式吧台，红酒坊和香槟廊中溢出陈年美酒的馥郁。爵士缓和的调子隐约纠缠着四周火红的沙发和紫色的主调，令人不禁眩晕。三层的整个空间飘荡着深沉的烟草幽香，极具巴洛克色彩的剪纸玻璃作为木屏障将房间隔开，之外则是可倚栏而坐的小桌，恰到好处而互不干扰地欣赏着一切。

完善的个性化休闲空间为商务人士提供了最完美的餐后去处。会所的客人来自世界各地，他们肤色各异，语言有别，但法雨商务会所为所有的宾客营造了一个没有国界，平等和睦的大家庭氛围。这里不仅是休闲、社交场所，更是一个中西文化的情感交流的空间。这正是法雨商务会所的意义所在——穿越了时间和空间的距离，大家相聚在一起，成为朋友。聆听着优雅的爵士乐曲，欣赏着异域风情的舞蹈表演，品尝着醇香的美酒和中西美食及特色点心，享受悠然惬意的雪茄异域氛围，即使身在北京，也能尽情领略到浓郁的波希米亚风情。

分析提示：该会所以建筑、装修、家具陈设布置、特色表演和服务烘托出浓郁的中西古典风情，为中西商务人士提供休闲娱乐交流服务，会所环境文化的塑造是成功的。

3. 卖场环境色彩文化的表现

在购物环境设计时，采用绿色，象征着树木、花草。以黄色为基调布置，给人以柔和明快之感，使人充满希望。食品中很多是黄色的，如面包、糕点等，故黄色常作为食品销售部位的主色调。但是，如果黄色面积比例过大，会给人一种病态的食品变脏的心理感受，使用时应注意以明黄、浅黄为主，同时避免大面积、单一使用。以紫色为基调，会给人以庄严、高贵、典雅的心理感觉，使人产生一种敬畏感。紫色调常用于销售高档、贵重商品，如珠宝首饰、钟表玉器等场所。黑色是一种消极性色彩，给人一种沉重、压抑的心理感受，一般在商场不单独使用，但与其他颜色适当搭配，也会产生一定的视觉冲击力。蓝色会使人联想到辽阔的海洋、广阔的天空，给人一种深邃、开阔的心理感受，销售旅游商品时采用效果较好。

商场的色彩设计也可以刺激顾客的购买欲望。在炎热的夏季，商场以蓝、棕、紫等冷色调为主，顾客心理上会有凉爽、舒适的心理感受。采用这个时期的流行色布置销售女士用品场所，能够刺激顾客的购买欲望，增加销售额。色彩对儿童有强烈的刺激作用，儿童对红、粉、橙色反应敏感，销售儿童用品时采用，效果更佳。使用色彩还可以改变顾客的视觉形象，弥补营业场所缺陷。如将天花板涂成浅蓝色，会给人一种高大的感觉，将商场营业场所墙壁两端的颜色涂得渐渐浅下去，给人一种辽阔的感觉。一段时间变换一次商场的色彩，会使顾客感到有新奇感。色彩对于商场环境布局和形象塑造影响很大，为使营业场所色调达到优美、和谐的视觉效果，必须对商场各个部位如地面、天花板、墙壁、柱面、货架、柜台、楼梯、窗户、门等以及售货员的服装设计出相应的色调。

分析提示：色彩对卖场环境文化的营造不可忽视，你还了解色彩对环境影响的哪些常识?

4. 卖场试衣间环境文化的营造

国内服装品牌在试衣间经营存在着问题：没有把试衣间当做品牌文化经营的一部分，没把它看做文化宣传的重要窗口，大多数处于“凑合”状态。为了给卖场展厅留更多的空间，有的试衣间竟然被压缩到不足一平方米，给顾客带来一种严重的压抑和憋屈的感觉；为了节省空间、精力或者其他原因，有的试衣间内竟然连穿衣镜、试衣凳都没有；试衣鞋一般以拖鞋代替，既没考虑顾客的搭配问题，也没考虑顾客的健康（很少见到一次性的袜套）。这些试衣间在硬件方面的功能性作用没有发挥好，更谈不上对试衣间软件方面的建设和经营。

塑造试衣间文化，用这个小环境彰显品牌的文化、体现品牌魅力，应从以下几点着手：

试衣间需要有与品牌形象一致的视觉冲击力。

重视听觉和嗅觉对试衣者的影响力。

关注顾客的触觉感受。

关注顾客在试衣间的内心感受，营造被呵护、被温暖的感觉。

分析提示：依据试衣间文化营造的要素推而及广，卖场其他空间，如厕所、自动扶梯、墙壁、公共走廊等细节在人性化设计方面应当重视的问题有哪些？

第三节　中西方商务环境文化的比较

一、中西方商务环境文化的相同之处

商务活动离不开环境，选择什么样的环境进行商务活动，如何与自然、人文和人居环境和谐共存，当代中西方商务环境文化有以下相同之处：

西方的现代环境文化，本质上是中国传统的自然生态环境文化。所以，东西方商务自然环境文化在观念层的内容是一致的，要求商务活动必须与自然环境和谐，不能破坏和污染环境。东西方文化建设的目标也是一致的，即各项商务活动务求减少资源消耗、节能高效，走可持续发展之路。

东西方商务人文环境文化建设的目标一致：适应商务活动规律，促进商务效益，保证商务主体的合法权益，构建和谐的人际关系，确保商务活动循环进行。

东西方商务人居环境建设目标一致：安全、整洁、符合所从事商务活动的特殊需要，能够在节能的基础上提高消费者满意度、提高效率和效益。

二、中西方商务环境文化的区别

中西方传统环境文化中，人与自然的关系迥然不同。这种差异产生的根源可从文明形态、哲学、地理、历史等方面综合探寻。因此，脱胎于不同传统的现代商务环境文化，必然也会产生区别。

西方商务环境文化重视征服、竞争、服务、人文关怀、激励和顾客满意度；营造商务人居环境文化氛围以促进商务活动发展的作法已经发展为现代经营管理之道。高度发达的商务水平反映了人们擅长利用环境文化经商。

西方商人到另一个国家或地区经商之前，首先要了解区域环境文化习俗。许多大企业为此建立了专门的研究机构，并要求驻外商务人员写出有关专题报告。众多的商业院校或系、专业都开设叫做“跨文化”的课程，研究或讲授各国社会文化习俗的区别及其与商业交往的关系。这体现了西方商务人文环境意识的发达。

西方商务环境文化发展至今，有一个不断丰富内涵的进程。现代环境文化从20世纪后半期诞生后，西方商务环境文化的特征从“征服自然”转为“可持续发展”，由破坏环境到迷途知返，这是西方文明的自我反省和完善。

中国自然生态环境文化理念强调“致中和”，即便受轻视的商人也没有放弃这个传统。道家“道法自然”、儒家“天人合一”、佛教“众生平等”的环境文化信念，从不同层次、不同角度支撑着传统环境文化共识，宁可放弃一定的效益，放弃生产的增长速度，中国古人也不愿意放弃和谐的天人关系。但是，两千多年专制政体下重本轻末、打击商人势力的做法，使局限于农耕社会自给自足范围内的小商小贩业态，无法培育近代西方式的商务人文环境和人居环境，从而使中国传统商务环境文化的内容较单一且影响面窄。鸦片战争后，现代化历程使传统环境文化的延续中断，刚刚脱出专制桎梏的商务活动，却又受到“制天”的西方式主流文化范式掌控。新中国社会主义改造完成的一个历史时期还出现了对商品经济的错误认识，采取了抑制举措。所以，当代中国也出现了环境危机，商务环境文化内涵单薄，亟待复兴传统，吸取现代环境文化精髓，重塑新时期的中国商务环境文化。

发现中西方商务环境文化的区别，根据共同目标，找出差距，运用现代环境文化意识、复兴传统，树立商务环境文化理念与规范，构建和谐的商务环境文化，才能引导我国商务活动可持续发展，形成循环经济。

案例：

国内零售业的商务环境文化理念与西方发达国家有很大的差距。世界零售业巨头沃尔玛崛起后，在它简朴如大卖场的办公楼里，员工不止一次地被告知，出去开会记住要把公司发的笔带回来，因为笔是要以旧换新的；平常用的纸，要两面用完再丢弃。90年代南加州地区的沃尔玛已经有“环保样板店”，这个大卖场的地板是用废旧的轮胎加工以后制成的，屋顶采用一种透明度比较高的轻质材料，能够节省超市因为采光需要而使用大量的电力，门口配备了电动车充电阀门，所有的顾客如果开电动车来可以免费在店里充电，还做了一个环保的展示室，把废旧电池的再利用、如何节约能源保护环境的主题性创意在展示室进行展示，主要是为了教育消费者。这是比较超前的，昭示着零售业未来发展的一个方向。零售业和社区密切相关，必须关注消费者，才能得到消费者的青睐，得到长远的发展。从企业本身的角度来看待环保这个事情，意义非常大，站在社会可持续发展的角度来说，更值得倡导。

分析提示：“十一五规划”作为我国发展商务活动的指南，强调“落实节约资源和保护环境基本国策，建设低投入、高产出、低消耗、少排放，能循环、可持续的国民经济体系和资源节约型、环境友好型社会要发展循环经济，坚持开发节约并重、节约优先，按照减量化、再利用资源化的原则，在资源开采、生产消耗、废物产生、消费等环节，逐步建立全社会的资源循环利用体系”。

思考与练习

一、问答题

（一）如何理解商务环境文化的内涵？

（二）试述中西方传统环境文化差异的根源，从而解释为什么说西方现代环境文化的本质是中国传统的自然生态环境文化。

（三）中国传统环境文化为何未能延续到近现代？这对今天中国商务环境文化造成了何种影响？

（四）为什么说构建和谐的商务环境文化是发展循环经济的必然要求？

（五）利用商务网络环境文化知识，做一份创业企划书。

二、社会调查题

（一）查找资料，列举各种由不适当的商务活动引起的环境危机。

（二）某贸易公司准备向印度外销商品，请对印度商务区域环境文化做初步调查后，提出一份外销商品项目的企划书。

三、讨论题

塑造适合于中国的商务环境文化，你认为，从政府、行业和企业及个人四个层面上应当做何努力？

四、案例分析题

（一）近年来，英国环保机构纷纷在媒体呼吁人们用自己的行动遏制全球变暖，实践环保生活方式。现择取媒体普遍推荐的10大环保行动：

1. 少乘坐飞机旅行。
2. 购买混合动力的绿色汽车。
3. 及时关掉家用电器。
4. 吃本地和当季食品，减少食品运输污染。
5. 节约用水。
6. 使用真正的尿布。
7. 慎用清洁物品。柠檬、白醋、小苏打、硼砂（对地毯污迹有效）、精华油（增加香气）、茶树油（自然防腐剂）和土豆（可消除污渍）都属于传统的自然清洁剂之列。
8. 做环保项目的志愿者。
9. 让你的屋顶变绿。
10. 改换一份绿色职业。你可以当废品收购站的工作人员，也可以做环境顾问，或者为一家环保慈善机构做宣传推广等。

问题：通过上述环保生活方式的改变，请预测什么是未来的商机和应当放弃的从商领域?

(二) 2005年5月24~25日，第八届科博会中国循环经济发展高峰会在北京召开，本次峰会的主题是“循环经济——中国可持续发展的新引擎”。以下为本次会议中裴亮的发言 (节选):

现在很多大卖场在建设的过程中，建设成本有很大的差别，有的企业，包括民营企业，从节约成本的角度出发，在建设大卖场的时候投资预算会比较低，每平方米差的几百块钱到哪儿了? 这涉及消费者的利益问题，比如通风设备的安装，大家进入一个商场购物，一段时间以后会觉得头重脚轻，这实际跟商场内部的空气质量有很大关系。如果为了节约成本，在建设一个卖场的时候，在涉及消费者利益方面的安装设备降低成本，对于消费者的利益会有很大的影响，而且从可持续的提升人们生活质量角度来讲，这样的做法是应该摒弃的。

现在我们购物有两大选择: 一个是现代化的百货店、大卖场，一个是传统的集贸市场、批发市场，集贸市场、批发市场给流通产业是带来很多潜在威胁。李岚清对批发市场做过一个评价，批发市场是假冒伪劣的集散地。批发市场实际上是对于环境、生态、人们的生活质量有巨大负面影响的一个平台。为什么这么说? 大家可能都在这种市场购物，都有体会，像阜阳奶粉事件，还有很多假冒伪劣产品，为了生产这种假冒伪劣产品作坊式的生产，高能耗，以及产品本身的品质和它潜在的威胁。我们从可持续发展的出发点看，假冒伪劣产品的影响巨大。从政策环境来讲，也有一个政策引导的问题，现在很多地方的官员有这样一个看法，要把市场搞活就要把市场建好，通过市场带动经济，在一个阶段可能它有它的作用，但是站在今天的层面看，有些时候我们是得不偿失的。

问题: 从商务环境文化的角度，你从裴亮的发言受到哪些启迪?

第四章 商俗文化

第一节　商俗文化的含义与特征

一、商俗文化的含义

商俗文化，是指一个国家或民族的特定阶层的族群或人群在经济领域里所创造、积淀、享用和世代传承演绎的商业文化形态。商俗文化属于经济民俗文化，即以民间传统的流通习俗、生产习俗及消费习俗为主要内容；也包括与经济民俗相关的社会民俗文化。

二、商俗文化的特征

商俗文化与民俗文化有着千丝万缕的联系，不同的是，商俗文化形成于商务活动的过程中，并且是为商务服务的，具有明显的功利性。正如著名作家冯骥才所说：在民间文化保护中，民俗是一个重要项目。但有的地方，把民俗变成商俗，把农村的东西搬到城市来进行商业表演，失去了它原有的味道。比如，很多地方当初拆除庙宇，是因为觉得它没用。如今认为发展地方经济需要了，又来重建庙宇，作为景点吸引游客，这样的庙宇已丧失了原有的文化内涵。商业色彩太浓。商业是讲究卖点的，是功利的，没有卖点的东西，即使有价值，也会遭遇冷落。这种商业化保护，会解构原有文化的整体性，使文化变得肤浅化、表面化，失去原有的内在的淳朴本质。因此，不能把民俗当商俗。

商俗文化具有规范服务、知识教化、维系协调三大功能。因此成为商人群体的行为、语言和心理的一整套基本符号与约俗，同时也为经济生产流通消费领域的民众习得、传承、遵照和积淀商俗文化的重要模式。民俗文化的四大功能的在商务文化中也经常发生，尤其是在现代媒体与现代商务对民众生活共同的作用下，民俗的传承性和扩布性得到时空提速，其整体性与变异性也在增强与加快。当然，民俗的基本功能没有改变，在社会物质与精神生活中或隐或现地持续发挥其强大的潜移默化的影响。

第二节　商俗文化的内容及表现

商俗文化内容可分为物质形式与非物质形式，即物质文化与精神文化两大类。这种文化，以约定俗成的方式存在于民间社会生活之中，影响着人们在流通、生产与消费领域里的心理意识、价值观念、行为方式，是特定阶层族群或人群沿袭成俗的商务文化的综合。商俗文化表现为叫卖、招幌、牌匾、商联、商业行态等看得见摸得着的物态形式；表现为“没有笑脸不开店”、谦虚、敬长学贤、自重、谨言等为人处世之道；表现为“和生气财”“言无二价，童叟无欺”的道德规范，“讲口碑”、“重义气”的商务观念文化等。

一、民间商务经营业态

古往今来，我国民间经营活动的模式主要有四种，即市、墟、集、会。

（一）市

自殷商时期起，我国就形成了一定规模的民间经营活动。《易·系辞下》记载：“日中为市，致天下之民，聚天下之货，交易而退，各得其所。”古人把交易场所称为“市”。在先秦，“市”还有另一种含义，即指交易行为。那时候，“市”的基本职能是物物交易或钱粮交易。

先秦时期市井与水井有很大的关系。《风俗通》曰：“俗说市井，谓至市者当于井上洗濯，其物香洁，及自严饰，乃至市也。”水井周围因为公众汲水就成了公共生活空间，并逐渐形成为在水井边进行买卖活动的场所，水井是市井的发源地。因而，水井与人口的聚居和商品交易有着密切关系，人们在水井周围交换商品。所以说，最早出现的“城市”与“市”没有什么直接关系，只是社会发展到一定历史阶段，城市机构设施逐渐完善以后，由于城市中人口较为集中，市也逐渐在“城市”中得到了发展，于是“城”与“市”两者才逐渐紧密结合起来。水井是先秦时期聚落最简单、最小的交易地方；市井是比水井高一级，商品交易较为发达的贸易之地，又指平民的住宅区，城市是市井的发展方向。

到了唐代，有了商业街市，如唐长安坊间的东市、西市。市中有店、铺、肆、馆、行等。唐代在长安城中甚至还出现了专卖店，出售珠宝、衣饰之类，这在唐人笔记小说中多有描写，但它们的门面不大，名气不大。

北宋时，整座开封城成为了中国历史上，真正意义的以城为市的商业城。其中最明显的标志是破除唐代的里坊制，破墙开店，水陆齐上，空前繁荣兴旺。最有代表性图像记录便是现存于故宫博物院的，张择端的《清明上河图》，从上面可以观察到：世界上最早的也是当时最先进的连锁经营雏形——总店与脚店。

明清以后，各地的县城大都出现了规模相当可观的街市。如在山西太原的大中市、柳巷一带商业繁华区，店铺栉比，客商云集，街市尤为热闹，贸易的品种也琳琅满目，主要有粮食类、铁器类、蔬菜类、水果类、布匹类、皮革类等。粮食铺多集中在三桥街、旱西街附近，凡来太原经商的外地人，都要来此购粮食、吃饭、喝茶和住店，可见，当时商品还有了比较固定的集散地，市的建置也更有条理，即是消费品的流通服务所在，同时也是生产资料的流通所在。直至现在该处依旧是当地的商贸中心。

鸦片战争以后，帝国主义列强入侵，为抵制充斥市场的洋货，街市的经营逐步扩大，花色品种也日渐增多，主要经营针织品、铝制品、搪瓷制品、日用化妆品、文化用品及鞋、帽、玩具等。

民国时期，由于外国资本垄断市场，外国商品随之大批输入，使洋布、洋火、洋油、洋烛、洋胰子（肥皂）等充斥市场，民族工业受到极大的打击，当时市场上的商品70%以上皆为洋货。抗日战争爆发后，社会购买力急剧下降，商业凋敝。日本投降后，商业有所发展。由于国民党发动内战，横征暴敛，税捐繁多，又无限制地印发钞票，物价飞涨，行业之间互相倾轧。民国37年，“八一九”限价后，资本雄厚的商家囤积居奇，兼并激烈，资金匮乏的小商店90%以上被迫歇业，市场萧条。

那时的商业多是零售业和服务业。如：布业、杂货业、旅馆业、医药业、酱园业、缝纫业、水作业（作坊）、酒油槽坊、糖坊、首饰业、屠宰业（包括猪、牛、羊）、牙行业、特种行业（赌场、烟馆）、律师业、其他行业（其中有鞭炮、缫丝、租赁、染坊、印刷、文具、青货、凤画、洗玉等）、照相业。

新中国成立以后，国家在加速发展国营商业的同时，积极扶持供销合作商业，并对私营商业进行社会主义改造，多方面开拓商路，扩展商业网点，商业逐步繁荣。国营商业和集体商业渐次崛起，在社会主义市场中，私营商业逐渐减少，只起补缺的作用。1954年9月，国家实行棉布统购统销，1955年10月，对烟、酒、茶叶、食盐、煤炭、木材、百货、文具、图书、西药等10个行业实行经销代销。1956年，对私营工商业进行社会主义改造进入高潮时期。1958年“大跃进”后，体制多变，影响商业发展，私商一度取消。1961年后，城市私营商业由国营商业部门代管，农村私营商业由供销社代管。

1962年，在国民经济调整中，扭转失调的现象。按照“划小划细”的要求，因店制宜，组成夫妻店、兄弟店，自愿结合。把核算单位过大的缩小，把并入店内原系小商小贩、自负盈亏的人员，动员下到农村落户，改为农村人口，私人仍在街上照常营业。

“文化大革命”期间，造反派把私改员当作“当权派”批斗，经营处于无政府状态，市场极为混乱，私营商业受到严重冲击。中共十一届三中全会以后明确合营商店是社会主义性质集体所有制经济，尊重其自主权，把对私商的“利用、限制、改造”政策，调整为“加强领导，积极扶持，统筹安排”的政策。

总体上，改革开放以前，由于受计划经济体制的制约，商业业态基本延续商品分门别类建店经营。有日用百货店、粮油店、蔬菜店、水果店、烟酒店、五金店、煤炭店等，几十年不变。不同的是，几乎所有商品都是国家计划统购统销。农村集市贸易与新中国成立前也相差无几。

改革开放以来，社会主义市场经济体制逐步建立，由于特定消费群体的产生，一定技术条件下所形成的特定消费方式、销售方式的出现（如随着汽车、电冰箱出现的家庭大批量、低频率、长周期的消费方式，因而形成超级市场、连锁经营，带来新的商品包装材料，影响到商品销售方式、陈列方式等一系列变化）。商品品种、数量、规格、档次的多元化；商品运输、储藏技术的极大进步以及信息技术的飞速发展等因素，使传统意义上的、作为商业零售业态的“市”，发生了巨大的变化。“综合超市”“仓储式超市”“量贩式超市”“会员制超市”等综合市场相继出现；传统百货商场业态的大型百货商场发展成为能够将超级市场、专业店、专卖店、餐饮店、美容店、娱乐场、电影院等都包括在内的“购物中心”；中小百货商场，则在与大型百货商场的竞争中向大型专业商场发展（如家电类、服装类、鞋类、图书音像类等），采用连锁化经营模式。

在与高水平零售业态的竞争中，各类集市贸易业态，如集贸市场、街道市场和马路市场，在购物环境、市场信誉、服务质量、商品种类、经营管理等方面感受到巨大的压力，正向超市化、专业化方向发展。

中式名店名吃在大型餐饮店、同类其他商店、国外快餐连锁店的影响和竞争中，走上“标准化、快餐化、连锁化、规模化”的发展道路，取代“前店后场、单店经营、手工作业、经验管理”的转统模式。

总之，市场经济的发展催生了各种现代零售业态，使传统零售业态急剧萎缩。进入 21 世纪，是一个信息化和大规模定制的时代，无店销售方式，特别是网上销售将会成为零售业的主导。

（二）会

庙会也是传统的展览形式。因为村落不大可能有较大规模的寺庙，所以庙会主要出现在城镇。在中国，从唐代起已有“庙市”的说法。通常将寺庙在节日期间，举办的规模较大的民间经营活动称为庙市，当时的庙市就是庙会。“庙市”是在庙宇中设定期市集，交易百物。市场大抵在庙宇中隙地上，而延展及于庙旁隙地，与庙外市街。商业行为，是此种庙会的中心。娱乐活动，亦是一种商业或者只存遗迹，或者并此而无之，故称为“庙市”。庙市的举办实行轮流制，一年在某一村落只举办一次。但从地方小社会的整体看，庙会在当地各村落之间的循环活动次数还是相当频繁的。河北定县有传统村落 52 个，每年的庙会就多达 57 个，可知它是村落经营中的一个活跃因素。

庙会起因：

(1) 宗教原因。古代市场，多建于寺庙附近，民众易于集合，信仰的需求，对宗教的热忱，是“香火”和“香会”发生的重要原因，并且宗教的祭祀活动有一定的时间，因而为市场所利用，成为定期市场。

(2) 娱乐原因。在春秋佳日，民众每有集会娱乐的需求。庙宇所在，多为风景清幽，高屋宽敞，便于民众聚集，于是形成庙会，这就是“春场”产生的重要原因。

(3) 租税原因。庙宇住持人，因所收布施不足以供给生活或挥霍，于是开庙列市，征收“香钱”。另一方面，官府为了便于向商人征税，也集中游贩于一地为便。庙宇地势宽敞，游人与游贩云集，便成为经常市场，形成庙会。

(4) 商业原因。社会进化到商业较为发达的时代，定期市集便应运而生，在无庙宇地方，则在田野之墟集市，如两粤之称“墟”。在有庙宇的地方，则集于庙宇附近隙地或庙宇之中。因此市集是由“庙市”发展而来的。

北宋时，根据孟元老的《东京梦华录》记载，开封汴梁城的相国寺内万姓交易是热闹非凡的：“相国寺每月五次开放万姓交易，大三门上皆是飞禽猫犬之类，珍禽奇兽，无所不有。第二、三门皆动用什物，庭中设彩幕露屋义铺，卖蒲合、簟席、屏帏、鞍辔、弓箭、时果、腊脯之类。”

明清以后，我国的庙会发展到极盛，北京西郊的妙峰山庙会就成为京津两地香火最旺、成交额最高的北方庙会。在庙会这种民间自发的“经贸洽谈会”上，人们除了物质交易以外，还要朝圣、祭祀、游冶、娱乐、迎神赛会，即所谓的“货、艺、祀、神”并举，物质与精神同列。宗教在这里世俗化了，世俗在香火里变得神圣。在如此的氛围中，人们的消费欲望受到了很大的刺激。在庙会上，有食品必吃，有物件必买，有娱乐必享等。当然，在这其乐了融融之中，宗教与世俗水乳交融了，那寺院门口随喜功德的捐赠箱子也装得满盆满钵的了。有趣的是，庙会也多为古代民间男女的直接或间接交往的社交约会见面的场所。

商业性质的庙会，向来分做普通用品与特种产品两种。所谓普通用品，所售的东西，限于农家日常普通用品，中国传统庙会以此性质占最多数；特种产品，以专以交易特种用品为目的，如河北省安国县药市庙会；还有就是以地方特产交易中心的特产庙会，如产柳条的地方，常常有卖柳条编织器的庙会，范围不大，只就本地的特产出售。例如：

淮阳太昊庙会，实际为“庙市”，延展及于庙旁隙地，与庙外市街。全庙内外共八条大街，虽没有严格区划，但业已形成各有经营特色的区域。如蔡河南街，以饭馆、茶馆、干果铺为主业；蔡河北街，以菜蔬、柴火、黍秸为主；东天门内南北正街，以京货、铁器、木货、眼镜与眼药为主等（见表4－1）。

表4－1　　1934年淮阳太昊庙会各种商业分类表

分类	包括项目	家数
玩具	(1) 玩具 (2) 泥人泥狗	222
饮食类	(1) 饭馆 (2) 茶馆 (3) 酒馆 (4) 酒摊	205
食用品	(1) 干果 (2) 菜蔬 (3) 鱼 (4) 柿饼 (5) 肉 (6) 白面 (7) 馍 (8) 甘蔗	197
零用杂品	(1) 杂货	179
竹、木及柳条编织器	(1) 木货 (2) 竹器 (3) 柳条编器 (4) 竹竿及木杆	162
供享品	(1) 纸扎 (2) 香 (3) 纸货	125
家庭小用品	(1) 针 (2) 梳子 (3) 角骨 (4) 红匣	71
金属器皿	(1) 锡货 (2) 铁货 (3) 铜货 (4) 铜铁货	67
服饰	(1) 首饰 (2) 帽 (3) 刺绣 (4) 带子	46
布匹	(1) 京货	41
游艺	(1) 社戏 (2) 大鼓书 (3) 他种游艺	35
文具书籍	(1) 文具书籍	34
燃料	(1) 煤 (2) 木柴 (3) 黍秸	26
皮货	(1) 皮货（皮套皮鞭等）	15
陶器	(1) 陶器	12
药品	(1) 眼药 (2) 药铺	11
农用种子	(1) 菜蔬种子	9
修整面容	(1) 理发	9
宣传类	(1) 路会 (2) 基督教宣传所 (3) 回教宣传所	6
嗜好品	(1) 卷烟	3

传统庙会在今天依然发挥着为消费者提供购物与娱乐场所的功能。

庙会这样的商贸形式，古为今用，在此基础上发展起来的商务会展则融入了时代的元素。商务会展是人们为了达到交易目的，自觉统一在一个时空领域里进行的具有商务内涵的议事、展览等商务活动。包括以实现商务目的的“节”“会”“集”等。商务会展就是由商务会议、商务展览、特殊商务活动三部分构成的。三者间往往是节中有会、会中有展、展中有节、“会”“展”结合，例如，“青岛啤酒节”中有各啤酒厂家组织的啤酒促销会、啤酒展览品尝活动与大型歌会等。我国著名的商务会展有1957年春创办的“中国出口商品交易会”即“广交会”（2007 年更名），迄今已举办了 90 多届；1996 年创办的，每年 9 月都要举行的“大连国际服装节”等。由于商务会展具有展、观、聚、游、购、娱这六大要素，既可以在同一时空聚集大量人流、物流、资本流，更会集中信息流，这样就节约了因不聚集而花费的交流成本。因而商务会展成为当今商家实现大宗交易的首选。

（三）墟和集

南方民间把定期经营的场所称“墟”。老百姓通过赶墟，把多余的农副产品售出，换回自己不能生产的物品和农器具之类，顺便也邀亲会友、看戏听曲，把平淡、辛苦的小日子做个调整。在广东佛山一带，明代有三墟六市，清代上升为六墟十七市。各村镇有不同的墟期和不同的货物特色，被老百姓分别称为“鸡墟”“麻钉墟”等。

明清的墟场内还设有“讲古场”，供民间听书娱乐。将娱乐、购物、餐饮相结合，这是墟里出现的具有现代购物中心种种要素的萌芽形态。

墟期大抵是自然形成，一般以三日为一期。相近的墟期之间，交易品种互不重复，以利商贸。

北方农村的经营场所叫“集”。开集有固定的日期，通常是三天一小集，五天一大集。集市上的各类商品都有常设的出摊地点。如有粮食市、牲口市、猪市、菜市、布匹市、杂货市等，约定俗成，井然有序。集市上允许大声叫卖，来自四面八方的商贩起经吆喝，叫喊声此起彼伏，响彻集市，给乡下人的买卖增加了热烈火爆的气氛。河北乐亭县是北方有名的“皮影之乡”，当地卖十三香的商贩就擅长用皮影戏的腔调吆喝，赶集的人三五成群地前来购买十三香，使这一买一卖的商业购物过程充满人间的温情。

二、民间商务经营方式

（一）农商兼营

农商兼营，农谚称作“消闲买卖，紧张庄稼”，即农民农忙时种田，农闲时做小买卖。从业者称摊贩。他们本小利薄，赚一把是一把，以调剂余缺，满足日常生活的需求为主。他们从事经营的方式，是把货物摆在道边、路口或集市的地面上，也有推车、挑担或临时设货架的。在民国时期，云南的苦聪人还保留了这种经营的古老形态——沉默交易。他们把猎物、兽皮等放在通往集市的路途中，然后躲藏在草丛中观望。过往的商人用布匹、衣服和盐换取这些山货。等商人走远后，苦聪人才从草丛里走出来，取走货物回家。

也有些民间经营是与商业赢利无关的，完全出于自愿，属于纯粹的社会互惠行为，包括熟人互惠、邻里互惠、家庭互惠、村落互惠、年节互惠、民间行业和公益组织之间的互惠等。在这些时候，供需的双方，不砍价，不矫情，收受物品，讲究“你敬我一尺，我敬你一丈”，被交易的商品变成了法国社会学家莫斯（M. Mauss）所说的“名誉货币”。在这种场合，谁吝惜财物，谁锱铢必较，谁就会被社会瞧不起。不管社会形态发展得多么复杂，这类交易商品的“价格”，讲的都是人情价、关系价、文化价，是民众的群体世界观和价值观在从中起作用，并不受市场经济的影响。“货卖爱家”“货送爱家”，现在的文化收藏市场里，还依旧或多或少地保留着这样的经营形态。

（二）行商经营

行商俗谓“走贩”，是从市的交易发展起来的游动性交易形态。这种商业习俗是把某些地方需用的物品，或当地不生产的货物主动运到该地出售的方式。最早称这种商人为“客商”。从业者进行长途贩运经商，是一个由卖主向买主主动汇合的商业阶层。在这方面，安徽的徽商和山西的晋商在历史上都有很大名气。

“贾而好儒”是徽商的传统。作为古代的徽州即现在的安徽省黄山市——徽州地区全是贫瘠山地——那里有民谣：前世不修，生在徽州，十三四岁，往外一丢。当地人无奈只有少小离乡去外地经商创业。当年徽商的主要经商创业之地是“江南三州”，他们在江南的各类生意已经做到“无徽不成镇”的地步。最为可贵的是，经济之上为文化，使成天诗书不离手的徽商们成就了：“徽班进京”——有了国粹京剧；乾隆第四次下江南，徽州盐商江春曾一夜之间造起了扬州白塔，就是瘦西湖那座；扬州八怪将中国画推向了一个高峰，也是因为有徽商的追捧。

晋商中还曾出现“船帮”“驼帮”“车帮”“马帮”四大商帮。晋商也是将儒家思想奉为立业之根本，并溶入在自己的商业文化之中，经商讲究诚信。他们的足迹，经海上到日本；走西口，出长城到蒙古及俄罗斯等国，广泛地进行外贸活动。在国内，他们也曾走遍大江南北，贩销货物。

（三）坐商经营

坐商经营是由市的交易形式发展来的固定性交易形态。坐商的习俗主要表现在“三定”上，即定地点、定时间、定商品。它有固定的地点、店房，规定出交易的时间，标定出经营的商品，从而产生了坐商经营商品的分工。坐商大者如店铺、商号、总店——分店（分号、分行）；小者如定点销售的小贩，是一个由买主和卖主主动汇合的商业阶层。坐商坐地取利，平时靠低买进，高卖出，赚取商品差价；到了岁时节庆、庙会、集市等来临，看好行情，一次投进大批货物，能一举挣足一笔大价钱，即所谓的“十年不开张，开张顶十年”。

历史上的坐商经营，都有固定资产、流动资金和相对稳定的劳资关系，形成了钱庄、银号、票号、商号等规模较大的经营商行。山西省祁县乔家大院，就是当年名闻三晋的乔姓坐商的住宅旧址。乔家主要经营粮油杂货，资金雄厚，在北方开设了许多分号。仅在包头一地，就拥有复盛公、复盛西、复盛油房等多处“复”字号店铺，堪称一时之盛。民间谚语甚至说：“先有复盛公，后有包头城。”

商俗认为“店多生意好做”，故同类商品往往汇集到同一街市开店设摊，历久便形成特色商业街，这种习惯一直延续到现在。坐商以招牌和商号吸引顾客，扩大商店影响。招牌的形式多样，有以实物、模型、包装品、额匾、旗子为招牌，多悬挂于店铺门前显眼处，以引人注意。旧时商号多雕刻于木板，也有书写于铜、铁、亚铝铸成的板上。现招牌、商号多以广告霓虹灯、铝合金、磨砂玻璃等材料装饰。

商人们除了在商品的适销对路、物美价廉等方面下工夫外，还要特别注意养成良好的店风，对顾客笑脸相迎、热情招呼，不能有厌烦、抱怨之举；经商守信，不能掺杂使假；成交最忌短斤少两等。商人最讲究开业大吉，故每天开店后来的第一位顾客，应尽量成交，即使不赚也要力促其成，以求吉利，俗称“开市”。

（四）居间商经营

居间商又称为“掮客”“居间人”“代办商”“经手人”，即经纪人。这是纯媒介式的商俗形态。这种商人本身没有可买可卖的物品，他只给交易双方做中间人，从中得到报酬或好处。

居间商最典型形式是我国古代即已发展起来的垄断交易的“行”“栈”。唐代称这种商为“邸店”，明代称为“牙行”“过塘行”“行店”“过载行”等，近代发展成“贸易货栈”。这是原始居间人协助交易双方成交的组织形式，他们有店房、运输工具，大规模地组织村落经济生产品从各地集中到“行店”来，然后组织交易各方直接成交，或换货、或买卖，甚至有的发展到经办代买、代卖、代运业务。这种商俗形态后来发展为商品批发商。

在网络时代，也出现了电子代理商务这样的新型代理商。

三、民间商务广告方式

（一）市声广告

行商招徕顾客的传统方式是市声。市声主要是从事交易的小行商、小摊贩，为使顾客了解自己所经营的商品，用口头语言或物品作出的各种表示。市声分为几种：

（1）口唱叫卖。叫卖声是游动商贩的吆喝声，是直接说明所售商品的口头宣传，内容带有极大的宣传性和诱惑性，形式上多有节奏性和音乐性。江西余姚有一种夏天叫卖的土制冷饮“木莲豆腐”的（生水加木莲子），其叫法很像是一篇韵文：“哎——木莲豆腐，凉飕飕，吃进嘴里滑溜溜。外加冰屑薄荷油，吃之汗水勿会流！”元杂剧《逞风流王焕百花亭》里有王焕卖查梨条的一段叫声唱词，表演了法当时小贩出售干鲜果品时的一种叫卖声。

查梨条卖也！查梨条卖也！

才离瓦市，恰出茶房，迅指转过翠红乡，须记的京城古本，老郎传流。

这里是家园制造，道地收来。

也有福州府甜津津香喷喷红馥馥带浆儿新剥的圆眼荔枝；

也有平江路酸溜溜凉荫荫莫甘甘连叶儿整下的黄橙绿桔；

也有松阳县软柔柔白璞璞蜜煎煎带粉儿压扁的凝霜柿饼；

也有卯州府脆松松鲜润润明晃晃拌糖儿捏就的龙缠枣头；

也有蜜和成糖制就的新建姜丝；

也有日晒皱风吹干去壳的高邮菱米；

也有黑的红的魏郡收来的指顶大瓜子；

也有酸不酸甜不甜宣城贩到的得法软梨条。

俺也说不尽果品多般，略陈眼前数种。

香闺绣阁风流的美女佳人，大厦高堂俏绰的郎君子弟，

非夸大口，敢卖虚名，试尝管别，吃着再买。

查梨条卖也！查梨条卖也！

——《元曲选》壬集上

这是宋元间的规范叫词。这里不排除剧作家的润色，但从市声的源流上看，它离本来面目不会相差太远，它的煽情诱人，它的生动活泼，洋溢着流畅悠扬的市井韵味，诵读之间，活色活香。

叫卖声很有讲究，小贩的声音随着昼夜节律、季节交替而变化，一般是昼快夜慢，夏快冬慢。叫卖声是一种民间社会的语言，用语都是土话，乡俗乡音乡情，听来亲切，里面浸透着俚俗百态，市井风情。人们以往经常可以听到沿街卖食品的叫卖声。卖油条的喊："卖油炸粿哎！烧甲脆，油炸粿，来买油炸粿啊！"卖酱瓜的喊："卖咸酱瓜哎，酱瓜咸啊，酱瓜甜啊，酱瓜五味香啊，好做早点啊！好货甲省钱，赶紧来买！"货郎们小本买卖，老少无欺。有的一生一世以此为生，老来才搁担停业。改革开放以来发展商品经济，为招揽顾客，方便顾客，沿街叫卖者也不乏其人。

（2）击器叫卖。这是市声中的代叫声，是以音响器具代替人声吆喝来招徕顾客。剃头匠的代叫声为双股音叉，一拨动就发出"嗡——嗡"的响声，现在偶尔还能看到。但各地的民俗不同，有时代叫声也不一样，如摇铃在老北京表示倒垃圾，在东北就表示卖酱油的来了。卖日用品的货郎担摇小手鼓，俗称"摇鼓担"；卖"咸酸甜"（蜜饯）的吹唢呐；卖馄饨、豆腐花等小吃的敲碗匙；卖麦芽糖的敲小锣；卖猪肉的吹海螺或竹管；卖冰棒、冷饮的摇小铃。而与敲击节奏相映成趣的叫卖声，往往是卖什么喊什么，拖腔拉调，似喊似唱，"人未到声先到"以广而告之。

（3）动作叫卖。以唱带击，招揽顾客，卖玻璃刀的，卖菜刀的，打铁摊，

卖胡琴的，卖吹嘟嘟的，都是坐在那里，以裁玻璃，斩铅丝，削纸头，拉胡琴，吹叫子、笛子，挥锤打铁等动作向买主们展示其货之真、巧、好，这是一种特别的叫卖。

如今科技越来越发展，叫卖也有了新方式。比如卖衣服的用电喇叭，卖老鼠药的用录音机，新花样层出不穷。

（二）商幌广告

坐商招徕顾客的传统标志是商幌。幌子，又称“幔子”“望子”“招子”等。招幌则是招牌与幌子的复合式泛称，是店铺和行业的经营标志。商幌大都标示性强，色彩斑斓，具有形象感染力。《韩非子·外储说右上·说三》记载：“宋人有酤酒者，升概甚平，遇客甚谨，为酒甚美，悬帜甚高，著然不售，酒酸，怪其故……”这“悬帜甚高”，就是将酒旗高高挑起。清人翟灏《通俗编》卷二十六《器用·望子》条下说：“《广韵》：‘青帘，酒家望子’。”我国自宋、元、明以来，商幌增多，类型大致有以下几种：

（1）实物幌子。实物幌子指店铺卖什么挂什么，如山货铺挂一束麻丝，草帽店挂一顶草帽。开店挂出，闭店收回。

（2）实物附属品幌子，无法直接挂出的商品，商家就用相关的附属物代替，如油店挂油瓶，鞋店挂鞋盒。

（3）商品模型幌子。过去小商品做大商幌，如卖膏药的用大红布扎成幌子，中间涂黑圆心，表示膏药店。

（4）旗幡幌子。旗幡广告一般悬挂在店铺外面，旧时的村舍酒肆多用旗幡做幌。如旗幡上书“太白酒家”或“杏花村”字样，颇有诗意。唐诗“水村山郭酒旗风”（杜牧《江南春》）、“青楼扑酒旗”（李商隐《赠柳》），就指旗幡幌子。

含有隐喻暗示的幌子。这种幌子，外人看不出来有什么特别的意思，当地人却一望即知内中含义，是民间商幌中最具民族民俗特色的一种。如在北方悬挂蓝色箍圈笼屉的幌子，表示是“清真饭馆”；悬挂红色箍圈笼屉的幌子，俗称“大教馆子”不忌荤腥；幌子所用的笼屉一般都是两个。但如果挂了三个红色箍笼屉的幌子，就表示这里是大饭店了。

（5）灯笼广告。灯笼广告大概起源于五代时期，一般被悬挂在店铺门前，有些灯笼上用文字表明其商号的商业性质起招牌和悬帜的作用；有些则不写文字，以灯笼的个数表明含义，招示顾客。

例如：2008 年央视电视剧《闯关东》第 26 集有一段戏——“摘幌”。朱开山一家在济南的“山东菜馆”开张，潘家少爷去捣乱，他跟朱开文的对话如下：

问：“店面不大，幌子不少。这挂几个幌子可是有讲究的，对吧？”

答：“那是。挂一个幌子是小店，挂两个幌子能做地面上的各道炒菜，挂三个幌子就是南北大菜都拿得出手。”

问：“那这挂四个幌子呢?”

答：“就是客人点什么，我们就给做什么。”

后来，因其“爆炒活鸡”做不出来，被摘掉一个幌子。

灯笼广告在今天仍然为许多古镇及旅游景点保留使用，它既是传递商务信息的载体，又是别具特色的装饰。灯笼广告是灯具幌子的前身，如现代的药店、旅店等用灯具做商幌都受其影响。

（三）流动标志

行商还用一种流动的货架用为招引顾客，标榜商品的标志。如算命先生手举的移动布帐；卖糖葫芦小贩手持的草柄；岁时节庆时商家出钱赞助的并制有赞助商徽记的灯饰等。这种流动标志。演化到今天就成为了街市上商家派人组成的移动的商品广告牌子或流动商品宣传售车。

（四）匾联广告

所谓“匾联广告”，是指题写着店铺字号或宣传专用语的横边联、牌子等，可细分为外挂匾额、商联吊牌、青龙牌和内挂匾等，它是中华民族传统的、比较独特的传播商务信息的广告形式。坐商经营，讲究匾牌。

牌匾是中国独有的一种商务语言、文化符号，是融汉语言、汉字书法、中国传统建筑、雕刻于一体，集思想性、艺术性于一身的综合艺术作品。它们有的装饰于店铺门面上方，有的吊挂于店铺的门框、门柱之上，有的放置于商店内柜台的显眼之处，有的则悬挂于店堂内墙壁、柱子之上。古往今来，中国的商家大都对牌匾非常重视，把它视为物质财富和精神财富的象征，当做传世之宝，因此，老店、名店、大店在牌匾的内容、形式与制作上大都是很讲究的。一是文字内容要求经典贴切、耐人寻味或生动有趣，要求有出处、有来历或有寓意；二是想方设法聘请贵人、名人、书法家来为之命名或题写；三是采用传统工艺、上等材料制作，文字或金光耀眼或朱漆通红，形制或古朴大方或庄重典雅。老字号的商业牌匾，既是装潢讲究制作精良的书法艺术珍品，也是一种中华民族独特的传播商业信息的广告形式。这种古老而又充满活力的牌匾广告往往负载着厚重的民族商务思想，投射出丰富的传统文化色彩。此外，字号牌匾上的字也有讲究，通常商家铺户的匾额以饱满端庄的楷书为佳。一来，楷书容易辨认；二来饱满厚润的楷体字，象征着物阜年丰，财源茂盛之意。

牌匾作为我国一种独特的传播商务信息的广告形式，一般通过巧取文学作品、凭借商联文采、援引成语典故、附丽神话传说、仰仗名人题字、利用趋吉心理、采摘宗教词语、表达报恩情感、显示店家诚信等方式负载着厚重的民族商业思想，投射出传统的文化色彩。例如：

四川成都有名的火锅店“狮子楼”——店名巧取小说《水浒传》第二十

六回有武松在狮子桥楼下酒楼打死西门庆的情节。

北京文具店“一得阁”外挂匾额——凭借商联文采。创办人谢松岱系安徽籍举人，历经几次科举考试，深知考生磨墨作文之苦，于是利用一间带阁楼的房屋兼作门市和作坊，自产自销墨汁。他撰写了“一艺足供天下用，得法多自古人书”的对联自许。因上下联第一字合起来是“一得”，遂以“一得阁”为店名。

“太白遗风”酒店青龙牌——援引成语典故。明、清时期南京、北京等大都市的商店，流行一种文化意蕴很浓的特殊招牌。这种招牌名曰“青龙牌”或“站牌”。当时的各种店铺，都有一个曲尺形柜台，在柜台的里端或柜台正中靠墙的一面，摆上青龙牌，招徕顾客。牌子一般以黑漆为底子并刻写有四个金色大字。牌上的字词，往往援引有关的成语或典故，含蓄且文雅地表明该店铺的行业特点。

商务牌匾的盛行在明、清时代。这一时期，帝王将相、地方官吏、知名学者和书法大家等有地位、有知识的人士，已逐步摆脱自命清高儒雅的传统思想，自觉不自觉地涉足牌匾广告领域。他们有意或无意题写的文字牌匾使这种传统广告具有了浓郁的文化色彩和趣味性，显示出独特的民族风格。继承这一传统，现当代的名人、大家也不乏此类即兴之作。“推陈出新，妙手天成”：时装商店内挂匾。上海鸿翔时装商店是我国第一个以经营女子时装而闻名于国内外的老店，有“女服之王”的美誉。该店首创立体裁衣的方式，做成的服装“天衣无缝”。时为国家副主席的宋庆龄女士惊叹之余，题写该词以赠之。

鞋店“内联生”外挂匾额——利用趋吉心理。店名“内联升”中的“内”指“大内、朝廷”，“联升”的寓意是穿上这里的鞋靴可以步步高升。这便迎合了官员们希望吉利和升迁的心理。

趋吉祈福是中华民族几千年积淀下来的传统习俗。“吉”即吉利、吉祥，“福”即福运、福气。中国的吉祥语很多，比如：“平步青云”旧指科举高中，现常指官运亨通；“三星高照”寓意幸福、吉利、长寿；“出门有财”是说一踏出家门财路就展现在眼前；“鸾凤和鸣”象征婚姻美满，夫妻和谐；“榴开百子”比喻子孙绵延，人丁兴旺。商家利用人们趋吉祈福的心理制作带有吉祥、福运色彩的文字牌匾，传播其商业理念和传统文化信息，必然会给受众以美好的印象和希望。这对店铺的生意是大有裨益的。

“货真价实，童叟无欺”绸布店内挂匾——显示店家诚信。永泰祥绸布店是江苏东台市的百年老布店。该匾上的八个字是店铺经营者祖祖辈辈恪守的经营信条。永泰祥的职工对待顾客有一个传统规矩，即“不失足于人（指行为），不失色于人（指态度），不失口于人（指语言）。”店铺拒伪劣产品于门外，货物明码实价，职工待客和气且老少不欺，因此赢得了人们“只此一家”

的赞誉。

（二）商务楹联

商务牌匾字号，一般还配合极具独特性的企业文化的商务对联。诞生于1669年的同仁堂老字号药店，之所以金字招牌百年不倒，全仰仗于自己的诚信与品质。“炮制虽繁必不敢省人工，品味虽贵必不敢减物力。”这是其著名的商业对联，也是它的堂训。百年同仁堂就是以“独特配方，优质原料，精湛工艺，确实疗效”而于杏林独秀。

中国的商务楹联，具有独特的形式要求与极高的审美价值，它不仅讲求文字严谨，对仗工整，平仄协调，而且具有切合时令、环境、行业的特点，寄寓着主人办店的追求和希冀。从创作角度的侧重讲，主要有以下几种：

1. 追溯历史，彰显底蕴

追溯本店历史和字号的来源，如杨起所作的“六必居”酱园联：

黍必齐，曲必实，湛必洁，器必良，火必得，泉必香，京华古都传统，必严必信，居家旅行，懿哉君子。

味斯淳，气斯馨，泽斯清，质斯正，形斯雅，品斯精，嘉靖年间风骨，斯承斯盛，佐餐助酌，莞尔佳宾。

该酱园始建于明嘉靖九年（1530），其“六必”为“黍稻必齐，曲蘖必实，湛之必洁，陶瓷必良，火候必得，水泉必香”，是其酱园生产的传统工艺，故名为“六必”。这些，都在联中得到恰当的表述。

有的追溯本行业的历史和与本行有关的重要轶闻、典故。如：

清歌沧浪水，闲访武陵源。水产店用联。上联典出《楚辞·渔父》，下联典出《桃花源记》。用两个渔人的典故组联，十分恰切；与两个名人屈原及陶渊明有涉，更见高雅。

天涯雁寄回文锦，水国鱼传尺素书。文具纸张店联。上联典出《晋书》，苏蕙作《璇玑图》诗，841字共含诗7 958首；下联典出《文选》：客从远方来，遗我双鲤鱼。呼儿烹鲤鱼，中有尺素书。用典得当巧妙。

这种关于历史的描述，还常常上溯到远古之人以及神话人物，药店举尝百草的神农，石作坊举炼石补天的女娲，火柴厂举发现钻木取火的燧人氏，丝织业举下凡人间的织女等。这就使各行业的对联充满了传奇和浪漫的色彩。

2. 介绍产品，以扬美名

商务对联的作用有两个：一是装饰门面，一是吸引顾客，后者更为重要。

如：泉美花香，彼此心同双合盛。气清韵永，精诚力致五星红。

该厂五星牌啤酒进入欧美市场，为祖国赢得声誉，联中以“五星红”双关，予以概括。介绍产品、商品，最忌讳广告气，“载誉”“名高”之类的词，不宜入联。

此类商联有些写得极高妙，如：

大将军，骑海马，身披穿山甲，过常山，去斩草寇；

小红娘，坐荷车，头戴金银花，到熟地，接见槟榔。

这副楹联，全都是用中药名连缀而成，构思精妙，见解独到，不仅介绍了产品，而且有一种磅礴的气势。

另有一种店堂的楹联反映了主人很高的人生价值取向，譬如一副药店的楹联说：

但愿世间人无病；何愁架上药生尘。

还有一种楹联既能结合行业特点而又不失幽默感，譬如杏花村酒厂的广告联语：

酒味冲天，飞鸟闻香化凤；糟粕落地，游鱼得味成龙。

虽有些夸张，但酒香成何样？不言而喻。

宋代诗人苏轼晚年居住海南岛，邻居中一位老妪做馓子生意，请苏轼题诗做广告，苏轼挥笔而就：

纤手搓来玉色匀，碧油煎出嫩黄深。

夜来春睡知轻重，压匾佳人缠臂金。

真是色香味俱出，逗人食欲，买馓人甚众，自不待言。

3. 文字雅致，富有哲理

商联的雅，不仅文字雅致，而且意义深邃，有较深的哲理，它们是店联的精品。如：

权衡凭正直，轻重在公平。(秤店)

有材皆中选，适用乃为宜。(木器店)

胸中存灼见，眼底辨秋毫。(眼镜店)

所贵者胆，可暖乎心 。(此联为1984年，马萧萧先生为北京保温瓶厂题联)

在新的行业联创作中，像这样极贴切、极富理性的商联，可谓凤毛麟角。

4. 宣传服务，招徕顾客

介绍产品，自然有招徕顾客的功效，若真正令消费者满意，主要是靠信誉，靠职业道德。商业要讲经济效益，说通俗些，是要赚钱。商业心理学表明，顾客对“财源茂盛达三江”一类对联并不喜欢，所谓“茂盛”，就是从顾客的腰包中取得。还有些只是些标语口号，缺乏真诚，如“满足生活需要；调节市场供求”或者：“礼貌服务，文明经商”这样的“对联”，无法令顾客满意。商联要有针对性，切合时令、环境、行业特点，做到因时制宜、因地制宜、因人制宜、因事制宜；还要有文学性，注意炼字度句，“言之无文，则行之不远”。如：

清末民初，长沙的名茶异撰，盛极一时，不少文人名士为茶楼酒馆写招牌题对联。最早要数李次青为“天然居”茶馆题联：“客上天然居；居然天上客。”此联用回文体，至今仍脍炙人口。

又如：“货有高低三等价，客无远近一样亲。出出进进笑颜开人人满意。”“挑挑选选花色全件件称心；以平和态度待人人人满意 。”

“按经济规律办事事事称心；薄利多销从不计得失。”

“和气生财；只求好人缘 。——回头再来。”陈雪松（锦衣居士）

这样的商联容易为消费者接受。

5. 嵌入商号，以别他家

商家在创作对联时，讲究在联内嵌进自家的商号，以别于其他商家。

如：山东曲阜华联商厦联：“华彩五光十色；联通万户千家。”（郑泽宇）

北京瑞蚨祥绸布店联：“瑞气喜腾锦绣地；青蚨祥聚艳阳天。”（任世英）联中嵌入“瑞蚨祥”商号名，构思巧妙，意境深远。

王麻子刀剪门市部联：“并州快剪原无价；王记双刀别有神。”（陆济民）此联巧嵌“王记刀剪”商号名，用典恰当。“并州”为古地名，今属山西，其地素产刀剪，享有盛名。“吴地”即今江苏、浙江一带，以产刀剑出名，相传“干将”“莫邪”宝剑即产于此。

图强饭店联：“维国维家且维友；图名图利更图强。”

下联末两字嵌入“图强”饭店商名号，联语巧妙地将中国人的饭局用意一一道出。

6. 符时趋势，切合时令

如：徽州地方《祈雨戏带收东戏联》中有一副对联：

天久不雨禾稻皆枯愿总理在天之灵作速召集同志向玉皇请愿；

民促无粮老稚待毙求县长治民尽法赶快提高毅力为大众要求。

反映民国某年徽州地区旱魃肆虐，民食维艰。呼吁当地县长要为百姓办实事，希望孙中山的在天之灵保佑，迅速召集国民革命先烈向玉皇大帝祈雨。（孙中山于1925年3月12日病逝于北京，该联作于其后）

又如，60年代初，北京宣武门外的琉璃厂附近的荣宝斋挂过一副郭沫若写的对联，上联是“人民公社好”，下联是“吃饭不要钱”。这是那个时代的产物。

“祖国繁荣百业兴旺；春光灿烂万物新生。”“外行变内行行行呈异彩；后浪追前浪浪浪有奇峰。”“货架上下朵朵红梅争艳；柜台内外张张笑脸迎春。”“文明待客；礼貌经商。”像这种大而空的对联多是时代的产物。

7. 分门别类，体现特色

商联最多的是行业联。所谓行业，在这里特指商业和服务业。如各种商店、饭店、客栈、理发店等。这类对联很实用。如：

水产店用联：“岂待临渊羡；奚劳缘木求 。”上下联皆隐一鱼字，上联典出《淮南子·说林训》，下联典出《孟子·梁惠王上》。联中无鱼而切鱼，极巧。

乐器店用联："韵出高山流水；调追白雪阳春。"上联典出《列子·汤问》，下联典出宋玉《对楚王问》。联语精巧，含蕴丰厚。

水果店用联："社公洒酒；王母开厨。"上联典出《礼记·郊特牲》：果实不熟，社公以酒洒之，则繁茂异常；下联典用王母大宴以百味珍果招待各路神仙。用典平实高妙。

理发店用联："相逢尽是弹冠客，此去应无搔首人。"上联取"弹冠相庆"的典故，含有准备做官之意，又正合理发人进门脱帽弹冠之情形。下联意即人人中意，心情舒畅。

总之，商务楹联是一种商务行为与艺术创作的优美结合，它既有助于提高经商者的人文素质，又可以起到招徕顾客的作用，客观上成为商务文化的文字记载。这或许也就是它历久不衰，至今仍有很强生命力的原因。

（三）商务老字号

作为有着 5 000 年历史的文明古国，中国有着数千年传承下来的各种民族文化。而老字号则是其中比较特别的一种，它因不同时期，不同地域的生活、生产需求而产生，同时也体现了当时的经济条件和生活文化，记载着不同地区、不同城市的历史和文化，演绎着不同地区或城市的时代变迁，是一种流动的、发展的、记载着某个时期历史文化的"活化石"。它可称之为一个地方、一个城市的名片与标志。

2006 年，我国商务部在"中华老字号"认定规范（试行）中，给"中华老字号"下了一个科学而完整的定义：中华老字号是"历史悠久，拥有世代传承的产品，技艺或服务，具有鲜明的中华民族传统文化背景和深厚的文化底蕴，取得社会广泛认同，形成良好信誉的品牌。""中华老字号"的认定条件如下：拥有商标所有权或使用权；品牌创立于 1956 年（含）以前，特色的产品、技艺和服务；传承中华民族优秀传统的企业文化；具有中华民族特色和鲜明的地域文化特征，具有历史价值和文化价值；具有良好信誉，得到广泛的社会认同和赞誉；国内资本及港澳台地区资本相对控股、经营状况良好，且具有较强的可持续发展能力。"中华老字号"认定条件，实际上也是对"中华老字号"定义的解释。据《国际商报》报导，2006 年，吴裕泰等 430 家企业首批在京获得了"中华老字号"称号并授牌。我国一万两千家老字号企业中的佼佼者，都是有着历史悠久的经济实体；在某一领域有良好信誉的商号、店铺；拥有自己的原创产品或服务；靠手工或以手工为主发展起来的。

商家字号，也称"店标"，是商店的文字名称。商家建号的目的，是要在消费者的心目中树立良好的形象和信誉。建号的较原始形态不外是"×家老铺"之类，嗣后便稍稍复杂了起来。据《梦粱录》记载，当时临安（今杭州市）的药行中就有"惠民坊""仁爱堂""三不欺""双葫芦"等名号，文籍店则有“诸史子”等名号，而比较丰富多彩的还是酒楼，如“熙春楼”“三元楼”“五闲楼”“赏心楼”“花月楼”等。自明、清以来，随着城市的发展，人们的审美情趣也在不断提高，商家字号的内涵也逐渐地丰富起来。以北京现存的老字号为例，如“六必居”“同仁堂”“全聚德”“都一处”“东来顺”“月盛斋”“瑞蚨祥”“陛连升”等，其用字都有特定的涵义。

例如：“瑞蚨祥”店名的来历，相传是瑞蚨祥当年的掌门人经过反复推敲、多处考证后引用了“青蚨还钱”这一典故。店名中的“蚨”是古代传说中一种形似蝉的昆虫。晋干宝《搜神记》卷十三：“南方有虫，名嫩蝎，一名恻蝎，又名青陈。形似蝉而稍大，味辛美，可食。生子必依草叶，大如蚕子。取其子，母即飞来，不以远近。虽潜取其子，母必知处。以母血涂钱八十一文，以子血涂钱八十一文，每市物，或先用母钱，或先用子钱，皆复飞归，轮转无已。故《淮南子术》以之还钱，名曰青蚨。”这里说的是钱用完了又能飞回的故事。因此当年老板取店名瑞蚨祥就是借“祥瑞”的吉祥之寓意。现在瑞蚨祥就是以一对母子蚨图案申报注册为自己的商标。

商务牌匾是一座建筑，甚至一座城市的点睛之笔，牌匾文化是中华民族传统文化中一道独特的风景，自秦汉以来延绵两千多年。如今，在市场经济条件下，随着城市化的进程，牌匾在城市文化中的地位日益重要。

此外，民间商家经营还很重视口碑宣传的作用。比如商店开张前，要择高人题联；要择吉日，拜财神，祈求发财。规模较大、实力较雄厚的商店，开张时放鞭炮，挂招牌，宴请宾客，拉拢关系，打折扣销售商品，以招揽生意；小型商店或夫妻店，张贴写有店号的红纸，放一阵鞭炮，即开张营业。这种习俗沿用至今。

四、商业信仰习俗

（一）敬财神

商界有这样一个基本思路：如不能取得行业垄断地位，就退而希望公平竞争。竞争公平，可以说是古今中外商贾普世性的要求。所以中国的商人要给财神找“公明”二字。如果现实世界难以实现，就祈望神明世界中能够得到公平保障。万一有欺心瞒骗等事，就让赵公明发“雷神”之威，惩恶扬善了。

我国民间信奉财神。财神是谁？历来说法不一。一说是赵公明，又称黑虎财神，传说他“求财如意，主持公道”。敬奉他能发财，保平安。又说是比干，相传他被纣王挖掉了心，因此不会偏心眼，分财能够公道。再说是范蠡，传说他辅佐越王复国后，功成身退，隐居江湖成为巨商，他既能聚财又能散财，君子爱财，取之有道。因此也受到商界尊敬。

古代财神信仰是有缘由的，比如徽商拜朱熹，晋商拜关公，这是因为宗族观念的差异。

徽州素称“文献之国”“礼仪之邦”，徽是世族豪强家族之地，一直比较注重道德教育。儒家的思想道德在这里更具崇高地位。朱熹作为儒家思想后期的主要代表人物，其思想作为上层建筑被明清政府加以提倡和发扬，被统治者普遍尊崇。加之朱熹（是本地人）先人的感召力，理学更易找到市场，产生共鸣。

晋商虽然也尊崇儒术，但他们更讲究“学而优则商”，走官商结合之路却是借官庇护。他们也讲究“仁、义、礼、智、信”“忠诚”“孝悌”，但更注重以“义”来维系。在会馆供奉关公，以关公的“义”来作为他们的精神支柱和伦理取向。而徽商会馆的产生主要来源于对其宗祖的景仰。

当代财神信仰有行业性、随意性和极端功利的倾向。行业性：商业和服务业领域的小私有营业者是财神信仰的主体（其中餐馆33%、电器19%、理发63%），他们直接从事经济活动，自负盈亏；大多资产少、规模小，很难在激烈的商业竞争中把握自身的命运，容易被挤垮，缺乏安全感。他们希望发财又恐惧破产，传统信仰在一定程度上给了他们一些精神上的安慰。有些小私有经营者文化程度偏低，在民间传统文化中寻找寄托，供奉财神是能够贴近他们的一种精神寄托。随意性：调查发现，相当一部分店主并不相信供了财神就能保佑自己发大财，看别人供，自己也跟着供。赶时尚（民间思想开放），反映了供奉财神态度的随意性。财神信仰的当代复兴，不是一种单纯的复旧。自身发生了整合，融入了更多的时代特色。从表现形式看，体现为供奉财神的多元化。除赵公、关公、比干、范蠡、五通神、五圣神、利市仙个宫、招财童子等以外，观音、弥勒佛等这些名不见传统财神“名册”的神灵在今天也被当做财神来供。功利性：受趋时功利的影响，财神信仰一度畸形发展为寺庙拍卖“新年敲钟权”事件。“姑苏城外寒山寺，夜半钟声到客船。”寒山寺拥有中国最著名和最有诗意的钟声。寒山寺的新年钟声是全国最早的，许多外地游客，特别是大量日本游客，更是热衷于到寒山寺来敲响新年钟声。这让寒山寺看到了商机所在，寒山寺从1998年左右开始拍卖新年敲钟权，获利颇丰。据说，寒山寺早在2002年，首钟就能卖到2万元。接着，各地寺院看到这个无本万利的生意，就纷纷仿效，有影响的寺院都一起开始出卖新年敲钟权，跟在后面的南京栖霞寺，镇江的金山寺，无锡的灵山大佛景区，还有天津的荐福观音寺，以及南昌的绳金塔，还有烟台太平晨钟的太平庵，成都的大慈寺、宝光寺，北京的戒台寺，上海的龙华寺，谁给的钱多，谁就拥有第一声敲钟权，各个寺都想让自己的钟声卖出最高价。

敬各业祖神。商家各业另各有祖师，也被奉祀。豆腐和粉行供奉淮南先师（汉淮南王刘安）、铁匠行供李老君、面食行供关帝、药材行供孙思邈、木石砌行供鲁班、笔行供蒙恬、纸行供蔡伦、酒行供杜康、衣行供轩辕、刻字行供文昌帝、靴鞋业行供孙膑、伞业供鲁班、茶业供陆羽等。

(二) 过尾牙节

尾牙节是一个商家特有的节日，主要流行于东南沿海，尤其是闽台地区。这是一个土生土长的华夏传统节日。

新中国成立前的每年农历十二月十六日，店主都要请店员一桌酒席，名曰“做尾牙”，决定店员去留，店员面前的箸头朝里放则不再雇佣，朝外放则留用。有的以鸡头所向为准，若店员全留用，则鸡头对店主自己。俗信犯了禁忌会得罪财神爷，财神爷便不进店门。所以，有的伙计怕吃这一晚的尾牙宴。当学徒的这天晚上却很开心，因为学徒平时无工资，只有这一天，老板根据学徒的表现会给他们发“鞋价”，其实不止，有的除有买一双新鞋和一套新衣的钱外，还能有些许钱拿回家孝敬父母。

20 世纪 50 年代对私改造后此俗已废。但改革开放后国家实行市场经济，重视发展民营经济后，尾牙节又风行起来了。除了近年来日益盛行的尾牙聚餐外，按传统习俗，全家人都围聚在一起“食尾牙”。主要的食物是润饼和刈包。润饼系以润饼皮卷包豆芽菜、笋丝、蒜头、蛋燥、虎苔、花生粉、香茄酱等多种食料。刈包里包的食物则是三层肉、咸菜、笋干、香菜、花生粉等，都是美味可口的乡土食品。

尾牙节发展到今天，最流行的风俗是各公司企业在当日举行聚餐晚会和员工联谊活动，称作尾牙宴，还有尾牙聚会、尾牙烧烤、尾牙晚会甚至尾牙舞会等，总之，基本样式是企业宴请员工进行年末的聚餐和联谊，以感谢和表彰员工的辛勤工作。很多地方不过尾牙，但却受到了这种文化的影响。直到改革开放以后，人们还把大吃一顿美食叫做“打牙祭”，就是这种文化的遗存。

现在许多公司企业都会在一年的年末，或者是放假的前一两天，举行“尾牙”，也就是大型的晚会或者酒会之类的。以庆祝这一年的辉煌业绩，希望来年势头更好等。在尾牙上，一般会要求男士着正装、女士着晚装，隆重出席。当然也会有一些抽奖、颁奖活动，每个人都得领点什么回家。

(三) 讲究堪舆

中华民族儒家的“天人合一”观念源于自然与人的原始的亲和关系，对神灵崇拜；道家的“人法地，地法天，天法道，道法自然。”（老子）是人对自然效法。受儒道影响，在商务活动的利来利往之中，商俗文化中天人合一，表现为以人为本，与天地相参，重视人与自然、人与社会、人与自我的和谐与平衡。做生意讲究“天时、地利、人和”。即：

1. 讲人脉

天人合一的商俗理念，在古代商务活动表现为“天时不如地利，地利不如人和。”（《孟子·公孙丑》）讲人脉是商人们经商做买卖的黄金信念。人脉，说到底就是商誉，这是经商的根本所在。所谓“言无二价，童叟无欺”“和气生财”“买卖不成仁义在”商业谚语都说明人脉的重要性。

2. 求地脉

天人合一的商俗理念，又是经商时对口岸环境的选择。《孙子·军争》曰：“不用乡导者，不能得地利。”古代的贩夫走卒们有一句口头禅：“宁在闹市摆地摊，不在深巷做买卖。”北宋的《清明上河图》说明，历史上著名的商埠，多在水陆码头、交通要冲。经商要“因人成市”，人的流动量，地脉是衡量商业兴旺的标志。商业旺地，口岸第一。有了地利，就能“因人成市”，因此经商店铺的风水选址，主要在于选择一个能保证商家精力旺盛、招迎顾客、利于买卖，能带来生意兴隆的好环境。风水在选择宅址时，要取繁华避偏僻，按照风水的说法，有人就有生气，人愈多生气愈旺，乘生气就能带来生意的兴隆；取开阔避狭窄，讲求屋前开阔，接纳八方生气，这与经商讲究文广纳四方来客契合；取南向避东北，要避日晒和寒风，最好是坐北朝南，取南向。选择经商地址，考虑的因素还有很多。比如有人考虑选择一个带有吉祥意义的街名，或者是选择一个认为能给自己带来好运的门牌号码等，来作为店铺的地址。这样的选择，除了能给经商者和顾客在心理上以某种安慰的作用之外，主要具有堪舆学上的意义。

3. 合时脉

天人合一的商俗理念，还表现为只有“奉天时”，抓住商机，“逢时而动”，才能发展经营。因此只有“人谋”与“天时”相结合，才能做到应时行令，遇时举事，因势而动。“腊月水贵三分”“大雪纷纷下，柴米油盐都涨价”，时脉在经商表现为商品流通的时令季节。

五、商贸俗谚

商贸俗谚是从商务行业不同阶段和状态的运动形式中总结提炼出来的科学道理，是对商务活动中一些行为法则的高度概括，是对商务活动规律的探索。因而成为指导我们从事商贸活动的重要准则。商贸俗谚对商品交换形式、交换性质、变换秘密、供求关系、商品差价、商品走俏、商品价值与价格的矛盾关系以及商品倒流、商品积压等现象和后果都有生动、精辟的概括。例如：有讲交换密旨的——“江湖一点决，不对妻儿说”“客有十条路，九条人不知”；有讲商品经营的——“大生意怕跌，小生意怕歇”“逢俏莫赶，逢滞莫丢”；有讲市场竞争的——“生意不抢行，买卖做不长”“大鱼吃小鱼，小鱼吃虾子，虾子吃渣子”；有讲价值规律的——“货真价实，童叟无欺”，“好货不便宜，便宜没好货”“不怕不识货，就怕货比货”“一日买卖三时价，早晚市价不相同”“有钱莫买腊月货，一个灯盏贵两个”“大雪纷纷下，柴米油盐都涨价”。这些俗谚反映了市场调节的实际。商品流通关系与市场供求关系总的要求要统一。但统一是相对的，不统一是绝对的。不统一的原因很多，其基本点是价格围绕价值波动。在市场竞争的情况下这种波动在所难免。不过，这种价格的大波动不能维持多久。

商贸俗谚是劳动人民智慧的结晶，是广大劳动人民从农业和商贸活动中提炼和总结出来的商贸经验理论，是生意经，常闻的还有：人弃我取，人取我与。人多我少，人需我多，人有我无，人多我好。未曾入手，先看出手。宁进千家货，不进一人要。人叫人千呼不应，货叫人点头自来。不怕不卖钱，就怕货不全。绳捆三道紧，账算三遍清。不怕伙计吃，就怕伙计漏。不怕店门破，就怕店无货。当季是宝，过季是草。卖衣要有镜，卖鞋要有凳，卖砂罐的要备水，卖水果的刀带柄。一种买，千种卖。实诚交易，信誉千金。人无笑脸莫开店。生意不成仁义在。只有背时人，没有背时货。生意无门人有路。货不停留利自生。顾客是衣食父母等。这些生意经对当今的社会主义市场经济条件下的农业和商贸经济活动仍有重要的指导意义。

六、商务会馆

商家走天下，会馆遍九州。会馆是商务文化活动的民间联络。会馆是明清政治、经济、文化变迁的特定产物，它不仅是明清时期商品经济蓬勃发展的缩影，亦与明清科举制度、人口流动相伴随。工商会馆与官绅会馆、试子会馆、移民会馆互相促进，形成了明清会馆大发展的局面。

会馆的种类大致分为：官绅会馆、试子会馆、移民会馆、工商会馆。与商务文化有密切联系的是工商会馆，商人会馆最早产生于苏州。

工商会馆属于社会组织与宅居建筑商俗，在中国传统社会中，行会经常与会馆相提并论，会馆兼有“组织”与“建筑”的双重含义。从社会学释义：工商会馆属于以地缘或业缘为纽带的社会组织，在今天演绎成为现代商会会所，在商务文化活动中成为维系各界经济文化人士的纽带。从建筑学释义：一般会馆规模较大，殿堂装饰华美，平面布局多在中轴线上依次布置戏台、客厅、正厅，配以东西两厢，正房东南角常建有魁星楼等建筑。在建筑学上，工商会馆建筑属于公共民用建筑。工商会馆可以分为三类：

1. 籍贯类

籍贯类是以籍贯分类建造的，为地方来往的游商工贾提供一个异地栖息休止场所的会馆。在河南、山东、四川等地，都建有山陕会馆，山陕甘会馆。这些会馆是山西、陕西及甘肃旅居当地的商人们，为了在当地经营时能有本乡人的相互提携、帮助而集资建造的。

如传统徽州地方有名目繁多的“会”组织，《绩溪西关章氏族谱》卷首《宗训》记：“近世后生多立私会，酒食征逐，自谓广交多助”，既有交游圈的作用，更是传统乡土社会通融资金的一种方式。“兴集钱会”是徽州一般民众募集资金小本生意起家的方式之一。

又如坐落在河南郏县县城外西北隅的山陕会馆，就是在清康熙年间，由山西、陕西两省21名商人，在此地结社捐资而修造的。这座会馆中，尚有前殿、后殿、戏楼、钟楼、鼓楼保存得较为完整。各地山陕会馆，往往还以其共同的地方信仰——关帝崇拜，来加强本籍工贾内部，以及与当地的联系。

2. 行业类

行业类是同行聚会用的行业会馆。具有所在地本行业行会组织办公场所的功能，类似于该行业的商会或行会的办事机构；同时，也兼有为本行业同仁提供行旅之便利的功能。如上海开埠后，占海运通商之利，很快变得人口繁杂，工商滋茂。东西南北中的商贾所擅长持守的工商行业不尽相同，于是出现行业分类：北洋航线多为关东、山东的商贾，以经营豆业为主；南洋线上，多是经营花糖业的闽广商人；而徽商以经营布业为主；江西商人多以经营茶叶为主。

3. 综合类

综合类兼具前两类的综合性质，既属同籍贯的，又属同行业的工商会馆。如，四川自贡的西秦会馆。雍正十年（1732）农历九月初九，陕籍盐商的行帮组织西秦大会与当地龙峰井座房主人李光华签约买下其地修建庙宇。因该会馆十陕籍盐商为“款叙乡情”故俗称“陕西庙”。

以上三类工商会馆不仅在形式上，而且在内容上已经大幅度地将封建宗法礼制淡化，取而代之是新型的资本政治与社会公益关系，这种工商会馆又在地域乡缘之上又诞生出一种新型业缘关系。

会馆的会费。会馆的经费来源有的靠官或商的自愿捐助，有的靠商人的抽厘，有的靠房租，有的只有创始者却无以为继。工商会馆主要有维护同乡利益；支持工商发展；协调工商事务；组织祭祀与娱乐的功能。

七、商俗禁忌

“禁忌”在国际学术界统称为“塔布”，现已成为人类学、宗教学及民俗学通用的词语。禁忌是一种否定性的行为规范。禁忌是一种社会心理层面上的民俗信仰。在常态下，禁忌系统在整个民俗文化体系中是一种无外在行为表现的心意民俗形态。即“无所表现”亦是一种表现，“禁止”的行为亦是一种行为。而且，恪守禁忌和违反禁忌就是行为过程。那么违禁所造成的不幸或恪守禁忌所带来的平安就是停留在心理层面的，或者说是精神上的。这就是说禁忌不是讲道理的，某种语言、某种行为或接触某种人、物与人们认为要降临的恶果之间根本就没有任何直接的联系。然而，禁忌的处罚又是不可抗拒的。破坏禁忌所遭受的惩罚由精神上的或当事人自发的内心力量来实行。违犯禁忌会受到制裁，这以禁忌包含某种致命的危险为前提，而且是一种神秘的危险。

在我国，至迟于汉代就出现了“禁忌”一词。据《汉书·艺文志·阴阳家》记载：“及拘者为之，则牵于禁忌，泥于小数，舍人事而任鬼神。”这说明，在东汉或许更早一些时候就已经产生并运用了该词了，而且从那时起，禁忌便和宗教、祭祀、鬼神等现象的文字记录掺杂并传了。

与商务活动相关的禁忌主要表现在商务活动的礼仪与礼俗之中。

（一）禁忌数字

数字是人们在日常生活的言语交往中经常使用到的符号。各民族在对数字的运用过程中，认为数字是神秘莫测的，因而也就把数字神秘化，赋予神圣的性质。于是在人们的观念里，数字也就有了善恶之别，吉凶之分。吉祥的数字令人高兴乐于使用，罪恶的数字使人倒霉。因此，罪恶的数字是对人们有危险的，而凡是危险的数字也就是人们禁忌的数字。

吉祥的数一般是双数，结婚时忌讳选单日，是因为人们在潜意识中担心有鳏寡之灾。

（二）交往禁忌

交往禁忌是指为人处世、待人接物方面的禁忌。在处理人际关系间种种微妙关系时，禁忌有调节限制的作用。

我国各民族素以好客闻名，但在接客待客方面也有不少禁忌。交往中人们常常互相馈赠礼物，有些礼物含有一定的象征意义，因此赠物时也存在一些禁忌。

在江浙一带，别人远行时，送苹果与橘子为好，寓意“平安”“吉利”。忌讳送生梨，因为在江浙方言中。“生梨”音近“生离”，生离之后便是死别，不好。

（三）言语禁忌

言语禁忌，是很富有地方方言或社会方言特色的语言风俗现象。禁忌的原则大致是出于吉凶、礼教、功利、荣辱等诸种考虑，其具体生活表征有以下几个方面。

凶语即不吉利的词语，在日常生活中，人们是忌讳听到凶语的，唯恐这些字眼会招致凶祸的真正降临。然而在人际交往中，经常要表达不祥的内容，这便需改用另一些褒义或中性词语代替，这种变通的表述方法有以下几种：

(1) 用反义语来替换不吉的词语，这就是所谓的“讨口彩”。此法在禁忌语中运用极为普遍。戏院里的太平门，原意为万一发生火灾好让观众脱离现场，说“太平”乃失火事故的反义。吴地习俗，行船忌讳说“住”，而吃饭用的竹竿书面语称“箸”，同音，故改称“筷儿”，取“快”音，现在的普通话及广东话“筷子”即由此而来。

(2) 用有关或相近的事物名称来代替。老人死了，忌讳说“死”，江浙一带说“老了”“好了”“过辈了”；四川说“走了”“去了”。在古代许多地方忌“虎”，遇“虎”改称“猫”。如温州把“老虎”改称“大猫”；北方干脆称“老虎”为“大虫”，小说《水浒》里即如此。

（3）用比喻来代替不吉的词语。“崩”“崩殂”“驾崩”及“山陵崩”等专指帝王之死的词语。“崩”本义为山陵倒塌，把这个词转用到帝王之死上来，显然是在向人们喻示帝王是江山社稷的顶梁巨柱，他们一经死去，便如山崩地裂，不可等闲视之。

（4）用假托文辞来代替。如古代汉语称帝王之死为“晏驾”，意即他不出朝只因他的车驾出来晚了。佛教僧尼之死为“圆寂”，意即他们完全沉浸于念经里去了。广州人经商，忌说“舌”，因和“蚀本”的“蚀”同音，故把“舌”叫做“脷”，“猪舌”叫“猪脷”，取其“利”字音。

（5）现代汉族中流传着规范人们日常生活礼貌用语“顺口溜”。

初次见面说“久仰”，看望别人用“拜访”；
请人勿送用“留步”，对方来信叫“惠书”；
请人指导说“请教”，请人指点用“赐教”；
赞人见解用“高见”，归还原物用“奉还”；
欢迎购买叫“光顾”，客人来到用“光临”；
老人年龄称“高寿”，等候客人用“恭候”；
赠送作品用“斧正”，请人解答用“请问”；
中途先走用“失陪”，与人分别用“告辞”；
求人原谅说“包涵”，麻烦别人用“打扰”；
好久不见用“久违”，赠送礼品用“笑纳”；
表示感谢用“多谢”，托人办事说“拜托”。

俗话说：“不懂天文地理不足为将，不谙风土人情不可行商。”如坐商忌讳早上第一个客人不成交而去，因为恐带来一天的倒运。扫店堂，忌往外扫，须往里扫，意为招财进宝等经商禁忌。此外，过去店员在店铺的举止也有诸多禁忌，禁忌踩踏或坐在门槛上，禁忌坐卧在柜台和客人的条椅上；禁忌玩弄算盘和将算盘倒放；禁忌在店门口伸懒腰打哈欠或面朝店门小便；禁忌面朝内、背朝店门而坐，等等。生意经营的成败与否，与消费禁忌习俗有一定的关联和影响，在特殊情况下甚至会起到举足轻重的作用。因此，入乡随俗，商家对民间的消费禁忌了解得越多越详细，就越能立于不败之地。

第三节 中西商俗文化的比较

一、中西商俗禁忌比较

无论世界上有多少民族，每一个民族都会有光辉灿烂的民俗文化。作为商俗事项，它的发生、发展以及传承演绎也离不开其民族的历史背景、人文地理、经济、宗教、政治、民族思维方式等各个因素的；同时也涉及不同的价值观念、思想制度、物质技术。因此，就出现了中外商俗的文化差异。

（一）数字禁忌比较

由于中外各自不同的文化传统、宗教信仰、风俗习惯，逐渐形成了各自独特的数字文化观，对于不同或相同的数字，有不同的崇尚或禁忌习俗。

在西方最富有神秘性和迷信色彩的不祥数字是“十三”，西方人忌讳“13”，他们忌讳住 13 号房间，忌讳在 13 日这天外出旅行，忌讳坐 13 号座位，更忌讳 13 个人共进晚餐。人们在高层建筑和医院病房的标号上对十三都有意避开。有些航空公司没有第十三号班机，饭店没有第十三号房间等。这可能与古代北欧关于煞神起源的传说有关。相传有十二位北欧神祇聚餐，煞神不请自来，于是一桌坐了十三位尊神，餐后煞神作恶作剧，害死了一位最受人尊敬的神灵。另外，《圣经》讲出卖耶稣的犹大因为迟到，在最后的晚餐上也是第十三个人。于是十三就成为了不吉利的数字。

“十三”号又逢星期五，则更加不祥了。因为星期五在西方也被认为是凶日。这可能与圣经的某些记载有关。有些古手抄本上记载夏娃和亚当被蛇引诱偷吃禁果的时间就是星期五，俩人被驱逐出伊甸园也在那一天；该隐杀害兄弟亚伯也是在星期五；耶稣被钉死在十字架上也是星期五，因此，这一天一直就被认为罪恶累累。而且在 19 世纪以前，星期五曾多是行绞刑之日，刽子手的薪金是十三个金币，绞环有十三个绳圈，绞台有十三级等，正是如此多的历史文化因子积淀，引起了许多西方人对数字“十三”和星期五的恐惧和避讳。

在“十三”数字禁忌上，欧美主要是受基督教文化的影响。而在中国人的观念中，并不忌讳“十三”这个数字。

由于受儒家文化的影响，中国人特别崇拜“三”“五”“九”这几个数字。

由于谐音的缘故，中国人还以为“六”与“八”是吉祥数字。由此还产生吉祥数字经济。

日本人忌“四”字，他们认为这是一个表示死亡的数字。不仅在日常的出行交通住宿忌讳，就是在商品包装上，如果是“四”只（个）组装，也有可能销路不佳。

日本人也忌讳“九”，因为“九”在日语发音中与“苦”字音近，意味“九”会带来苦难。同时，“四”与“九”相加的“十三”，也在日本人的忌讳之中。

日本人还忌讳“六”，因“六”在日本是强盗的标志。

中国人眼中，“六”与“九”都属于吉祥幸运数字。

（二）颜色禁忌比较

在中国人尤其是汉族人民心目中，红色为中国文化中的基本崇尚色，这源于古代对太阳的传说。“红”与太阳相关，红色象征着热烈、庄严、吉祥、喜庆、鲜艳，古代被作为权贵的象征。在京剧的化妆造型中，红色脸谱代表着忠勇和正义。在普通人的生活中，从出生、结婚、寿诞、开业、生子、逢年过节……可谓是有喜则红，有红则喜。“红红火火”“鸿（红）运当头”，又是中国人的吉祥语。紫色是红与蓝的合成色，又称“紫红”。中国色彩文化中认为紫是红的极色。紫色与象征皇帝的紫微宫相对应，象征吉贵至极。在唐代五品以上官员方可穿用紫色服饰。

但在西方，红色常带有贬义色彩。表示愤怒、残酷、狂热、灾祸、血腥、暴力、恐怖等。比如英语中：“to see red”是“发怒、冒火”的意思；“to paint the town red”来源于古罗马士兵用战败者的鲜血将所征服城市的墙壁涂红，以示胜利，充满血腥味。在英语中“in the red”是“to be losing money”的意思，汉语是“亏损、负债”，中世纪墨水是稀少珍贵物品，传教士记账时买不起墨水，只好用动物血来替代，今天所说的“财政赤字”源于此。

中国古代民间常以绿、碧、青为“贱色”，只有从事贱业的人使用。“绿帽子”原为仆役所用，后衍生为妻子行为不轨的标志，在汉族人中尤为忌讳。黑、白两色在汉族传统中属于“凶色”从古至今举办丧事，丧服都是纯白或纯黑色。因此在婚嫁、生育、逢年过节等喜庆日子里尤为忌讳。

日本最忌讳绿色，认为绿色是不祥之色；也不喜欢紫色，以为那是悲伤的色调。他们视白色为死亡的象征，但同时也代表纯洁。

日本人喜欢红色，认为红色代表吉祥、幸福。每逢节日，都要吃红豆饭。他们还喜爱黄色，认为黄色是阳光的颜色，给人以生存的喜悦和安全感。红白相间或金黄相同的颜色也受欢迎。

（二）图案禁忌比较

菊花图案是日本皇室家族的标志，日本人对它极为尊敬，因此不在商品包装设计、商标、商业广告中使用。

菊花在中国则象征高洁，与梅花、兰花、竹子并称为民间岁寒四友。

日本人也忌讳荷花图案，他们视荷花为不祥之物，是“鬼花”，只能用于祭奠。

荷花在中国则大受欢迎，有“出淤泥而不染，濯清涟而不妖”“中通外直，香远溢清”的高洁君子之风；“荷”与“和”谐音，比喻为和和美美；“莲”与“恋”谐音，故常象征爱情，“并蒂莲”更是比喻恩爱夫妻。

二、商务礼俗比较

为了获得价值的实现、增值和转换，商务活动主体要进行商务推广、商务访问、商务谈判、往来函电、商务交易等一系列商务活动。为了保证这些活动的有序进行，在长期的商务交往中形成了商务礼仪习俗。世界各地不同国家、不同民族的商务礼俗因受本国政治、经济、文化及其本民族礼仪习俗的影响而千姿百态，这里不可能一一列举。中西方商务礼俗的差异主要表现为：

（一）交往指导性原则的差异表现

在国际交往中有一些通用的国际商务礼仪的指导性原则：守时守信、平等相待、尊重隐私、尊老爱幼、尊重妇女、入乡随俗、与时俱进等。由于历史的原因，在最近几个世纪里，英、美两国一直引领着工业革命和信息革命的浪潮，占据了世界政治、经济和文化主流的先锋地位，因此，现代国际商务礼仪带有很浓厚的英美文化的特点。中西差异表现为：

1. 尊重隐私

源自于英美文化的尊重隐私原则，主要是指尊重对私人信息的保密原则。私人信息包括身高、体重、婚姻情况、年龄、收入、财产等信息。这一原则是为了保护个人自由选择生活方式的权利；保护个人财产安全、个人生活和工作安全。在国际商务活动中，这一作法也被充分重视。对于初次相识的人应该保留一定的距离，相互问候、致意时行握手礼。一般是在再次见面、老友重逢或送别时，为了表示或喜悦之情或感激之情或不舍之意才行拥抱礼。对女性而言要避免询问其年龄、体重、婚姻及家庭情况，对男性而言要避免询问其收入、职位、财产等。

2. 尊重妇女

这种习俗源远流长，一种说法是于源妇女代表着母亲，尊重妇女就是对母性的尊重；另一种说法是对弱者的保护，认为女性代表着弱者，而男性、特别是中世纪的骑士更是以扶弱济贫、尊重妇女作为骑士风范的象征。这种尊重体现在一些日常生活细节的关怀上，比如上下电梯、进入大门、座离席、介绍引见等，妇女都可以获得一种优先权。只有在两种情况下不能照办。一是正式的国际商务活动中；二是在部分阿拉伯国家里。而在中国，原则是男女平等。

3. 尊老爱幼

尊老爱幼一直是人类社会各民族的共同道德原则。但在具体的实践中，西方社会中，由于特别强调人的独立性，人人都希望靠自己的能力独立生活，不愿太多依靠别人，而且，人一旦因年龄太大而进入社会福利机构，就意味着脱离社会，开始过一种孤独的生活。没有人愿意承认自己老而需要别人照顾。尊老爱幼体现在各种活动细节的安排上。如弄清楚参观时是否需要爬楼梯，能否安排电梯等。而不是通过称呼“老先生、老太太”来表示对其的尊重。

（三）称谓礼仪

在国际商务活动中，如何正确称谓很重要。错误的称谓可能带来一些不良影响，或者引起尴尬局面。正式场合对处在主宾、主人身份的高职人员以职衔相称，西方人很务实，不会为了取悦对方，对副职人员以正职相称；正式场合的称谓中可以突出学历、职称等资历和荣誉称号，而且在英文中，教授、副教授、讲师、工程师、研究员等从事高级学术和研究人员都可以在当面相称时统称为教授。这与中国不同。

（三）尊位概念

尊位是各种礼仪活动当中的一个基点，有了这个点才便于确定其他人的位置，包括整个活动的进行方向。尊位也叫上位，即一场活动当中最重要、最尊贵的位置。这种位置既可以是座位，也可以是站位、行位，是居于中心意义的位置、视野上最佳的位置、行动最便利的位置。

中国传统的做法是“以左为尊”，将客人安排在主人左侧，以示敬意。我国古人认为“左吉右凶”，“吉事尚左，凶事尚右”。（《老子》）“左为阳，阳，吉也；右为阴，丧所尚也”。（《礼记·杂记》）

而西方是“以右为尊”，将客人安排在主人右侧，以示敬意。之所以产生这种观念，有两种渊源说。一是古代君主为防暗杀而不许近臣带刀，但君主本人腰间佩剑，一来显示其威力，二来保护自己。由于佩剑手柄都向右，遇到危险时，如果有人抓住其剑柄，不让出剑，则可能被其他人行刺，因此为了君主的安全，总是将最值得信任的人安排在君主右侧。这样就产生了“以右为尊”的习俗。另一说法是，“以右为尊”的习俗源于基督教教义中基督耶稣的预言。临死前，他在罗马犹太总督和希律王面前，对审讯他的法官们说：“从现在开始，人之子（指耶稣本人）将会被安排坐在伟大的上帝右手边。”因而形成了“以右为尊”的习俗。

总之，商俗文化，是指一个国家或民族的特定阶层的族群或人群在经济领域里所创造、积淀、享用和世代传承演绎的商业文化。这种文化，以约定俗成的方式存在于民间社会生活之中，影响着人们在流通、生产与消费领域里的心理意识、价值观念、行为方式，是特定阶层族群或人群沿袭成俗的商业文化的综合。其内容丰富，这里只能牵出一条线，穿上几颗珠。我们研究商务民俗文化的意义在于重新审视发现中国商俗文化，传承与演绎中国商俗文化，研究商俗文化在当前的意义与功能，应用服务于现代商务活动。并剖析研究商俗文化于当前中国市场经济的商品文化、商品营销、商务公关、商务旅行、商务会展等方面传承与演绎的应用。

思考与练习

一、问答题

（一）商俗文化及基本功能。

（二）传统庙会（会馆）的类型及现代庙会（会所）的发展。

（三）中国传统节日习俗在商务文化活动的作用是什么？

（四）按顺序默写十二生肖及回答十二生肖在商务活动中的运用。

二、调查题

（一）收集三种以上地方性岁时节日，并谈谈其中的商务活动。

（二）收集在商务活动中应注意的中国少数民族的交往禁忌。

（三）从互联网上收集中外商务文化活动民间禁忌。

收集民间工艺在商品包装及其标志与装潢、商品名称、商标及注册商标方面的运用数种。

（四）调查比较工商会馆与现代商会或商务会所的功能。

收集数种作为中国民俗文化符号的民间工艺形象及文字资料，如石子狮子。

三、列举题

（一）试举例说明民间艺术在商品文化、商品营销、商务公关、商务会展、商务旅行等方面的运用。

（二）列举或创作几条商业谚语或楹联。

（三）中西方商俗文化的异同列举三例。

四、案例讨论与分析

（一）上海金鸡奶糖的“福、禄、寿、喜”的节日系列营销。

“福、禄、寿、喜”本属于中国民艺祭祀类的民间俗神符号。

大吉大利，“禄”上九霄。用航空汽艇空投降落伞；

元旦春节，“喜”结同心，利用民俗节日婚礼密集营销；

发短信息，“福”临门。与电信联手，短信中奖；

常回家看看，“寿”字送父母。生意再忙，不要忘记关心爹娘。

新品上市，节日促销四连环。这是一次综合运用民间艺术与民俗岁时节日进行商务企划公关促销的成功个案。

问题：这项商务营销活动中最突出的结合点是什么？这样的结合发挥出

什么作用？

（二）中国联通的标志是由中国古代吉祥图形中国结“盘长”的纹样演变而来。循环往复中的线条象征着现代通信网络，寓意着信息社会中联通公司的通信事业井然有序而又迅达通畅，同时代表着联通公司事业的蒸蒸日上。标志造型中所蕴含的“四通八达”“六六大顺”和“十全十美”之意，体现了中国传统文化的精髓。标志还有两个明显的上下相连的“心”，展示联通公司的宗旨：通信，通心，永为用户着想，与用户心连心。标志洋溢着浓重的民族情结，散发着祥瑞之气。“中国结”与现代信息社会结合得最紧密的范例是中国联通的商务标志。

“中国结”作为古老的中华民俗文化符号，它寓意着吉祥、亲情、联络、团结。中国联通作为电信产业中的企业，选定“中国结”作为自己的商务传播标志，既传承了中华文化，也为其增添在信息时代诠释的新意义，达到了产生凝聚力的深远作用。这是中国传统文化在中国现代企业文化中的成功运用，从而成为企业的理念。

问题：综合分析在本案中“中国结”在这里作为什么样的文化符号，它的寓意是什么？

（三）江苏南京秦淮河畔的夫子庙的民居建筑与庙会著名全国。与之相仿的有成都锦里民间艺术一条街的建筑群。

它们的主要特点是运用民俗物质生产民俗中民居形制，构成商务环境平台，让民俗文化在商务活动中综合显现，以强力吸引中外顾客。并且，这种民居具有地域性，如夫子庙为徽派民居，锦里为川西民居。

这样的商业街区，既可以看做对物质民俗、社会民俗的充分显现，也可以看做民俗在现代商务领域里的系统运用。民俗建筑文化、民俗饮食文化、民俗服饰文化、民间商俗等一体化的系统综合运用。

这样的环境平台最能体现商务民俗文化，尤其是民间艺术的充分展示。

问题：民居作为商务活动的平台怎么样满足商务活动各方面的种种需求？

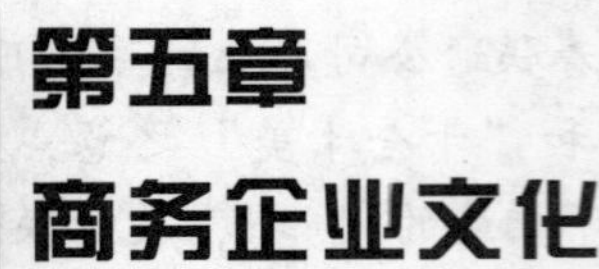

第五章 商务企业文化

第一节　商务企业文化的性质及特征

一、商务企业文化的性质

企业文化是一种客观存在的文化类型。本教材定义的商务企业文化，泛指商务活动中一切主体经济组织（包括商务企业、生产企业、商务行业协会、非营利性组织、有经营行为的事业单位等）在社会实践过程中所创造的物资财富和精神财富的总和，但从狭义而言，则专指上述经济组织在经营管理过程中所形成的独具特色的思想意识、价值观念和行为方式。商务企业文化的性质，就是各类参与商务活动的经济组织的核心价值观等的内在素质及其外在表现。具体来说，就是在企业家、职业管理人的引领下，由全体员工在长期的创业和发展过程中培育形成，并共同遵守的最高目标、价值标准、基本信念及行为规范。

企业文化可以分成四个层面。首先是表层的，即物质上的，这也是最可变的部分；其次是浅层的，即行为文化；再次是中层文化，即制度文化；最后是深层文化，即精神文化，这是精髓部分，也是变化最小的部分。这是企业文化构成的要素。企业文化包括了企业的内部环境和个性，以及它所有的方方面面，具体从四个方面定义为：①员工所共有的观念、价值取向以及行为等外在表现形式。②由管理作风和管理观念（管理者语言、行为、奖励等形式）构成的管理氛围。③由现成的管理制度和管理程序构成的管理氛围。④书面和非书面形式的标准和程序。

二、商务企业文化的特征

（一）企业文化的一般特征

1. 目的性

企业文化具有鲜明的目的性，紧紧围绕企业自身的目标服务。这是因为：其一，企业文化与企业同生死、共存亡；其二，企业文化的实践主体是企业的员工，其中决策者的主导性意见占有很高的地位，员工的切身利益与企业盈利程度息息相关，不利于企业发展的文化在企业无立足之地。例如，企业文化必须适应环境变化，企业分配制度要和现行国家推行的分配体制相适应。

2. 对员工行为的调节性、控制性和凝聚力

企业文化、企业精神为企业确立了正确的方向，对那些不利于企业长远发展的不该做、不能做的行为，常常发挥一种“软约束”的调节和控制的作用，为企业提供“免疫”功能。通过企业文化的价值导向与行为导向的作用提高员工的自觉性、积极性、主动性和自我约束，使员工明确工作意义和方法，提高员工的责任感和使命感。

案例：

韩国企业文化：员工关系决定成败

“人才第一”理念

韩国的优秀企业大都以“人才第一”为基点，通过建立企业内部的研修院或利用产业教育机构培育了大量优秀的人才，现在韩国主要的企业集团都已采用了科学的人力资源管理制度；一些专业性比较强的大企业和中小企业为了拥有自己的专业技术人才，还建立了相应的人才储备系统，或是从销售额中提取一定的比例持续进行教育投资。此外，韩国的优秀企业还普遍重视员工的海外研修工作，以促进员工的自我开发。

三星集团的创始人李秉哲会长生前就信奉“疑则不用，用则不疑”的信条，主张对三星的员工实行“国内最高待遇”。为此，三星公司采用了公开招聘录用制度，新员工一旦被公司录用就要接受三星公司彻底的培训，目的是使之成为“三星之星”，以实现公司成为超一流企业的目标。三星公司在“企业即人”的创业精神指引下，彻底贯彻了“能力主义”“适才适用”“赏罚分明”等原则。为了挖掘企业员工的潜在能力，除了总公司建立有三星集团综合研修院外，各分公司分别建立了自己的研修院，并通过海外研修等形式对员工进行有效的教育培训。LG集团则通过建立“社长评价委员会”“人事咨询委员会”“人才开发委员会”等机构，对高级管理人员进行系统的培育。

强调人和团结的共同体式企业文化

韩国的成功企业非常重视组织成员的人和团结，积极致力于创立能够反映员工创造性建议和意见的企业文化，提倡每个员工的责任承担，爱社心和

主人翁精神，从而形成了共同体式的企业文化。东洋制果公司的“好丽友家族会议”，东洋证券公司的“青年理事会制度”等都是由企业的最高经营者直接听取员工意见和建议的制度，而东洋水泥公司的“一起向前运动”则是由工会自发组织发起的经营革新运动。

营造健康的劳资关系

韩国大多数成功企业在“公司的成长与健康的劳资关系是同步的”这样一种信念指导下，积极培育劳资共同体意识和劳资和解气氛，从而使企业的经营活动能够在稳定的劳资关系中顺利地进行，韩国众多的优秀企业都制定了诸如“修订福利制度”“员工持股制度”“对员工采取家庭成员式待遇”“通过提供经营情报诱导员工参与企业经营”“终生员工”等一系列制度，特别是许多优秀的中小企业常常将企业的经营状况向自己的员工公开，通过经营者与员工之间坚实的人际关系实现劳资和解。正因为有劳资间的相互信任，才克服了许许多多意想不到的经营危机。

鲜京集团把在劳资协商中能够提及的事项（工资、福利等）和不能提及的事项（经营决策权、人事权等）严格区分，分别采取不同的政策；同时公司还将经营状况向员工公开，培育了让工会自己判断企业经营能力的土壤，其结果遏制了因劳资纠纷而导致的经营损失。锦湖电器公司则规定每月召开一次的经营计划会议必须有工会代表参加，将公司所有的经营情况向员工全部公开，以排除劳资不信任的阴影，建立良好的相互信任关系，工会方面也自己分析公司每周的生产情况，积极向自己的会员说明企业的现状。“劳资不疑”的精神深深植根于企业内部，正是这种劳资和解的氛围有力地推动了韩国企业的发展。

分析提示：企业文化是企业的黏合剂，可以把员工紧紧地黏合、团结在一起，使他们目的明确、协调一致。企业员工队伍凝聚力的基础是企业的根本目标。韩国成功企业通过企业文化理顺了员工关系，将企业利益和员工利益统一起来。

3. 稳定性和继承性

企业文化是在一定的历史条件下，在一定的生产经营环境中，企业为了生存和发展以及实现企业目标而在管理中经过较长时间的传播和规范而逐步形成的。在特定的时期它具有一定的稳定性。同时，时代在发展，环境在变化，企业也需要不断地与环境交换文化流，才能适应环境的变化，保持自身有序地向更高的程度发展。企业在不同的经营阶段，都需要在吸收前人创造的企业文化的基础上，不断创新和发展。

4. 民族性和时代性

不同民族的企业文化构成了企业文化的差异性。树无根不活，企业文化无根不立。企业文化是民族文化的具体体现，是由民族文化所决定的。

这一点在中国近现代体现得尤为强烈。近代中国的经济及历史现状，决定着强烈的民族爱国意识是中国近代和现代企业文化的主导意识。爱国民族意识主要表现在“实业救国论”“主人翁精神”，近代民族资本家荣氏兄弟、新中国成立后鞍钢的孟泰、大庆油田的王进喜等就是典型代表。在中国传统企业文化中，不是制度文化起主导作用，而是观念文化即意识形态起主导作用。民族资本家兴办企业其经营往往不单纯为了经济目的，而是在很大程度上受意识形态的影响，如荣氏兄弟、张元济等把“实业救国”作为其兴办企业的最高目标。

企业文化在不同的时代也表现出不同的时代特征。同样属于日本文化，索尼公司的企业文化强调开拓创新，尼桑公司的企业文化强调顾客至上；同样属于美国文化，惠普公司的企业文化强调对市场和环境的适应性，IBM公司的企业文化强调尊重人、信任人，善于运用激励手段。这说明，企业文化是在某一文化背景下，将企业自身发展阶段、发展目标、经营策略、企业内外环境等多种因素综合考虑而确定的符合时代要求的独特的文化管理模式，因此，企业文化的发展也是紧随时代的脚步而进行的。

5. 独特与不可复制性

企业文化通常是在一定的生产经营环境中，为适应企业生存发展的需要，首先由少数人倡导和实践，经过较长时间的传播和规范管理而逐步形成的。企业文化产生于不同企业，每个企业有他独特的文化氛围，企业精神，经营理念，有自己企业里形成的价值观，因此他所形成的企业文化也是各不相同的，有其特点。企业文化的形成过程说明企业文化具有异质性，不同企业由于其面临的经营环境、所处行业、发展历史等因素的差异，其企业文化必然不同。

企业文化的形成过程同时决定了企业文化的难于模仿性，一种企业文化绝不可能适用于所有的企业。甲企业优秀的企业文化，是能被甲企业成员认同的一套价值体系，能极大地促进甲企业的发展，但他出自甲企业，不一定能被乙企业成员认同，也不一定适合乙企业，对乙企业未必能起到促进作用。

从80年代末到90年代初，随着我国改革开放的进一步深入，在引进国外先进技术和管理的过程中，企业文化作为一种管理模式被引入我国的企业中。有些国内企业模仿外资企业管理和企业文化的一些形式，如热衷于搞文艺活动、喊口号、统一服装、统一标志，有些企业还直接请广告公司做企业形象（corporate image，CI）设计，认为这样就是塑造企业文化。事实上对这些外部形式的模仿并没有给这些国内企业带来很多明显的改观。如果只有表层的形式而未表现出内在的价值与理念，这样的企业文化是没有意义的，难以持续的，因此不能形成文化推动力，对企业的发展产生不了深远的影响。

（二）现代商务企业文化的特征

1. 速度第一

由于互联网的普及，现代企业的竞争越来越表现在人才和时间上的竞争。

人才流动的强度和速度越来越快，新产品的研制时间越来越紧，新产品的生命周期越来越短，而顾客不但需要产品具有良好的性价比，而且期望通过互联网得到“零”交货期或瞬时服务。这就要求企业的每一个人都要树立良好的时间观念，在管理时间上做到训练有素。

案例：

网络购物，快捷必不可少

著名的网上书店“当当书店”经营30万种图书、CD/VCD及众多的游戏、软件、上网卡等商品，是中国经营商品种类最多的网上零售店。当当网承诺订货后快速的送达服务，分别是同城一周内，异地两周内送达，而且提供快捷的查询服务。快捷的售货服务，使其在网络购物爱好者中的口碑良好。淘宝网作为阿里巴巴集团旗下著名的个人交易网络平台，卖家获得好评的重要指标之一也有发货速度。同类网购商品，谁的售货速度快，谁就可以赢得更多买家的青睐。

简析：网络购物快捷服务承诺，即现代商务企业文化速度第一的体现。

2. 持续学习

近十年来，知识总量在以爆炸式的速度急剧增长，老知识很快过时，知识就像产品一样频繁更新换代，使企业持续运行的期限和生命周期受到最严厉的挑战。IBM、惠普、联想、TCL等企业成功的经验表明：培训和学习是企业强化“内功”和发展的主要原动力。只有通过有目的、有组织、有计划地培养企业每一位员工的学习和知识更新能力，不断调整整个企业人才的知识结构，才能对付这样的挑战。

3. 创新变革

创新文化就是要让企业的每一位员工都要深刻理解企业在激烈的市场竞争中“人无我有，人有我优，人优我专”的理念和“穷则变，变则通，通则久”的游戏规则。同时使管理者乃至员工，都能树立研发比渠道更重要的思想。

案例：

电子商务企业文化的创新者——马云和他的阿里巴巴集团

马云是最早在中国开拓电子商务应用并坚守在互联网领域的企业家，他和他的团队创造了中国互联网商务众多第一，是“中国人要做世界上最好的站点”和最独创的商业模式的理想者和实干家。他一直以来在互联网商务领域的富有创意的概念和作品，丰富了全球和中国商人的商业内容和行为，并在20世纪末为全球商人贡献了一款经典站点：阿里巴巴。

马云是中国大陆第一位登上美国权威财经杂志《福布斯》封面的企业家，2000年10月被“世界经济论坛”评为2001年度全球100位“未来领袖”之一。马云在 1995 年 4 月创办了“中国黄页网站”，这是国内第一家网上中文商业信息站点，同时也在国内最早形成主页发布的互联网商业模式，成功地发布了浙江省“金鸽工程”、无锡小天鹅、北京国安足球俱乐部等中国第一批互联网主页。他付出极大的热情和努力，在中国宣传互联网知识和应用，为互联网商务应用播下最初的火种。

1997 年年底，马云带领他的团队从杭州来到北京，加盟外经贸部中国国际电子商务中心并成功运作该中心所属国富通信息技术发展有限公司。在不到一年的时间内，开发了外经贸部官方站点、网上中国商品交易市场、网上中国技术出口交易会、中国招商、网上广交会和中国外经贸等一系列站点。其中，外经贸部站点成为国内部委中最早上网的政府站点，也是 1999 年中国“政府上网工程”的推荐优秀站点；网上中国商品交易市场是中国政府首次组织的互联网上的大型电子商务实践，被外经贸部部长称为永不落幕的交易会。

1999 年 3 月，马云和他的团队回到杭州，以 50 万元人民币在一家民房里创办阿里巴巴网站。他根据长期以来在互联网上为商人服务的经验和体会，明确阿里巴巴的发展方向是为商人建立一个全球最大的网上商业机会信息交流站点，这种为商人与商人之间实现电子商务的服务很快引起美国硅谷和互联网风险投资者的关注，被称为互联网的第四种模式。马云以“东方的智慧，西方的运作，全球的大市场”的角度来设计公司的发展，使阿里巴巴获得了高盛等世界著名风险投资机构的 500 万美元投资，创造一个网站一分收入没有而每日品牌增值 100 万元人民币的奇迹。

2000 年 1 月，阿里巴巴与全球首屈一指的互联网投资者——软库携手，引入软库的 2 000 万美元投资；同时，与软库合作开发日文、韩文及多种欧洲语言的当地阿里巴巴国际贸易网站。

2003 年 5 月，阿里巴巴投资 1 亿人民币推出个人网上交易平台淘宝网，致力打造全球最大的个人交易网站，截至 2006 年 7 月 10 日，淘宝网在线商品数量超过 800 万件、网页日浏览量突破 9 000 万、注册会员数突破 760 万、2006 年二季度成交额达 16.5 亿人民币，遥遥领跑中国个人电子商务市场。在全球权威 Alexa2004 年排名中，淘宝网在全球网站的综合排名中位居前 20 名，中国电子商务网站排第 1 名。

2003 年 10 月，阿里巴巴创建独立的第三方支付平台——支付宝，正式进军电子支付领域，目前，支付宝已经和国内的工商银行、建设银行、农业银行和招商银行，国际的 VISA 国际组织等各大金融机构建立战略合作。截至 2005 年 3 月的数据，通过支付宝在淘宝网的日均交易额就已超过 350 万人民币，而增势依然十分迅猛。

迄今，马云依然以他卓越的远见领导着自己团队的创新活动，推动企业不断实现跨越式的发展。

简析：马云引领阿里巴巴成长的过程，就是阿里巴巴企业文化创新变革的历程。同时证明成功的企业文化离不开引领人的经营智慧。

4. 融合多元

现代企业竞争模式从过去的恶性竞争逐步转向既竞争又合作的新型“竞合”关系，这要求企业必须不断融合多元文化。伴随商务的高度发达，西方非营利组织与盈利组织的竞争也日益加剧，这些都要求商务企业文化必须融合多元文化、合作文化和共享文化，使各类经济组织能够突破看似有限的市场空间和社会结构，实现优势互补的资源重组，做到“双赢”乃至“多赢”。

三、商务企业文化的基本功能与价值

（一）商务企业文化的基本功能

商务企业文化的基本功能是实现四个“协调”：协调企业与员工、企业与企业、企业与环境、企业员工的身与心之间的关系，从而起到服务社会、激励职工、创造效益的作用。

（1）激励作用。企业文化比较注重的是人的因素，强调“以人为本”。尊重每一个人，相信每一位员工，任何事都以员工的共同价值观为尺度，最大限度地激发员工的积极性和创造性。随着企业的发展，科技含量的增高，员工不断地接受新的知识与技能，工作热情高涨，提高工作效率，促进企业持续而稳定的发展。

（2）凝聚作用。企业文化追求一种企业整体的优势和卓越良好的集体感受，把激励的理论与方法落实到树立企业的整体共同价值观念上，着力塑造优秀的群体意识，因此必然有益于消解企业职工个体目标之间的差异，引导他们向同一目标迈进，从而在企业中产生强大的向心力和凝聚力。企业文化的这种凝聚作用，尤其在企业危难之际和创业开拓之时更显示出巨大的力量。

（3）引导作用。企业文化可以显现出企业发展的目标和方向，引导企业去适应健康的、先进的、有发展前途的社会需求。优秀的企业文化可以将全体员工的思想、行为统一到企业发展的目标上来，使他们朝着企业的发展目标努力工作。企业最终的竞争力取决于它在一系列价值中如何进行价值选择。

（4）约束作用。企业文化建设要达成的目标就是使管理制度和行为准则潜移默化地成为员工内心的信念，表现为员工的行为习惯，实现外部约束和自我约束的统一、有形约束和无形约束的统一。当员工的行为违背企业的信念时，其心理会有一种内疚感，并受到公众舆论的谴责。

（5）塑造形象作用。优秀的企业文化向社会大众展示着企业成功的管理风格、良好的经营状况和高尚的精神风貌，从而为企业塑造良好的整体形象，树立信誉，扩大影响，是企业巨大的无形资产。

（二）商务企业文化的基本价值

商务企业文化的基本价值是其体现的经济价值、社会价值和人文价值。

其中经济价值表现在商务企业文化的推动促进作用上。通过战略规划、发展、完善本组织的企业文化，可以推动其长期发展，在市场竞争和商务活动中立于不败；甚至能够帮助其组织克服危机，重新发展。

社会价值表现在其协调作用上。商务企业文化能够协调组织和社会的关系，协调组织与自然的关系，使之和谐一致。各类经济组织通过企业文化建设，尽可能调整自己，以便适应公众的情绪，满足顾客不断变化着的需要，跟上社会整体的变化步伐，保证企业和社会之间不会出现裂痕，即使出现了也会很快弥合。

人文价值表现在其凝聚作用和教育作用上。良好的商务企业文化可以增强组织的凝聚力，增强民族的凝聚力。商务企业文化具有同化作用、规范作用和融合作用，这三种作用综合运用的效果，就是其凝聚作用。商务企业文化在激励、协调组织中的个体成员时，将企业文化的各种精神内涵、价值观念传递给成员，实际上也发挥了自己的教育作用，有利于一个国家商务文化朝着进步的方向发展。

第二节　商务企业文化的形成、发展及表现形式

一、商务企业文化形成的历史背景和发展

企业文化热发端于日本企业管理的丰富实践。20 世纪 70 年代，日本经济开始称雄于世。日本在战后的有力赶超让包括美国在内的世界其他国家感到震惊，尤其是美国感受到了前所未有的挑战和压力。

20 世纪 80 年代，美国的管理学家开始思考和探究日本如何在如此之短的时间里创造出这样的奇迹。通过对各种形式的管理进行了综合研究，他们惊奇地发现美国的企业管理和日本的企业管理竟然有如此大的差别：前者建立在理性的基础上，强调技术、科学、设备、方法、规章、组织结构和财务分析等硬性因素；而后者建立在人性基础上，注重目标、信念、价值观和文化等软性因素。美日企业在管理上存在许多对立面，表面看来是管理方法、手段和形式的对立，实质是两种文化理念的对立。随后大量研究企业文化的著作开始出现。

从 1980 年开始，出现了得以形成企业文化理论的“四重奏”著作：1981 年到 1982 年，美国企业管理理论界接连出版了四本畅销书：美国著名管理学者威廉·大内的《Z 理论——美国企业界怎样迎接日本的挑战》；美国斯坦福大学教授巴斯克和美国哈佛大学教授艾索斯合著的《日本的管理艺术》；美国企业管理咨询顾问托马斯和小罗伯·沃特曼合著的《寻找优势——美国最佳公司的经验教训》；美国著名的麦金赛管理咨询公司顾问阿伦·肯尼迪和特伦

斯·迪尔合著的《企业文化——企业生活中的礼仪》。这四本书的出版，标志着20世纪80年代风靡全球的“企业文化”新潮的兴起。

这一系列著作奠定了企业文化管理理论的基本思路，即任何企业都必须建立一套适应市场要求的适应性文化体系，并使之贯穿、整理、提升和完善企业的管理制度和行为规范；同时必须用这种个性文化塑造员工的思想面貌，使他们认同该文化，成为该文化的自觉执行者和推动者，是企业从物的层面到人的层面，从静的状态到动的状态完全统一。

企业文化无论从实践还是理论总结方面截至20世纪末已经形成，并迅速扩大影响，使得参与商务活动的大量非营利组织或者非企业类经营组织，在与企业的竞争中也重视运用企业文化管理，效仿企业建立相应的组织文化，强化领导艺术、形象乃至组织内在的核心价值观等文化要素。就此而言，商务企业文化在企业文化形成的基础也得以形成和发展。

对所有接受了市场经济体制的国家而言，企业文化都将成为推动其经济发展和商务活跃的文化原动力。

二、商务企业文化的表现形式

本教材重点研究的是商务企业文化，即企业在商务活动中表现出来的核心价值观及作用，以及各类商务活动主体经济组织，包括非营利性组织和行业协会以及事业单位的内在文化，由此角度入手，选取以下案例进行分析：

(一) 专吃“休克鱼”的优秀商务企业文化

青岛海尔集团在短短的14年间由一个当年亏损147万元的小厂变成现在年销售收入几百亿元的国际化大型企业集团，与当家人张瑞敏积极建设企业文化，率先建立企业文化中心，强化企业文化的做法是分不开的。在张瑞敏倡导的文化和精神引导下，海尔明确了自己的发展战略，创立了适合自己发展的“海尔之剑”——OEC（overall every control and clear，OEC）管理方法，严格控制质量，积极开拓国内国际市场，把企业文化活动融入整个经营活动之中，使海尔在短短的十几年里迅速成长为一个大型跨国企业，显示了企业文化的非常魅力。张瑞敏认为自己在企业里的主要工作之一是做一个“布道者”。海尔是最早在企业里设置“企业文化中心”这一专门机构的企业，“海尔报”成为最早的宣传企业经营理念、企业价值观和企业精神的内部刊物。

海尔“吃休克鱼”兼并红星电器的案例引起了哈佛大学商学院的关注，成为知名的企业管理案例之一，该案例展示海尔的兼并是以文化为先导的。正如海尔领导所言：“吃休克鱼，只要注入企业文化它就会活起来。”正是通过这种以无形资产盘活有形资产的方式，将企业文化转化成一种生产力资源，海尔在10余年间，兼并了18家企业。

海尔人在经营中追求“要么不干，要干就要争第一”。一方面在产品的质量上努力达到同类产品中的第一；另一方面追求新产品的设计要在市场上处于领先地位，主要通过提高产品的科技含量即产品的创新来实现。这方面还有一个“吃休克鱼”的例子，海尔曾果断地将合肥无线电二厂兼并，并将海尔数码彩色电视机放在合肥生产。“海尔先行者”数码电视机在北京一上市，就成为市场上的抢手货。实践了海尔“要么不干，要干就要争第一”的企业目标。

简析：在商务兼并中，海尔人用优秀的企业文化激活了红星电器、合肥无线电二厂等18条“休克的鱼”，再一次体现了企业文化对企业有着起死回生的巨大影响力。

（二）不同企业文化对企业命运的影响

美国诺顿公司与3M公司是一对著名的同行冤家。20世纪40年代，两家公司规模相近，旗鼓相当。但是到了80年代，3M公司的销售额已经是诺顿公司的8倍。时至90年代，当3M公司频频出现在《财富》杂志最受人尊重的公司排行榜时，诺顿公司却因经营萎缩而被其他公司所吞并。令人不解的是，诺顿公司经营上并未出现大的失误，尤其是其组织结构和管理较3M公司更为完善，更具权威。研究一下这两家公司的发展史就会发现，他们同为规模庞大、多元化经营的公司，但3M公司和诺顿公司却集中体现了两种完全不同的经营理念。当诺顿公司忙着构筑其精细的组织框架和复杂的管理体制，以利于筹划战略、配置有效资源、确定经营目标并控制经营活动时，3M公司却在讨论创造一种能激发普通员工建功立业雄心的组织环境。3M公司不是把精力集中在控制新结构和体制拥有的权力上，而是集中在充分发掘每个员工的潜力上，让员工在各个岗位上都得到自由的发挥，从而使整个公司能拥有如此辉煌的业绩。

简析：事实证明，企业经营战略和实践活动可以不断地适应变化的外部世界，但内部核心价值观如果不是以人为本的体现，再具技术性、科学性的策略，也不能赢得持续的发展。人的创造力的释放，是中西方商务企业文化要共同去努力的方向。

（三）星巴克成功的秘密

1986年霍华德·舒尔茨购买并改造星巴克。15年后，星巴克已经成为全球最大的咖啡零售商、咖啡加工厂及著名咖啡品牌。目前，该公司已从西雅图的一个小公司发展成为一个在全球四大洲拥有5 000多家零售店的大型企业。星巴克给品牌市场营销的传统理念带来的冲击同星巴克的高速扩张一样引人注目。在各种产品与服务风起云涌的时代，星巴克公司却把一种世界上最古老的商品发展成为与众不同、持久的、高附加值的品牌。星巴克从一个西雅图的小公司发展成为全球的商业帝国，其秘密究竟何在？

1971 年在美国西雅图派克市场，星巴克第一家分店正式开业。当时，美国经济已经从 60 年代的巅峰走向衰退，咖啡的销量也已经下滑，咖啡的消费者占总人口的 75%；80 年代咖啡销量进一步减少；90 年代以后，咖啡消费人群基本保持稳定。现在，美国 52%（1.07 亿）的成人每天都喝咖啡，平均每天 3 杯；另外有 28% 的成人（大约 5 700 万）不定期饮用咖啡。

上个世纪 70 年代初，咖啡消费人群不断地减少，但三个大学伙伴还是建立了星巴克公司，开发咖啡消费领域并在今后的几十年得以飞速发展。自从星巴克以磅为单位销售咖啡以后，市场上对这种特制咖啡——口感丰富、味道浓郁、粉末细致的咖啡的兴趣与日俱增。北美每年都有更多的人执迷于咖啡，像星巴克公司这样的咖啡店对人们的影响是巨大的。它增强了客户对高品质咖啡的意识与需求。星巴克的最初发展，得益于舒尔茨早期的战略和理念，公司始终追求“市场第一”的战略，从太平洋西岸到芝加哥再到加利福尼亚广建分店。

星巴克依靠最初的战略扩张到美国各地。先在主要的城区开店，再围绕该店在附近郊区开店。城区店成为郊区店和小城镇店分店的起点。由于有些分店相邻太近，竞争无法避免。但是公司认为同一地区的多家分店可以树立品牌形象和增加客户的便利度。星巴克很少使用传统的广告手段进行宣传。众多相临分店增强了品牌的认知度，极大方便了老客户。如果以特许经营方式开分店，这种矛盾就很难解决。1996 年星巴克已经在美国开设 1 000 多家分店。同年，它在日本东京开设第一家海外分店，全球扩张战略开演了。

星巴克在以绿茶为主要饮料的国家的成功，说明它的理念能被不同文化背景所接受。到 2002 年，星巴克已经在四大洲拥有分店。2000 年营业额为 22 亿美元，利润 9 460 万美元。2001 年营业额为 26 亿美元，利润大涨 32% 达到 1.81 亿美元。星巴克的成功主要得益于对“关系理论”的重视，特别是同员工的关系。后来，舒尔茨写道：知名的品牌和尊重员工使我们挣了很多钱并且很具竞争力，两者缺一不可。

舒尔茨意识到员工在品牌传播中的重要性，他另辟蹊径开创了自己的品牌管理方法。本来用于广告的支出被用于员工的福利和培训。1988 年，星巴克成为第一家为临时工提供完善的医疗保健政策的公司。1991 年，星巴克成为第一家为员工（包括临时工）提供股东期权的上市公司。通过一系列“员工关系”计划，公司确实收获不浅。在改革福利政策之后，员工的流动率大幅下降。

星巴克通过有效的奖励政策，创造环境鼓励员工们自强、交流和合作。因为所有的员工都拥有期权，他们同样被称为“伙伴”。即使星巴克公司的总部，也被命名为“星巴克支持中心”——说明管理中心的职能是提供信息和支持而不是向基层店发号施令。

星巴克公司通过权力下放机制，赋予员工更多的权力。各地分店也可以做出重大决策。为了开发一个新店，员工们团结于公司团队之下，帮助公司选择地点，直到新店正式投入使用。这种方式使新店最大限度地同当地社会接轨。创造“关系”资本，跨越企业内部障碍，实现文化、价值观的交流，是创造企业关系资本的基础。

星巴克认为他们的产品不单是咖啡，而且是咖啡店的体验。研究表明：2/3的成功企业的首要目标就是满足客户的需求和保持长久的客户关系。相比之下，那些业绩较差的公司，这方面做得就很不够，他们更多的精力是放在降低成本和剥离不良资产上。

星巴克一个主要的竞争战略就是在咖啡店中同客户进行交流，特别重要的是咖啡生同客户之间的沟通。每一个咖啡生都要接受24小时培训——客户服务、基本销售技巧、咖啡基本知识、咖啡的制作技巧。咖啡生需能够预感客户的需求，在耐心解释咖啡的不同口感、香味的时候，大胆地进行眼神接触。

星巴克也通过征求客户的意见，加强客户关系。每个星期总部的项目领导人都当众宣读客户意见反馈卡。

当星巴克准备把新品发展成为一种品牌的时候，客户关系是星巴克考虑的因素。他们发现：客户们会建议将新品改良成为另一品种。客户们能够看到一种新产品或服务与星巴克品牌的核心实质的关系。例如：客户不认可咖啡与冰激凌口味的不一致性。

简析：星巴克在全球的扩张，体现了企业服务不同文化下的消费者，充分满足他们的需求的企业理念；企业文化的塑造，有效地激发了员工的积极性和创新精神，从而形成了企业的核心竞争力，实现了企业的稳健发展。

（四）非营利性组织的文化建设

2002年对于非营利组织管理人员来说是具有文化贡献意义的一年，其原因主要在于由亚瑟·休·布鲁克斯、彼得·孚姆金、保罗·休·莱特编写的新书：

这三本书为：亚瑟·休·布鲁克斯，《非营利性美国的处境》；彼得·孚姆金，《走向非营利：一种概念上和方针上的初级读本》；保罗·休·莱特，《非营利品德之路》。

这三位作者分别是下面非营利机构的著名学者：夏拉蒙在约翰·霍普金斯中心的公众社会研究所；孚姆金在哈福肯尼迪政府学院的非营利组织霍斯中心；莱特在纽约大学瓦格纳公共服务学院。他们的新书在学术界和非营利领域必将得到极大的关注。

《非营利性美国的处境》包含了非营利方面的主要概括、主要领域的调查（健康、教育、社会服务、艺术、国际信仰、宗教、拥护、基础设施、基金会以及慈善事业）和这些方面特别显著问题的处理（商业化、竞争、私有化、责任性、规范和科技)。

三本书都探讨了关于非营利组织的文化建设，领导好的行动要求好的领导。话题由此展开。例如，莱特在他的书中用调查结果来定义一些条款，他根据领导们自己认为最重要的特征来描述有效的领导。分类来说，他们是诚实、忠诚、果断、信任和感召力。谁拥有以上的所有这些特征，那么他确实会成为一个好的领导者（或是搭档，朋友或者同盟)。孚姆金和夏拉蒙都提到，优秀领导的驱动力能形成“专业化”的领导环境。这些能潜在地促使产生前面所描述过的非营利的谬论：效益的竞争促使公司奖励实际的成效，这可能是根据该公司任务的成本进行的。在领导关系方面，孚姆金研究了出现的非营利企业主身份的课题。经济学家把企业家定义成那些把组织技巧与意愿、能力联系起来并去冒险的人：得到的回报是公司的利润（收入抵扣生产过程中对资源的支付)。是什么使得非营利企业主身份这个课题变得困难？是非贡献限制。孚姆金很巧妙地克服了这个困难，声明返回非营利本金的收益大部分都不是经济上的：非营利企业家通常是一个社会的而非经济的现象。他从非营利管理者、促进团体发展的志愿者、投入大量资金的信仰者和敢于冒险的慈善家的观点来讨论“社会企业家”。

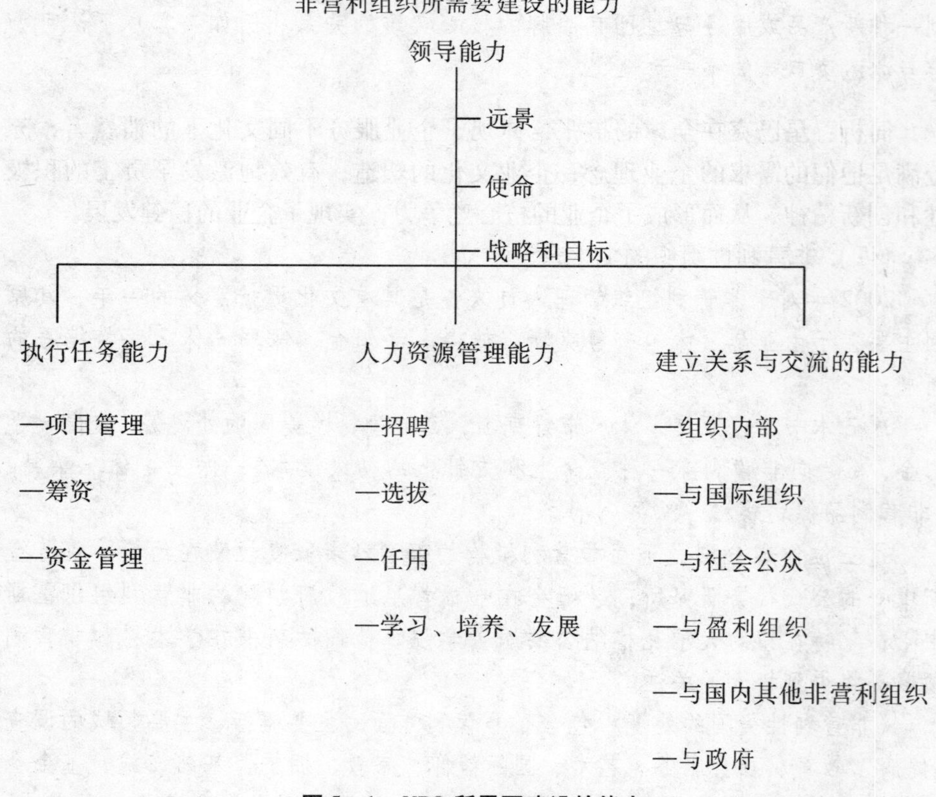

图 5-1 NPO 所需要建设的能力

分析提示：非营利组织为了同营利组织（和政府部门）竞争这会产生商业化趋向，这是上述案例中三本专著的作者通过调查实践一致得出的论断，作为一个组织的核心行为而被额外关注。用孚姆金的话来说就是，“非营利组织的商业化进程……提出了关于任务一致性的重大问题”。这种假设很清晰：完成一个非营利组织的任务和增强它的资金账本底线是两种不同的，而经常又是兼容的目的。因此，非营利组织的文化建设无论从实践还是从理论角度，都成为商务范畴下的企业文化研究中必须关注的内容。我国在商务活动中也有大量的非营利组织参与，如何构建其组织文化，以便与营利性商务企业、生产企业在商务活动中有效地进行组织和文化沟通，是我们学习商务企业文化的重要目的之一。比如，商会与商务企业在组织关系如何协调？既属于商务政策制度环境文化的范畴，也是商务企业文化研究的对象。

第三节　中西方商务企业文化的比较

一、中国商务企业文化概述

20 世纪 90 年代，经济的全球化趋势使得很多的中国企业有机会走出国门，接触发达国家的行业领先企业。通过对外贸易、技术交流和商务合作，这些企业意识到中国企业的管理水平与西方企业有很大差距，而造成这些差距的重要原因之一就是企业在管理中缺乏“企业文化”这一软性要件。像海尔、联想、TCL 等民族企业开始建设本企业的文化体系并重视企业文化在内部管理和对外进行商务活动时的运用。

案例：

中国优秀企业文化表现

联想的领导人柳传志有两个著名的比喻，一个是“房屋图”。柳传志认为如果把企业比作一栋房屋，那么地基是企业文化与企业制度，屋体是资金流、信息流、物流等，屋顶是各种技术性的职能管理。柳传志认为中国企业的问题更多的是出在地基部分。另一个比喻是发动机，公司提倡每个员工都成为“发动机”，而不是“螺丝钉”。联想从 2001 年 11 月开始，用了一年的时间借助外部专家进行了细致的调研，对联想文化进行了系统的检阅和梳理，这样做，大大提高了联想文化的精确性、普及性和系统性。

TCL 从 1997 年开始全面推进企业文化建设，提炼出了适合 TCL 发展的核心价值观、企业经营目标和企业精神，形成了以“合金文化”“创新文化”和“危机文化”为特色的 TCL 文化，提出来“文化是明日经济”的时代命题，大力推行“变革创新，知行合一”的理念。TCL 部署了大规模、高强度的企业文化创新落实计划，并将企业文化建设工作纳入干部关键绩效指标考核之中。TCL上上下下都认识到，不建设具有国际竞争力的企业文化，就不可能成为具有国际竞争力的企业。

简析：从案例可以看到中国优秀企业对企业文化建设的深刻认识和重视。正是他们对企业文化的倡导，使得企业文化的建设在中国的商务领域逐步兴起和发展。

但是，中国型的商务企业文化更多地受到传统文化的影响。中国商务企业文化的特点是儒家伦理、整体思维、天人合一、中庸、和为贵；强调“人性”的管理，如重视人际关系、资历、群体意识、忠诚、合作等的作用。

当代中国商务企业文化可以分为如下类型：

（1）伦理型企业文化主张德治，重视道德感化，而轻制度约束。一切行为要看其是否符合道德规范，而并不关心其是否体现工作能力；管理手段上要求老板通过道德修养来感化职工。所谓领导者“以德服人”就体现了这一理念。

（2）关系型企业文化强调各种关系的重要，它将人事关系作为一切活动的中心；它敬重人事，而不尊重科学；重视同事关系。以关系是否融洽作为衡量业绩的主要标准。

（3）政治型企业文化的特点是企业行为受到行政干预，企业体制行政化，政企不分。致使企业管理官僚主义严重，机制不灵活，运作缓慢，缺乏独立人格，不能成为独立的商品生产者和经营者。

二、西方商务企业文化概述

美国钢铁大王卡内基曾说：“你可以把我的资金、设备、技术统统都拿走，只要保留我的原班人马，三年后我又是一个钢铁大王。”在他看来，技术、资金、设备虽然是一个企业的基本物质条件，但相对于人，由人组成的企业组织以及内化在人中的企业精神等，企业的物质财富又是微不足道的。从20世纪六七十年代日本企业的崛起至今，企业的经营者们发现：人才是企业最可贵的财富，一个企业要想长盛不衰更需要精神的支撑。各家自有各家的诀窍，在国际舞台上，不同国家的企业各有自己的特色。

（一）日本的商务企业文化

日本民族具有吃苦耐劳、忠于职守、服从领导、团结协作、不轻易放弃的民族精神和道德风尚，这些特点也反映在其企业精神中。概括起来，日本的商务企业文化表现出以下特征和个性：

1. 家族主义

日本的企业也称为“会社”，各级经理好比“长辈”，入社的员工就像家族里的“孩子”。日本企业普遍采用终身雇佣制，把员工的个人发展与企业的生存与发展紧密联系起来，培养了员工的职业归属感和忠诚度。

日本的企业强调新员工的入社教育，从一开始就向其灌输企业的经营理念和企业目标以及价值观，增强员工的团体意识；让职工参加企业决策，鼓励他们为企业建设提意见和建议，保持上下级沟通顺畅，激发职工的主人翁责任感和工作热情；经常组织纳凉会、肯亲会、野餐会、外出旅行等活动，加强团结，协调人员关系；通过社歌，社训，制服等让大家情感上融为一体；通过每年两次的分红和其他福利，让职工热爱企业，愿意忠心地为企业工作。

2. 精神资源胜于金钱

众所周知，日本国土内的资源异常匮乏，国土面积仅为世界总面积的0.09%。然而，这样一个“弹丸之地”的岛国，其国民生产总值仅居美国之后，处于世界第二位。管理学家们认为，这与日本企业家注重精神资源的利用是分不开的。

3. 奋发进取，顽强拼搏

案例：

丰田公司的进取精神

有这样一个故事：第二次世界大战后的20世纪50年代，日本丰田汽车到美国去参展，其设计精巧，马力较小的经济型汽车难以冲上会场的一个山坡，因此遭到美国人的嘲笑。丰田公司参展的人员感到了莫大的耻辱，创始人丰田佐吉说：“我们必须以我们的卓越能力和智力优势洗刷掉这种人间奇耻大辱！要三年赶上美国！”回来后公司技术人员便努力进行技术改造。20年后，日本的汽车终于敲开了美国市场。

简析：丰田汽车公司创始人充分发挥民族自尊的精神导向功能，鼓励企业形成奋发图强的精神氛围，为公司的国际化开拓奠定了基础。

日本的企业规定：凡对公司的发展有贡献者，都给予荣誉和地位。通过这种激励方式给个人的成绩以较高的评价，满足了员工的自尊感，实现了员工的自我价值，从而激励他们为公司做出更多贡献。

（二）美国的商务企业文化

美国企业的管理建立在理性的基础上，普遍呈现出尊重个人价值、重视实践、顾客至上以及追求创新和加强竞争等企业精神。

1. “个人”精神

崇尚个人价值和个人奋斗是美国企业的核心精神，它与美国的民族文化、民族精神一脉相传。“个人”精神首先强调尊重人，即把员工当成同伴，以礼待之。

美国商务企业文化的“个人”精神有以下表现：

(1) 在经济不景气时坚持充分就业政策。重视职业培训，让每一个新员工通过职业培训，能很快认同公司的文化，熟悉公司的工作程序，建立标准化的办事作风，迅速与公司融为一体。

(2) 从组织形式上加强对职工充分信任和自信心的培养，用人性化的方法管理员工，充分实行弹性工作时间，实行终身雇佣制。除重大决策外，其他信息沟通以非正式和常规方式进行。

(3) 经理人员与普通员工经常接触，不拘礼仪，和谐沟通。

案例：

人本化的思科公司

作为2005年全球最佳雇主之一的美国思科公司，在员工的管理方面鼓励员工自我管理，上下班不打卡；提倡平等，所有员工出差一律乘经济舱；公司每年有一天“思科儿童日”活动，即把思科员工的小孩召集到公司参观，让他们有机会认识父母亲在公司的活动和工作空间，让他们了解父母亲的工作。在思科美国的总部，有一个免费为员工照看孩子的儿童中心。公司在很多时候看起来就像一个大家庭。

简析：在美国，超过40%的大公司采用了“弹性工作制”，其中包括施乐公司、惠普公司等著名的大公司。思科公司的做法，根植于西方文化人本主义的基础，形成了自己企业文化的人本个性。

案例：

麦当劳为什么锯掉经理椅背？

麦当劳快餐店的创始人雷·克罗克，是美国社会最有影响的十大企业家之一。他不喜欢整天坐在办公室里，大部分工作时间都用在“走动管理”中，即到各公司、部门走走、看看、听听、问问。麦当劳公司曾有一段时间面临着严重亏损的危机，克罗克发现其中一个重要原因是公司各职能部门的经理有严重的官僚主义，习惯于躺在舒适的椅背上指手画脚，把许多宝贵时间耗费在抽烟和闲聊上。于是克罗克想出一个“奇招”，将所有经理的椅子靠背锯掉，并立即照办。开始很多人骂克罗克是个疯子，但后来不久大家就体会到了他的一番“苦心”。他们纷纷走出办公室，深入基层，开展“走动管理”，及时了解情况，现场解决问题，终于使公司扭亏转盈。

图 5－2

分析提示：锯掉椅背虽然出奇，但由此使麦当劳企业文化中出现了这样特别和谐团结的现象：高级经理们经常亲临各个连锁卖场，与普通员工一起接待顾客，相互间称名道姓，普通员工被称作"Business Partner"（合作伙伴）；公司经理还经常与员工一起共进午餐，交流沟通。

2. 重视实践，贵在行动

贵在行动，重视实践精神，是鼓励企业简化企业系统，以不断适应形势变化。大企业、大公司面对激烈的市场竞争也能反应灵敏，快速行动。他们的口号是："去干、去闯、去试。"

案例：

美联航的行动至上

著名的美国联合航空公司总裁卡尔逊就是坚持实行行动管理的成功代表。在他接管公司前，一年亏损 5 000 万美元；他上任后，亲自前往公司各个分公司地点，一下飞机就主动与当地员工见面，热情握手，鼓励员工向他提意见，甚至与他争辩。他积极采纳员工的正确建议，适时调整公司管理政策，感动员工努力工作，很快使公司止亏盈利。

简析：贵在行动，重视实践的重要表现就是企业领导者实行"走动管理"，使得管理不只限于办公室，而是深入现场，了解实情，沟通感情，共创业绩。

3. 顾客至上

美国企业普遍认为：服务顾客是最高目标。他们重视顾客的程度，远远超过以开发技术来降低成本的程度。

案例:

IBM的售后服务

IBM公司在技术上并不是领先者，但它成功的优势，正得力于它完美的服务策略，特别是售后服务。IBM公司总经理华特生认为，他们的广告用语"IBM就是最佳服务的象征"就代表了他们成功的奥妙。IBM公司主管助理三年之中只管好一项工作，就是对任何顾客的抱怨或疑难，务必在24小时内解决。该公司以每日顾客的满意程度来决定职工工资、奖金的多少，每90天还要做一次员工服务态度调查。公司规定要经常派人去客户那里检查机器性能，坚持要基层干部定期走访顾客，使全体员工都有"我们每个人都代表公司"的意识去为顾客服务。

简析：企业文化中的"顾客至上"观念，代表了现代商务文化以消费者为本的主流思想。

4. 创新和竞争

美国企业的创新精神充分体现在鼓励创新的制度上，许多企业都用不断创新来保持自己的优势。虽然大部分的创新都会失败，但是，尝试的越多，成功的机会越多。因此，为了获得更多的成功，美国的公司总是鼓励多设创新小组，使同一项创新有许多小组或团队都在实验，这实际上是在鼓励内部竞争。

只要是创新项目，不管是谁提出都可以进行实验，"简陋工厂"就是新产品实验的最好地方。能够跻身500强的一流企业，都是尽可能地寻找创新斗士，甚至把每一顾客的建议和想法都付诸实践。

5. 利益共享

美国最大的连锁店沃尔·马特公司、"旅店帝国"——希尔顿公司，均将一部分股份作为工资或福利分给职工。惠普公司等还通过增加职工的福利(如为子女提供助学金)，让职工共享公司成果。

三、中西方商务企业文化的异同

商务企业文化发端于西方，成熟于西方企业及非营利组织的实践中。因此，借鉴以日本、美国等西方商务企业文化的成功经验而产生的中国商务企业文化，必然具备西方商务企业文化的共性：以人为本的管理理念、顾客至上的服务理念、效益和效率的协调统一、注重领导等。但由于中国商务文化是在农耕文明本体中孕育产生的，所以作为商务活动主体的各类经济组织，在组织内部文化建设，即商务企业文化建设方面，与西方发达国家差距较大，具体表现在：

(1) 中小型经济组织管理者素质普遍不高，对商务企业文化建设缺乏正确的理解与认识。

①将企业文化等同于组织外在形象设计。

②将企业文化等同于文体活动。

③将企业文化等同于政治思想工作。

④将企业文化等同于规章制度。

（2）商务企业文化建设与经营活动缺乏紧密联系，文化不能真正渗透到经营管理中。领导者在文化建设上往往与企业经济效益、商务活动目标之间的关系处理不当。为建设文化而建设文化现象突出。最终形成了文化建设、经济效益“两张皮”，失去了文化建设的根本意义。

（3）商务企业文化建设缺乏个性，缺少创新精神，雷同化比较严重。在西方商务企业文化影响下，我国各类经济组织也重视商务企业文化的建设，但其中一味模仿、全盘照搬的比较多，而不是通过选择淘汰，消化等方式，把外来先进的文化吸收进来，有机融合，培育自己的文化特色。

总的来说，中国商务企业文化与西方商务企业文化的差异性，在于：西方商务企业文化真正为着以文化促经济的目标而构建，成为各类经济组织的灵魂和独有的无形资产；而中国商务企业文化正如中国传统文化一样，面临着如何进行中西互化和涵化的挑战，要真正建设有中国特色的商务企业文化，任重而道远。

思考与练习

一、问答题

（一）如何理解本教材归纳的商务企业文化的内涵？

（二）说说你所推崇的商务企业文化类型。

二、讨论题

（一）如果你是员工，你愿意在什么样的企业里工作？如果你是企业领导，你希望推动建设哪种商务企业文化？

（二）结合自身的体会，谈谈你认为商务活动中哪些方面能反映出一个企业明显的文化特征？企业文化是从那些方面影响企业的商务活动的？

三、案例分析

成都红旗连锁有限公司成功的奥秘

成都红旗连锁有限公司自2000年6月成立以来，现已发展成为中国西部地区最具规模的以连锁经营、物流配送、电子商务为一体的商业连锁企业。目前在四川省内已开设600余家连锁超市，就业员工上万人；拥有两座现代化的物流配送中心；与3 000多家供货商建立了良好的互利双赢的商业合作关系。成立五年时间，累计上缴税收上亿元。公司经营业绩跨入2005年中国服务业企业500强、2004年中国连锁百强企业、中国零售百强企业；2005年四川企业100强。

红旗连锁在七年的发展历程中，公司管理层提出了“创造新岗位、创造新业绩、创造新生活”的企业发展方向，以德治店，不断完善服务质量，找准了“红旗连锁——您的好邻居”的市场定位，制定了“服务大众，方便人民”的企业经营宗旨。

红旗连锁是首家制定了优先招聘下岗职工和失业人员的招聘原则的四川企业。成立五年来，公司迅速发展成为拥有上万名职工的大型企业。数千名下岗或失业人员在红旗连锁找回了自信，找到了有发展前途的工作岗位，在用人上，根据每个人的特点、能力、优势、长处的不同，提供一个合适的舞台让其发挥、表现，真正做到“人尽其才，适才而用”，并将不同层次、特点的人有机地结合。

红旗连锁完善了物流配送中心，通过公司——分场——财务——配送等联网，加速了商品配送、周转、核算、收银等各环节的工作效率，提高了企业的现代化管理水平，为企业的规模化发展提供了技术保障；红旗连锁充分意识到服务企业的角色特点，提供电话购物、网上购物、送货上门等一系列便民、惠民的优质服务项目。通过这些增值服务，不仅挖掘了公司利润潜力，而且更加贴心服务消费者，反响相当不错。红旗连锁面对严峻的市场形势，以敏锐的眼光和思维，洞悉市场、分析市场，长期坚持“诚信经商”的服务宗旨，强化软环境，在产品质量、优质服务、接待技巧等方面为消费者营造温馨的购物氛围；从而有效地保证了红旗连锁店开到哪里，红旗连锁的商誉就带到哪里。

成都红旗在企业自身发展的同时，积极支持社会公益事业，捐款出资参与“成都市人民政府2001年红旗连锁帮困助学工程”；在阿坝州马尔康兴建红旗连锁希望小学；修缮甘孜州道孚县私立希望小学；修建彭州红旗连锁希望小学；2004年6月捐资60万元在金堂、新津、龙泉、普格等地修建4所春蕾小学，通过这些社会公益活动，塑造了良好的企业形象，宣传了企业文化，赢得了消费者的信赖。

问：从商务企业文化的角度来看，红旗连锁成功的奥秘何在？

四、调查题

通过调查，归纳出参与中国商务活动的各种经济组织类型，并根据教材内容和所查资料，列表简要说明其组织文化的不同类型的核心价值观。

第六章
营销文化

第一节　营销文化概述

一、营销文化的内涵

营销是商务活动中最重要的行为，直接服务于商务赢利目的，通过市场研究，针对消费需求，加速促成商品（含劳务商品）销售，缩短流通环节。自营销行为在商品经济史出现，营销文化也随之诞生，可谓是由现代商务操作层面实践中凝结出的重要精神财富与物质财富的总和。

因此，本教材界定的营销文化，是因人类商务活动高度发展而自我孕育出的文化。其性质可归述为：围绕商品销售而产生的一种商务文化，是商务文化构成的重要类别。营销文化是贯穿于整个营销活动过程中的一系列指导思想、文化理念以及与营销理念相适应的营销制度、行为规范、营销方式等的总称，其精髓是营销理念与其价值观。

20 世纪 50 年代后，营销文化在西方发达国家产生了广泛影响，各类经济组织进行商务活动时纷纷采用各种营销手段，部分企业和专家甚至在观念上将营销上升为获利的根本途径，认为企业生存期的长短，取决于其营销能力而非产品的开发能力，进而形成各种形态的营销文化；而我国对营销文化的研究起步晚，至今还未引起商务活动主体的重视。

案例：

澳柯玛获品牌营销文化创新奖

2006 年 9 月 26 日，中国企业文化促进会、中国社科院工业经济研究所在人民大会堂联合为澳柯玛公司颁发“2005 年度中国企业品牌营销文化创新奖”，表彰其在中国商务活动中构造积极健康的营销文化的努力。从 1987 至 2012 年，澳柯玛一直秉承“没有最好，只有更好”的企业文化理念，立志于

"做绿色、环保、高品质生活的创造者"，成为了全球知名的制冷装备供应商，逐步形成了以制冷家电为核心业务，电动车、生活电器、洗衣机、自动售货机、医用冷柜为新兴业务，电动汽车、海洋生物、新能源家电为未来业务的多层次、多梯度的大型综合性现代化企业集团。

图 6－1

简析：澳柯玛公司通过营销文化的创新，提炼和丰富了企业文化内涵，赢得了社会的尊重和顾客的认可，企业的经营也因此得到了健康发展。

营销文化的基本内涵包括以下三部分：

（一）营销学的成果

现代管理科学是现代文化的杰出成果，商务活动追求效益的内驱力、人类文化的创新力促使现代管理科学不断分支、衍化和派生出新的学科，以提高商务效益，增加商务组织、商务人员、社会和消费者个体之间的和谐，因而诞生了现代营销学。营销学的成果，作为文化的核心层面，推动着行为制度及物态操作层面全方位地开展营销活动，从而推动着营销文化的传播。

营销专家们大多认为，在管理学的诸多门类里，营销学科学和技术的成分更少，属于人文艺术的内容更多，其概念和范畴的研究不够精确，而营销实践中，也许更需要经验和直觉。但营销学研究还是结出了丰硕成果。

案例：

营销百年，思想创新之光

1923 年：市场研究之始——开辟理性营销之路

1931 年：品牌经理制——管理创新

20 世纪 50 年代：营销管理——从经济学母体中分离

20 世纪 50 年代以后：市场研究发展为专业服务产业

1956 年：市场细分的思想和方法

1957 年：市场营销观念——企业活动的新思维

1960 年：营销组合——创新源于综合

1963 年：生活形态——破译消费者的新工具

1969 年：定位——创造新的差异赢取市场

1969 年：营销泛化——非营利营销

20 世纪 70 年代：社会营销观念——企业的社会责任与新价值观

1977 年：服务营销——挑战传统营销

20 世纪 80 年代：顾客满意度

1980 年：全球化营销之道——全球化与本地化并举

1981 年：营销战、内部创造一种营销文化——企业营销化

1989 年：品牌资产理论

20 世纪 80～90 年代：关系营销——回归到人

20 世纪 80～90 年代：顾客数据库——定制营销——全面顾客关系管理

20 世纪 90 年代：4C 挑战 4P

20 世纪 90 年代：整合营销传播（IMC）——新的策略

20 世纪 90 年代末：互联网络营销——全新的一页

21 世纪初：绿色营销、高科技产品营销、伦理营销、文化营销、学习型营销、全员营销等——营销新观念新模式层出不穷的时代

分析提示：营销学作为独立学科，于 19 世纪末与 20 世纪之交，产生于美国，于 20 世纪 50 年代形成专门的理论，目前已经进入完善和创新时期，由以产品营销为主的营销学，发展为以市场营销为主的营销学，并在全球营销基础上产生了国际市场营销学，在关系营销的基础上产生了社会市场营销学。我国营销学于 20 世纪 80 年代初引进，目前处于传播、研究、发展与应用阶段。

（二）营销实务的成果

商务营销过程中，形成了营销策略规划架构、营销功能体系、产业营销模式、全球营销模式、网络营销模式、关系营销模式、全员营销模式、营销管理制度等营销文化的行为与制度成果。由单纯的商品销售转变为市场营销管理的营销文化，其普及过程，形成了物态成果：帮助了企业在市场竞争中取得成功；市场营销部门成为企业管理的核心部门；营销人员成为企业招聘的热门人才。

以下对营销管理制度和全员营销方法进行简介：

1. 营销管理制度

企业营销管理制度一般包括：市场调查管理制度、营销计划管理制度、营销管理制度、促销管理制度、代理、连销、特约、直销制度、营销人员管理制度、营销人员培训制度、客户关系管理制度、行销管理制度、营销人员岗位职责规定等。

营销管理制度化建设就是要建立在企业市场营销过程中，参与活动的全体员工要共同遵守的行为准则。营销制度的建设，是每个员工不断对照改善自己营销行为的过程。通过对制度的制定和学习，进而使自己的工作更符合公司的

营销理念，更适合服务的顾客，营销效率得到提高。营销制度是营销文化的物化体现，营销制度对于指导企业营销行为，塑造核心竞争力具有保障作用。

2. 全员营销模式

营销文化理念下，市场营销部门将成为企业中最为中心的部门，企业运行进入理想的全员营销模式。

全员营销就是企业内部全体员工都参与营销的一种营销方式。即指企业所有员工对企业的产品、价格、渠道、促销和需求、成本、便利、服务等可控因素进行互相配合，用最佳组合以满足顾客的各项需求进行营销手段的整合。同时全体员工应以营销部门为核心，设计、生产、财务、行政、管理等各部门统一以市场为中心，以顾客为导向，进行营销管理即营销主体的整合。所有员工关注或参加企业的整个营销活动的分析、规划和控制，尽量为顾客创造最大的需求价值，使顾客满意度最大化，使公司从中获得市场竞争力，取得长期利润及长远发展。

(1) 全员营销的推行

营销手段的整合性管理：

对全体员工就市场营销的产品、价格、渠道和促销等知识进行全方位的培训，开发符合消费者需求的产品，以合理的价格、优质的渠道、满意的服务最大化地满足消费者需求，从而提高销售量，实现利润。

营销主体的整合性管理：

企业主体部门必须以“营销部门”为核心（以“市场”为核心）开展工作，任何其他部门的工作都要服务于营销部门的工作。

非营销部门的工作应以“营销的观念”来规划本部门的资源，以使其最大化地服务于部门职责，以推动公司的“整体营销”利益。

非营销部门也应该向营销部门学习，将本部门的工作以营销观念来规划，以营销的市场竞争观念来开展工作，这样能最大化地提高部门工作效率。

非营销部门员工应该在单位面积时间里开展“营销活动”的实践，这样能有效地让同事理解营销的观念与方法。

更为关键的是能进行“市场危机”教育，应让所有的员工都能有效地理解市场部门的困难度及重要性，以推动营销工作的开展。

(2) 全员营销模式的意义

全员营销就是企业要以市场为导向，将员工个人发展目标与企业目标统一到营销这个核心上，以期达成共同的市场发展结果。要让营销成为企业全体员工生产经营行为的出发点和归宿，要让营销与每位员工的工作和利益融为一体。企业全员营销一旦为市场所接受，就会迅速形成独有的竞争优势，成为企业发展的核心竞争力。

(三) 社会生活和消费的营销化

“营销时刻在影响着我们”，美国营销学家佩罗特说。生活中每天所需所欲之物的选择，几乎都受到营销问题的影响，整个强大的营销体制在社会生活中已然成形，它常以人们没有想到的方式影响着人们对使用价值和消费符号的需求。传媒、娱乐、体育、会展、公益宣传活动……成为人们选择商品的信息依据；营销文化还引领着人们消费商品的符号意义而非商品的使用价值；如此种种，既是营销文化对人类生活最重要的影响，也构成营销文化的基本内容：社会生活和消费的营销化。

二、营销文化与文化营销的区别

（一）文化营销的含义

文化营销是指经营者运用文化资源通过文化理念的设计创造来提升产品及服务的附加值，在满足和创造消费者对文化的需求中，实现市场交换的一种营销方式。常见的有传媒文化营销、娱乐文化营销、体育文化营销等，这些将在后面的章节有所介绍。

案例：

天意喜酒：中国人的喜酒

有“中国第一窖”之称的四川泸州老窖，看中了中国喜酒市场，于2006年年初隆重推出“天意喜”酒。“天意喜”酒是泸州老窖集团继“国窖·1573”之后又一个“旗帜性品牌”，其定位是中国第一喜宴用酒，中国人的喜酒，实属“名牌中的喜酒，喜酒中的名牌”。

天意喜酒采用中国喜庆文化的“精髓”——中国红，与中国民族工业文化“精髓”——“中国丝绸”和“中国陶瓷瓶”，以及中国汉字的绝美手法共同演绎的包装，装上由具有428年酿酒历史的老窖酿造的美酒，构成了“泸州老窖·天意喜”的核心价值，即产品本身。

简析：以“中国第一喜酒”定位的“泸州老窖·天意喜”，采用文化营销策略，包容了喜文化、酒文化、丝绸文化、陶瓷文化和书法等众多民族文化精髓，让消费者感受到购买不仅是饮，更是交相辉映的民族艺术品。

（二）文化营销与营销文化的区别

文化营销与营销文化的区别在于范畴不同，营销文化中包含了文化营销的内容；文化营销是商务与文化的渗透过程中所形成的营销文化的一个重要组成部分，文化营销现象的出现，观念的形成，丰富着营销文化，丰富着商务文化。

三、中国特色的营销文化

营销文化以西方管理科学为基础，以现代市场营销观念为核心，是一种外来文化，它带有很深的西方文化的烙印，要把这种科学文化植根于中华大地上，适应于中华民族的需要，必然要在现代各种成功的营销策略中熔铸优秀的民族文化精神。

中国营销文化起步较晚，目前还处于对西方营销文化的消化和建构时期，亟待整合现代市场营销观念与传统销售习惯，在充分吸收西方科学文化的基础上，建构面向21世纪的、符合中国国情的、具有中国特色的营销文化，从而成为推动我国商务发展、经济水平提高的动力。

一方面，中国营销文化目前已经走出产品销售阶段，进入竞争加大的市场营销阶段。但营销活动仍然不是以产品质量和消费者满意度为中心，而是以宗法社会传统下的“关系营销”为主体，营销人员与客户主管实际上存在着大量的灰色交易，投其所好建立个体之间的友好关系，是营销人员赚取业绩被迫的选择，拉关系走后门的营销行为还是潜规则之一；商品效能、社会公众利益退居次要地位，经验与直觉还是营销活动的主要指南而非科学的策略；而且在实际营销活动中，纸上谈兵的案例并不鲜见。

另一方面，中国人生活受营销影响的程度也日益加深，没有管理过程的销售，再也无法打动中国人的消费积极性。

第二节　综合案例分析

案例：

营销文化的真正内涵是什么？

一个美国鞋业公司派它的财务主管到一个非洲国家，去了解公司的鞋能否在那里找到销路。一星期后，这位主管打电话回来说：“这里的人不穿鞋，因而这里没有鞋的市场。”接着该鞋业公司总经理决定派最好的推销员到这个国家，对此进行仔细的调查。一星期后，推销员打电话回来说：“这里的人不穿鞋，是一个巨大的市场。”鞋业公司总经理为弄清情况，再派他的市场营销副总经理去解决这个问题。两星期后，市场营销副总经理打电话回来说：“这里的人不穿鞋，然而他们有脚气，穿鞋对脚会有好处。无论如何，我们必须再行设计我们的鞋子，因为他们的脚比较小，我们必须在教育懂得穿鞋有益方面花一笔钱，我们在开始之前必须得到部落首领的合作。这里的人没有什么钱，但他们生产我未曾尝过的最甜的菠萝。我估计鞋的潜在销售量在三年以上，因而我们的一切费用包括推销菠萝给一家欧洲连锁超级市场的费用，都得到补偿。总算起来，我们还可以赚得垫付款的30%利润。我认为，我们应该毫不迟疑地去干。”三个调查员得到的结果为什么不一致？谁的分析可以实现企业的营销目的？

分析提示：回答了上述案例的两个问题后，就可以真正了解现代营销文化的内涵是什么了。财务主管的工作重点是成本和费用的管理，所以从他自己的角度出发，他对市场很悲观。推销员的工作是推销商品，是从商品本身出发，把已有的东西推销出去，目的让消费者购买鞋子，并且让消费者的脚去适应鞋子。市场营销经理则掌握了现代市场营销文化的真正内涵：发现并满足消费者的需求，要让鞋子去满足消费者的需求。该副总经理的分析比较系统，不仅做了市场调查和市场分析，并且开始了初步的营销策划。懂得和部落首领合作，有力地利用了当地的社会关系。

案例：

沃尔玛的营销文化特色

美国的沃尔玛公司是世界零售企业的龙头，也是全球500强之一，其发展历程如下：

1962年，山姆·沃尔顿在美国阿肯色州罗杰斯城开办第一家沃尔玛百货商店；

1969年10月31日，成立沃尔玛百货有限公司；

1972年，沃尔玛公司股票获准在纽约证券交易所上市；

1983年，在俄克拉荷马州的中西部市开设了第一家山姆会员商店；

1987年，沃尔玛的卫星网络完成，是美国最大的私有卫星系统；

1990年，沃尔玛成为美国第一大零售商；

1991年，沃尔玛商店在墨西哥城开业，沃尔玛开始进入海外市场；

1997年，成为美国第一大私人雇主，在美国拥有68万名员工，在美国本土以外有11.5万名员工；

1997年，沃尔玛年销售额首次突破千亿美元，达到1 050亿美元；

1999年，员工总数达到114万人，成为全球最大的私有雇主；

2000年，在《财富》杂志的“全球最受尊敬的公司”中排名第5；

2001年，在《财富》杂志“全美最受尊敬的公司”中排名第3；

2001年，单日销售创历史纪录，在感恩节次日达到12.5亿美元；

2002—2005年，在《财富》500中连续4年位居榜首。2004年销售额达到2 881.59美元。

沃尔玛在短短的40多年内从一家小型百货商店成长为全球第一，离不开其独特的营销文化。

1．成功的“十大法则”

沃尔玛的创始人山姆·沃尔顿曾总结出其事业成功的“十大法则”：忠诚你的事业；与同仁建立合伙关系；激励你的同仁；凡事与同仁沟通；感激同仁对公司的贡献；成功要大力庆祝，失败亦保持乐观；倾听同仁的意见；超越顾客的期望；控制成本低于竞争对手；逆流而上，放弃传统观念。这“十大法则”中有七条与员工关系有关，由此可见沃尔玛把员工关系放到了多么重要的位置。

2. 三项基本信仰

(1) 尊重个人

尊重每位同事提出的意见。公司经理们被看做“公仆领导”，通过培训、表扬及建设性的反馈意见帮助新的同事认识、发掘自己的潜能。使用“开放式”的管理哲学在开放的气氛中鼓励同事多提问题、多关心公司。

(2) 服务顾客

“顾客就是老板”。沃尔玛公司尽其所能使顾客感到在沃尔玛连锁店和山姆会员商店购物是一种亲切、愉快的经历。

(3) 追求卓越

沃尔玛连锁店和山姆会员商店的同事共同分享使顾客满意的承诺。在每天营业前，同事们会聚集在一起高呼沃尔玛口号，查看前一天的销售情况，讨论当天的目标。

3. 合适的战略定位和先进的经营理念

战略定位：为老百姓提供低价格的商品。

经营理念：天天平价始终如一、顾客至上保证满意、自有品牌全新感受、营销互补共生共荣、员工关系伙伴同仁。

营销价值观：顾客永远是对的。

4. 长期坚持的营销特色

(1) 日落原则

日落原则是创始人山姆·沃尔顿对那句古老的格言“今天的事情今天做”的演绎。它是沃尔玛营销文化的重要组成部分，也是员工为什么以他们的顾客服务而闻名的原因之一。日落原则意味着员工要努力做到日落以前答复所有当天的来电，因为他们懂得顾客生活在一个忙碌的世界里，日落原则是一种向顾客证明沃尔玛想顾客所想，急顾客所急的一种做事方法。

(2) 超越顾客的期望

山姆·沃尔顿向员工们倡导了“盛情”服务的理念，他说：“让我们成为最友善的员工——向每一位光临我们商场的顾客奉献我们的微笑和帮助。为顾客提供更好的服务——超越顾客的期望。我们没有理由不这样做。我们的员工是如此的出色、细心周到，他们可以做到，他们可以比世界上任何一家零售公司做得更好。超越顾客的期望。如果你做到了，你的顾客将会一次又一次地光临你的商场。”

沃尔玛的员工深知仅仅是感谢顾客光临商场是远远不够的，他们期望竭尽全力、以各种细致入微的服务去表达对顾客的谢意！他们相信这将是吸引顾客一次又一次光临商场的关键之所在。

(3) 三米微笑原则

沃尔玛服务顾客的秘诀之一就是“三米微笑原则”。山姆·沃尔顿先生每次巡店时，都会鼓励员工与他一起向顾客作出保证："……我希望你们能够保证，每当你在三米以内遇到一位顾客时，你会看着他的眼睛与他打招呼，同时询问你能为他做些什么。"

(4) 天天平价

沃尔玛通过低价销售的方式，一直在努力为顾客挖掘更多利益并将它转让给顾客。沃尔玛决心让全世界消费者认为沃尔玛是一个可以信赖，可以让顾客的钱财发挥更大作用的商店。在沃尔玛顾客永远无须等待降价而使顾客的钱财发挥最大作用！

(5) 沃尔玛的欢呼

长期以来，沃尔玛的营销文化使沃尔玛公司的同仁紧紧团结在一起，他们朝气蓬勃，团结友爱。沃尔玛公司特有的欢呼口号，可以感受到一种强烈的荣誉感和责任心。"来一个W！来一个M！我们就是沃尔玛！来一个A！来一个A！顾客第一沃尔玛！来一个L！来一个R！天天平价沃尔玛！我们跺跺脚！来一个T！沃尔玛，沃尔玛！呼、呼、呼！"（口号中将沃尔玛"WALMART"这个企业的注册商标反复诵读）

这就是沃尔玛"工作中吹口哨"的哲学，不仅起到了欢迎顾客的作用，而且会使员工拥有轻松的心情，将工作做得更好。

沃尔玛坚守以顾客为中心，追求自身内在能力的提升，它通过向合伙人放权、保持技术优势和在合伙人、顾客和供应商之间建立忠诚来战胜竞争对手。也就是说沃尔玛并不是孤军奋战，而是带动着诸多产业一起发展。或者说，它更像是一个航空母舰，周围萦绕着不计其数的护卫舰艇和战斗机群。本身先进的营销理念和管理方式，造就了沃尔玛完美的营销文化，使沃尔玛成为了世界上最强大的公司。

简析：作为世界零售企业龙头的美国沃尔玛公司从成立之初，就非常注重公司营销文化的建设，从营销价值观、营销理念的确立，到人性化的营销制度的制定，长期坚持自己独特的服务营销方式，协调处理好了和消费者、上下游企业的关系，满足了大家的共同利益，得到了飞速的发展，从沃尔玛的成功，不难看出营销文化对于一个企业的发展至关重要。

案例：

汶川大地震后"王老吉"的网络营销

王老吉进行"病毒式"的网络营销案例的功过和启示也许特别适合一句俗语：仁者见仁，智者见智。2008年5月18日晚，在由多个部委和央视联合举办的赈灾募捐晚会上，加多宝集团代表阳先生手持一张硕大的红色支票，以1亿元的捐款成为国内单笔最高捐款企业，他们的善举顿时成为人们关注的焦点。

第二天3个小时内百度贴吧关于王老吉的发帖超过14万个。天涯虚拟社区、奇虎、百度贴吧等论坛的发帖都集中在5月23日18点之前开始。

接下来不断出现王老吉在一些地方脱销的新闻。南方凉茶“王老吉”几乎一夜间红遍大江南北，一些人在msn的签名档上开始号召喝罐装王老吉。

在这个“病毒式”营销传播背后，其实是一场网络营销行动。据一位内部人士透露，王老吉是请了一大批网络推手在推波助澜。

王老吉的推手手法

王老吉的网络热潮是一群网络推手团队运作的结果。王老吉去年就在网络营销上在投入，一直非常重视，常规时期在论坛上每个月的投入数额都比较大。业内人士认为正因为有王老吉之前的持续投入，在这个关键时刻，它的网络营销才能如此快速地准确地全面反应。这次王老吉在切入点上选择得非常好，同时及时准确地利用了论坛营销、博客营销、网站等各种网络营销传统工具，延用之前的网络推手团队，而不是呆板地聘请传统公关。这次王老吉的网上推广方式，类似于推网络红人、事件营销。而此类操作模式的关键在于：热点塑造必须要形成“网络热点旋涡”。最终得胜的关键在于要集中火力，抓住一点。这次王老吉就是抓住了一点：“王老吉捐助1个亿”成为网络热点。

分析提示：网络上重要的不仅是告诉网民有什么，而是要回应网民为什么，一千万的发布不如一千万的点击，一千万的点击不如一千万网民的参与讨论，这才是做网络宣传、网络公关、网络推广最重要的一点。而无疑这次网络营销成为一个典型案例。捕捉网络话题，策划和创造网络热点，整合媒体平台，实现互动，彰显了营销文化在网络领域中的巨大影响力。

第三节　实践操作与训练

一、讨论题

在已经进入全球营销的今天，企业的营销网络才是企业最有价值的资产（据报道安徽小天鹅集团的营销网络折价1.6亿元人民币入股，占20%的股份）。与其一上来大把大把地抛洒广告公关费，不如“辛勤地默默地织一张大网”——织一张宽宏的、细密的、牢实的营销大网，让你所开发的任何新商品，都能迅速地与成百万成千万成亿的消费者见面，迅速地让他们观赏、品尝、试用、购买，这比什么都重要。而广告、公关之类，只能算是一些辅助性的营销手段，如果消费者不能极为快捷、极为方便地买到你的商品，任是促销天才也只能仰天长叹，再好的服务愿望也无法落到实处。1999年中国饮用水销量第一的娃哈哈集团，所织的营销网络真犹如一张恢恢天网，据说在青藏高原上某些小地方的店摊中都有它的纯净水卖，以至有人说娃哈哈是网络胜利者。调查显示，营销网络是娃哈哈拉下其与其他品牌之差距的主要因素，网络优势是宗庆后手中最有力的王牌，营销网络是娃哈哈的第一财富。不过，乐百氏纯净水、农夫山泉、旭日升冰茶等品牌的网也织得不错，松下电器、德生收音机、圣象地板、谭木匠梳子等品牌的网也织得蛮好，所以它们也都取得了不俗的销售业绩。中国企业建设营销网的速度正在加快，有些网已经建到日本、美国、欧洲及全世界去了，这也许才是20世纪末期中国企业营销最具深远意义的动作，要过一些年头我们才能切实地体会到它的巨大价值之所在。著名的营销专家斯剑先生，有感于中国企业家家都建自己的营销网，重复太多，浪费太大，提出了组建跨省市的、共享性的营销大网络的创意构想，这一构想立即引起数百家企业的反响。虽然由于利益、商誉等方面的原因，实际操作中困难重重，但属于中国企业营销首创的一个新方向已经指明。随着中国市场经济的深入发展，随着各方面的经营条件的逐步成熟，总有一天这张“营销天网”——我相信那绝对是一张全球化的“营销天网”——会建立起来的。那时，凡是卷入网中的中国企业，其直接营销成本会大为降低，其市场竞争力将大为增强，强得叫那些世界级营销巨头也直喊头疼。也可能，这张网是用另一种方式织成的，是在互联网上用电子商务方式织成的。立志把商场开进每一个家庭的8848网站（目前中国最大的网上零售商）及另外一些网站已经在飞速编织这样的一张覆盖全中国乃至全世界的营销天网了，精明的海尔人也提出了“企业不触网必死”的新口号。

围绕上述观点，请分组讨论：

1. 营销网络和网络营销的区别。

2. 你赞成上文的提及的那些观点吗？通过上述文字你对营销文化又有什么新的认知？

二、实训调查题

利用课余时间，通过实地调查，搜集一家企业的营销文化实例，并加以总结、点评。

第七章 商务会展文化

第一节 商务会展文化概述

一、商务会展文化的含义

（一）会展的形成、概念及分类

会展，从字面上可拆分为会议和展览。会是一个广义的词，可以是会议，也可以是具有集聚、展示和交流特性的其他活动，如展览和一些大型文艺、体育活动和节庆活动。“会”的涵盖面要广于“展”。随着信息传递技术的不断进步，展览与会议相结合已成为一种趋势。大型品牌展览会配套专业国际会议已极为普遍，著名国际论坛有时也带有相关展览等。

1. 会展的产生

展览是最古老的市场形式。在古代，人类的贸易起源于物物交换，这是一种原始的、偶然的交易，其形式包含了展览的基本原理——通过展示来达到交换的目的，这是展览的原始阶段，也是展览的原始形式。随着社会和经济的发展，交换次数的增加，规模范围的扩大，交换的形式发展为固定时间和固定地点的集市，如古代中国的集、墟和庙会，中世纪欧洲在教堂周围举行的一些定期不定期的集市贸易等。集市是展览会的雏形，可视为会展的古代阶段。

近代（17 ~ 19 世纪），在工业革命的推动下，欧洲出现了工业展览会，这种新形式的展览会不仅有着严密的组织体系，而且将展览的规模从地方扩大到国家，到世界。这一阶段，展览会的内容不再局限于集市的贸易或庙会的贸易和娱乐，而扩大到科学技术、文化艺术等人类活动的各个领域；在形式上，展览会具有正规的展览场地、专门的管理组织等特点，是会展的形成阶段。

在现代展览业中，展览会是使用最多、含义最广的展览名称，从广义上讲，它可以包括所有形式的展览会；从狭义上讲，展览会仅指以贸易和宣传性质的展览，包括交易会、贸易洽谈会、展销会、看样订货会、成就展览等。展览会的内容一般限一个或几个相邻的行业，主要目的是宣传、进出口、批发等。现代展览一般统称为贸易展览会和博览会（指规模庞大、内容广泛、展出者和参观者众多的展览会），统称为会展。

2. 会展的概念

展览因经济的需要而产生，而发展，形式在变，但基本原理未变，即通过“展”和“览”达到交换的目的。因此，广义的会展是指人们为了达到一定目的，自觉统一在一个时空领域里进行的议事、展览、特殊活动（指节、会、集）的总称。集聚、展示和交流是会展的共同特征。狭义的会展是指是人们为了达到交易目的，自觉统一在一个时空领域里进行的具有商务内涵的议事、展览、特殊商务活动（如以实现商务目的的一切“节”“会”“集”等）的总称。又称商务会展。商务会展由商务会议、商务展览、特殊商务活动三部分构成。这三者间往往是节中有会、会中有展、展中有节、会展节相结合，例如，在“青岛啤酒节”上，既有有各啤酒厂家组织的啤酒促销会，又有啤酒展览品尝活动与大型歌会等。

3. 会展经济

会展是人类物质文化交流活动发展到一定阶段的产物。几千年来，通过漫长的发展过程，已经成为一个成熟的行业。会展产业是“利用各种会展资源，以会展场馆设施为条件，为社会提供会展活动策划、组织、场地及其配套设施和其他各项服务的经营单位的集合。”这些经营单位的业务范围包括会展的策划、咨询、组织、广告设计与制作、展台设计与搭建、现场服务、评估、场馆经营等。我国的会展产业已经成为一个独立的经济部门，在国民经济行业分类中归属商务服务业。

各种展会和大型活动的兴办往往需要运输、广告、公关、劳务、保险、安全保卫、旅行、餐饮、宾馆、银行、邮政、电信等部门为其服务，这些因举办会展活动而增加的相关服务收益的总和，构成了蔚为壮观的“会展经济”。会展经济具有深刻的文化内涵，文化流是其中的独特现象，是会展经济产业链极为重要的组成部分。众多来自不同国度、具有不同生活方式和文化背景的人群集聚于大型会展活动时，形成了潮涌式的多元文化的交融、思想的沟通、观念的碰撞和意见的交锋，各种科技知识、创新思维、策划理念、设计理念、营销理念、品牌理念的传播。各种物产文化（如杭州西博会中的丝绸文化、服饰文化、工艺美术、集邮文化、美食文化、茶文化等）和民俗文化、民间艺术的展示，报业、广告业、影视业、演艺业的大规模介入与渗透，极大地扩张了会展业的文化传播功能。会展经济的产业链条一直伸展到文化、教育、传播领域，产生了巨大的文化推进作用。从这个意义上说，会展经济也是文化经济、知识经济，它带动了文化消费，创造了巨大的文化价值。会展经济的发展得益于会展文化的滋养和精神支撑。

4. 会展的类别

会展从内容（包括展览的性质、内容、所属行业等）和形式（包括展览规模、时间、地点等）的角度划分，可以分为以下几种：

从性质上分为贸易和消费两种。贸易性质展览对工商业开放，是为制造业、商业等行业举办的展览，展览的主要目的是交流信息、洽谈贸易；消费性质的展览对公众开放，展出消费品，目的是直接销售。具有双重性质的会展称作综合性展览。一般来说，经济越不发达的国家，会展综合性越重。

从内容上可以分为综合展和专业展两种。综合展指跨行业或数个行业的展会，比如世博会，中国西部国际博览会等；专业会展指某一行业甚至某一产品的展览会，比如工业展、农产品展销会，钟表展、车展等。

从规模上分，有国际、国家、地区、地方以及单个公司的独家展。这里的规模指的是展出者和参展者所代表的区域规模。这其中包括单独展，一个国家主体在本国或他国办展；多国展，几个国家联合办的展览会；国际博览会。

从时间上划分，分为定期和不定期展。定期的有一年一次、一年两次、一年四次、两年一次、四年一次等。不定期的视需要而定长期或短期。长期展可以是三个月、半年，甚至常设，短期展一般不超过一个月。在发达国家，专业展会一般三天。在英国，一年一次的展会占总数的3/4。

从展出方式上划分，可分为室内展，多用于展示常规商品；室外展展示非常规商品，比如航空展、矿山设备展等；巡回展是在几个地区或国家轮流举办的展会；流动展，即利用飞机、轮船、火车、汽车作为展场的展会。此外，近几年还出现了通过网络平台的展会。

（二）商务会展文化

商务会展文化是商务文化的一种表现类型，是在商务会展活动中所形成、反映、传播的文化理念、制度、行为和现象，是在商务会展活动逐渐形成的精神财富和物质财富的总和。人们在商务活动中运用展览的形式，以搭建具有商务意义的平台，进行商务营销活动，商务会展文化因此而得以形成、反映和传播。商务会展文化是围绕商务会展活动而形成的，并贯穿于整个商务会展活动过程之中。因此会展文化的主体由主办方的人员，参会方的人员，以及普通消费者构成。

一般来说，商务会展文化包含着三方面的内容：

其一，是以会展活动为载体所直接展示、代表和反映出来的关于文化的内容：包括 VI（visual identity）、标语、品牌宣传语等能够展示品牌形象和文化内涵的各种载体及展馆、展场、展台、展品等物质文化层面的文化。

其二，是在某一具体会展活动项目的层面上，由于其作为一种经济的和社会的活动方式，其组织者就必然会在筹备和操办的全过程中对所依据、遵循的思想意识等方面的东西有所体现，从而表示其文化的内质：包括会展的规章制度，办展、参展规则等行为文化层面的内容。如《国际展览会公约》《国际博览会联盟章程》以及《设立外商投资会议展览公司暂行规定》《在境内举办对外经济技术展览会管理暂行办法》《出国举办经济贸易展览会审批管理办法》《关于举办来华经济技术展览会审批规定》《在祖国大陆举办对台湾经济技术展览会暂行管理办法》《商品展销会管理办法》《文物出国（境）展览管理规定》《中华人民共和国海关对进出口展览品监管办法》《展会知识产权保护办法》等。

其三，当把举办会展活动作为一种产业经济活动时，其总体上所表达、展现和凸显出来的会展产业在精神、理念、价值等方面的文化内涵（这是会展文化的核心内容）。如会展产业自身的文化，就包含“产业目标的共识”“产业核心理念”“产业价值观念”和“产业道德自律”等。使命、价值观、产业精神、经营理念、管理理念是支撑会展产业经营发展的指导原则。

具体来说，一个展览项目从筹办、展出到结束的全过程，必然会向社会传递它独特的文化气息和文化氛围，譬如，关于展览项目的社会、文化背景，关于展览主题的经济、文化内涵，关于展览活动所代表的文化品位，关于展览布展所表示的文化精神，以及关于展览工作所体现出的服务文化，展览发展所标志的品牌文化，参展厂商所宣传的企业文化，展览内容所展示的行业文化等。如商务会展在其自觉与不自觉中，总是具有强烈的民族性：日本人讲究森严的等级制度，所以日本的商务会展接待中，总是十分注意对宾主尊卑关系的安排；德国人严谨诚实，非常讲究信用，所以德国的商务会展从策划到实施，都十分注意秩序与诺言。又如：

在第十届中国西部国际博览会（2009）期间，家乐福的展台设计及展品展示，从展板内容到实物展出都突出一个主题：蔬菜农民直供采购模式。这种模式较之传统模式可使采购的农产品售价降低15%～20%。从而彰显出家乐福货品新鲜，超低售价的经营理念，以及“我们的使命：我们所有的努力是为了让顾客满意。我们的零售活动是通过对商品及品质的选择，提供最佳价格，来满足顾客多变的需求”的企业价值观念。

因此，从某种意义上说，商务会展活动既是商品的展示又是一种文化的载体。

二、商务会展文化的内容和分类

中国商务会展的发展一方面与中国整体经济发展、社会发展密切相关，另一方面与商务会展文化的无形力量密切相关。建设好我们有特色的商务会展文化，可以为会展经济发展提供强大的“软动力”，从而保持商务会展的可持续发展。

（一）商务会展文化的内容

商务会展文化包含以下几个方面的内容：

1. 商务会展物质文化

商务会展物质文化是商务会展文化的表层部分，它主要有四个层面：首先，核心层面是具体展会，包括展馆展台的建筑与设计、展品的布置与包装，以及场馆的配套设施所体现的文化理念，它是吸引观众眼球，启发观众思考的主要工具。这些属于展会的形象包装文化。具有好的包装、高品质的文化内涵的展会才能吸引人们的注意力，也更能传承、创新会展文化。其次，规模大、功能齐全、配套服务完善的展馆是会展业发展的必备条件。再次，实力强、专业性强的会展公司相互联合，走集团化道路是会展业发展的组织条件。最后，配套周全、顺畅便利、安逸舒适的城市环境，包括交通、酒店、商场等城市基础设施、旅游资源建设，等等，是会展业高端发展的必要的外围物质条件。

2. 商务会展精神文化

商务会展精神文化是会展文化的核心部分，它是通过商务会展活动体现出的知识文化和观念文化的总和。知识文化指专业的会展知识体系，观念文化则指在商务会展中体现出的世界观、人生观、价值观和道德观。目前我国的商务会展精神文化包括以下要素：第一，追求社会与自然和谐发展，尊重自然与追求进步并重，这也是所有会展应体现的永恒之义，也是使会展业能持续发展的深层次的精神因素。第二，追求民族、国家的富强、进步与发展，富于创新与开拓精神。第三，会展经济要服务于国民经济的发展，做到两者协调发展。以这样的会展精神文化为核心的商务会展的文化特征就体现为这样的几个方面：

（1）赋予展会人性的精神内涵。现阶段，中国展会的功能还主要停留在促进商业销售和贸易层面。而德国展会已把文化元素融入其中，给大众开辟领略世界文化、畅游科技创新的空间。会展主题体现专业精神，具有时代气息，整个展会的文化和时代气息浓厚。

（2）精心策划会展主题，培育会展品牌。

3. 商务会展行为文化

商务会展行为文化是商务会展文化的中间层面，它不仅体现着商务会展精神文化，并在精神文化指导下，创造商务会展物质文化。

商务会展行为文化由五大部分构成。

（1）会展制度文化，包括以法律、法规、规则等形式被固定下来，具有强制约束力的正式制度，即“硬制度”，以及以约定俗成的习惯、道德等形式存在，虽不具有强制性，但有一定约束力的非正式制度，即“软制度”。制度文化既是精神、观念文化的体现，也是生产物质文化的手段。“硬制度”和“软制度”相结合，形成行业共识，从而规范会展主体的市场行为，使得会展市场秩序化、规范化。

（2）会展产业文化，就是会展业以一种产业形态，即会展经济，所具有的目标共识、核心理念、价值观念和道德自律。整体而言，“创新、发展、开放、规范、和谐、人本”的会展产业文化不仅可以使会展经济符合社会主义市场经济的道路和方向，遵循中国特色的发展道路，而且可使会展经济发展面向世界，面向国际；同时，不断创新、科学发展的核心理念与共生共赢、同步发展的价值观念，以及诚实守信、以人为本、和谐发展的自律觉悟，有利于形成通过发展会展业来促进国民经济发展的产业目标共识和一种创新发展、积极进取的产业精神，以及规范和谐的产业运行秩序，从而推动会展业良性发展。

（3）会展形象文化，即品牌特色文化，包括会展业的整体形象、会展公司的具体形象和具体展会的品牌形象。好的品牌具有无形的价值，对消费者容易形成一种消费定势。按品牌化、专业化举办展会能提高展会的知名度和市场影响力，能吸引高质量的参展商，形成固定的参展群体。具有好的形象的会展公司也会具有好的信誉度，从而获得展会举办权的几率和举办成功的几率也大得多，在市场竞争中成功的几率也就更大。

（4）会展组织文化，可分为组织建设文化和组织管理文化，主要体现在会展行业组织、会展企业组织和具体展会组织之中。完善、严格、规范的会展行业协会、会展企业和展会主办机构及其有效的管理能使会展行业运行、展会举办工作有条不紊，使会展市场在中观层面得到有效调节。

（5）会展服务文化，会展服务包括具体展会服务、会展行业服务、会展公司服务和与会展相关、为会展配套的服务。随着市场竞争越来越激烈，文化是企业通过服务制胜的根本，文化是服务之根，是服务之魂，是服务的最高境界，服务的竞争实质是文化的竞争，在产品质量、品种、功能高度同质化的服务企业尤为如此。服务一旦跃上了文化的层面，有了文化的支撑，就能使企业的服务与经营有机地结合在一起，健康持续地发展，服务文化一旦内化为企业员工的心理需求，员工的积极性和创造性就会持续不断地激发出来，不仅使优质服务规范化、常态化，而且能主动服务、用心服务、创新服务。建设好服务文化，能使服务从制度层面完成文化和观念上的整合，充分发挥服务文化的陶冶力、推动力，从而形成重要的生产力。以“诚信、人本、周全、规范、优质”为内涵去建设好各个层面的会展服务文化，无疑会聚合成会展业发展的巨大推动力。

会展物质文化、会展行为文化和会展精神文化是会展文化中相互依托、相互提升的三个层面。会展物质文化是会展文化的表层，是会展业发展的基础条件，也是会展文化具体显现的外在载体。会展行为文化是会展文化的中间层，也是其主体和关键部分，它重在营造会展业发展的微观和中观环境，会展行为文化体现着会展精神文化，会展精神文化是会展文化的深层，也是其核心部分，它是会展业和会展文化不断发展、提升的力量源泉。

三、商务会展文化的特征

会展业具有不同于其他行业的突出特征：

包容性。会展经济是由多种产业融合而形成的经济形态，具有很强的包容性。由于会展业较强的产业关联和带动作用，所以，会展业在发展时会带动城市旅游、餐饮、交通、通讯、零售等多个行业共同发展，形成了会展经济。

开放性。在整个国民经济中，会展经济是作为一种开放性的经济形态而存在的。因为处于会展经济核心地位的会展活动是人类物质文化交流的重要形式，它不是简单的个体经济行为，而是一种集体性的大规模物质、文化交流方式，是在开放体系下才能够存在的经济形式。同时，会展经济的发展必然会引起社会资源和要素在全国，乃至于全球范围内的流动，提高了各国、各地区的开放性，使整个世界成为一个开放的体系。

表征性。现代意义上的会展经济是随着社会生产方式的演变与经济全球化的推进而兴起的。人类进入后工业社会以来，社会化大生产带来的社会物质产品极大丰富，在满足人们物质生活需求的同时，对企业的市场营销行为也提出了更高的要求，于是会展业便逐步发展起来。同时经济全球化的深入发展也极大地刺激了企业、政府、各类组织寻求全球化合作与交流的愿望，这无疑加速了会展业的发展和会展经济的兴起。可见，会展经济是整体经济发展的一面镜子，对经济运行状况具有表征作用。

而会展业的特征决定了商务会展文化具有以下特征。

（一）目的的功利性

会展业是高收入、高赢利的行业，而商务会展都是为了达到实现交易目的而进行的，所以商务会展文化必然要表现出强烈的功利性。

会展的盈利性及会展业的蓬勃发展为众多企业带来无限商机。市场营销是企业生产经营活动的核心，会展业不仅自身市场巨大，而且商务会展活动帮助企业开拓国内、国外市场发挥了至关重要的作用，从而对国家、地区的经济具有拉动作用。据有关数据显示，会展业利润率在25%左右，属于高收入、高盈利、前景广阔的朝阳产业，被喻为“无烟产业”。通过举办会展可以带动一系列向前、向后的关联行业（如餐饮、交通、旅游、通信、金融、房地产、商业）产业链的发展。国际上一般认为会展的关联乘数为1∶5到1∶9

之间。

比如，1999 年以来，中国香港特区每年参观展览的人数达 407 万人次，展览业本身收益为 15 亿港元，酒店业收益高达 126 亿港元，占第三产业总收入的 59%，餐饮业收益 635 亿港元，参观展览的人士在香港的商店总消费达 27 亿港元，占零售业总收入的 12%。云南昆明举办的“1999 世界园艺博览会”期间接待游客 1 000 万人次，同期云南省旅游总收入就达 115 亿元，同比增长 44%。中国广交会长盛不衰，展位总是供不应求，一个标准摊位甚至卖出 17 万元的天价。来自专家报告显示：2010 年上海世博会参观人数超过 7 000 万人次，仅仅世博会门票、餐饮、旅游纪念品等的直接销售收入就达到 100 多亿元人民币。

又如，广交会把全球供应商和全球采购商在特定时空节点上通过沟通服务聚集起来，经过五十年发展，已经成长为目前中国最具品牌影响力的综合性国际贸易盛会，带动了广东省、珠三角乃至全国的经济改革与社会发展，大大增强了广东在先进理念、经营模式、关键技术、资本运作、自主品牌、供求渠道、人才储备等方面的资源整合能力；同时形成了一个包括会展营销、会展工程、会展场馆、广告宣传、运输报关、金融保险、餐饮旅游、交通住宿、娱乐休闲的服务产业链，带动了广州现代服务业的繁荣。基于广交会的影响，广州商品市场已经开始成为全国批发价格的形成与发布中心。广州宾馆酒楼一半的利润源自广交会，商品零售业每年因广交会而增长两成，并为珠三角培育了大批自主品牌，帮无数企业走向了国际市场。

世界各国之所以重视发展会展业，主要是因为会展业具有对交通、旅游、餐饮、购物、通讯、广告、房地产等相关产业的强大带动力，因此商务会展文化表现出强烈的功利性。

(二) 信息的集约性

会展内容的丰富，体现为商务会展的信息集中而节约，集约的聚集，集约的辐射。包括展品的集中，观展顾客的集中。展者（展商）与观众（客商）可以在短时间里集中交流信息。就商务会展而言，由于主办者组织了大量的商品，邀请了大量客商，因而交易双方可以集中与之接触，这就最大限度地节省了展商和客商的时间。

一方面展会使得大量的人、物品、信息在同一时间、空间上集聚。大型会议、展览活动可以给会展举办地带来源源不断的商流、物流、人流、资金流、信息流。展场和会场是陈列展品、构建形象、负载信息的物质实体，是个综合的信息媒介，汇集了种类繁多的信息。2004 年第七届北京国际科技产业博览会上，有 32 个国家和地区的 82 个外国政府、企业代表团参加了科博会活动；五场不同层面的专场科技经贸项目推介洽谈和各省市开展的专场活动，汇聚了 1 万多个技术成果转让、招商引资、技术引进等合作项目，吸引了数十个国家和全国各省市1万多人次中外客商到会洽谈。25个专题93场次的论坛和专项交流活动，有580多人登台演讲，其中包括国际组织负责人、诺贝尔奖获得者、世界500强企业首脑和政府高层权威人士，境外演讲人占30%，到会听众2.8万人次，他们分享演讲人的信息和知识。

另一方面，强聚集性必然对应强辐射性。成功的品牌展会享有很高的知名度和美誉度，具有很强的辐射能力，新人物、新知识、新发明、新产品、新品种往往在展会上一炮走红，一夜之间誉满全球。

会展的过程符合拉斯韦尔的信息传播模式，即“传播者→信息→媒介→受传者→效果”，而且展览也符合信息传播的“信息共享性、互动性、共同意义空间、行为性、过程性、系统性”等特点，参展者为“传播者”，展品包含“信息”，展台为“媒介”，观众为“受传者”，展会的教育或贸易结果是“效果”。会展中具有丰富多样的传播媒介：实物媒介、口语媒介、印刷媒介、电子媒介、网络媒介、活动媒介、空间媒介等，这些媒介都可以传播各类信息：实物信息、口语信息、文字信息、网络信息、感情信息等。

参与展会活动的传播者与受传者目的明确，所以展会传达的信息表现为定向性强、时效性强。展会的传播效果具有以下特点：一是反馈快。展会的现场特性及其拥有人际传播的特性使传、受双方都能得到最直接和最迅速的反馈信息，形成真正的互动传播。在特定时间、地域空间的会展活动，能给每一个参与者带来便捷，信息收集既准确又迅速。二是效率高。由于展会是有组织有目的的传播，限定了传播者、受传者和传播内容的范围，信息量高，传递的密度大，受众在很短的时间内就可获得大量有效的同类信息。某一信息的出现，能被会展活动的参与者及时而大面积、大规模地发散和分享，发挥信息的最大化效用，提高信息资源的开发利用效能。会展的信息传递渠道多，信息传递速度加快，环境媒介全方位刺激人体感观，它产生的效果是强烈的、生动的。三是质量高。会展活动能减少信息中转环节，信息真实程度高，提高信息质量，降低信息传递误差，减少信息失真情况，降低信息失误造成的风险，提供真实可靠的信息资源。会展活动也是检验信息的重要过滤器，通过过滤，一些有价值的信息能得到识别和应用。同时会展活动本身具有信息生成功能，能创造出新的信息、知识。

展览是交流和传播世界各国之间先进科学文化的好形式。例如，大豆起源于中国，迄今已有四千多年的种植历史，在1813年的维也纳万国博览会上，我国展出的大豆优良品种受到各国欢迎，从此传入欧美国家。美国近年来播种面积最大的大豆品种，其种源均来自中国。

（三）立意的创新性

创新是商务会展文化的灵魂，没有创新，会展就失去它的生命力。商务会展十分强调会展营销的创新，主要体现在四个方面——即经营观念创新、会展产品创新、运作模式创新和服务方式创新。经营观念创新是指会展企业应树立“不求最大，但求最佳”的经营思想，即在最大限度地满足参展商和观众需求的前提下，实现企业综合效益的最大化；会展产品创新主要包括不断开发新展会和大力培育品牌展会；运作模式创新即在组织方式或操作手段上进行变革，以适应新的市场形势，如推进会展企业上市、向海外移植品牌展览会等；服务方式创新则指按照“以人为本”的原则，并充分利用各种现代科技成果，为参展商和观众提供更超前、更便捷的配套服务。创新从来都是世博会最永恒的主题。世博会是工业文明的产物，也成为推动工业化和现代化的强大动力，因其对科技创新的不懈追求，而有了“科技界的奥林匹克”之美誉。150 多年的世博会，已经成为新理念、新知识、新文化、新技术、新产品首发“亮相”的集中地，并因此改变着人类的生活——1895 年莱比锡举办了第一届国际样品博览会。这届博览会不仅规模空前，吸引了来自各地的大批展览者和观众，更重要的是它对展览方式和宣传手段等方面进行了改革和创新。如按国别和专业划分展台，便于贸易谈判与成交。这种方式引起了展览界的重视，欧洲各地的展览会纷纷效仿，展览业从此进入了全新的发展阶段。19 世纪末至第一次世界大战前，展览会与博览会成为发达国家争夺世界市场的重要阵地。为适应市场需求，展览会与博览会改变过去单纯的商品展示方式，采取了样品展示、邀请专业贸易人士前来参展，进行期货贸易等新的办展方式。

经济全球化的根本动力是科学技术的日新月异和飞跃发展。而展览会与博览会为科研成果、技术革新、新发现与新创造在国际生产领域的应用和传播起到了不可低估的作用。如 1876 年在美国费城举行的世界博览会上，首次展出了美国人贝尔的新发明——电话机，这导致了此后通讯工业的迅速发展。在那次博览会上，还展出了世界第一台升降机，它解决了高层建筑物的人员与货物的运行问题，给以后的市政建设带来深刻的变化。1853 年纽约世博会上，带有安全装置的奥的斯电梯亮相，摩天大楼从此崛起；1876 年费城世博会，贝尔发明的电话首次展出；作为 1889 年巴黎世界博览会标志的埃菲尔铁塔，至今仍被认为是现代建筑工程的奇迹，对后来的结构设计和建筑学影响甚大；1958 年布鲁塞尔世界博览会介绍了苏联的人造卫星，开创了人类的太空时代；1893 年芝加哥世博会出现了世界上第一座摩天轮……电影、X 射线仪、机器人甚至蛋筒冰淇淋，诸多“世界第一”或创新在世博会后广泛应用于社会。

（四）展场的艺术性

商务会展的艺术性，不仅指展场、展览建筑的艺术性，展览是多种艺术直接、全面的综合，它需要参展企业围绕着展会的文化主题，结合参展的商品特点，把最能震撼人们心灵的特点反映出来，形成强烈的艺术氛围。为了突出展示产品的形象，展览的主办者和参加者往往运用声、光、色、形以及字、图像等艺术符号手段，将展馆、展品布置得美轮美奂。置身于展场内，仿佛置身于立体艺术、平面艺术与灯光艺术的海洋里，辅之背景音乐，令人心旷神怡。

强大的艺术感染力，能唤起人们的审美情趣，从而形成很高的审美价值。可以说，展览艺术形象是审美主体与审美客体、审美内容与审美形式、审美反映与审美创造的有机统一，是一种更高形态的审美形象。而具体可感性、真实性、审美价值和艺术感染力的有机结合，构成展览艺术形象的基本特点。

如2007年春夏迪奥（Dior）高级定制发布会上，加里亚诺以歌剧《蝴蝶夫人》为主题进行的创作。浓墨重彩的艺伎妆容、特殊材质的夸张头饰、西方宫廷低胸宽摆造型与日式和服戏剧化的融合，立体几何折纸艺术在领口装饰出如同花朵或展翅欲飞鸟儿的造型，无一不体现了设计师天马行空的想象力和其鬼斧神工的设计剪裁功底。

图7－1

（五）文化的渗透性

商务会展文化在发展中，越来越呈现出与旅游、娱乐、纯艺术等文化的交叉渗透。单一的以销售商品为主的会展已不多见。商务会展传播的不仅是商务信息，往往还强化了各类文化知识的教育、宣传，传播文化品位，提供文化享受，出现了或与高雅艺术，或与民族民间艺术，或与时尚艺术相结合的做法。在此意义上，商务会展文化既成为吸引旅游的资源，也成为娱乐的资源、艺术享受的来源。

例如，第十二届中国青岛国际啤酒节于2002年8月17日至9月1日在青岛国家旅游度假区国际啤酒城举行。在第十一届啤酒节取得空前圆满成功的基础上，该届啤酒节以“经营啤酒节”和“创品牌、作精品”的理念为指导，紧紧抓住“入世”所带来的机遇和有利形势，以崭新的形象呈现于游客面前。啤酒节期间，将举行大型开幕式、啤酒品饮、文娱活动、艺术巡游、文化博览、商贸活动及闭幕式等活动。

（六）经营的多元性

从整体上看，世界会展业正在向多元化方向发展，具体包括产品类型的多行业化、活动内容的多样化和经营领域的多元化。首先，会展业的蓬勃发展对会展产品类型提出了越来越高的要求。中国会展企业应根据当地的产业经济基础和自身的办展实力，积极开发新的专业性展会。专业内容可涉及汽车、建筑、电子、房地产、花卉等各个行业，关键是要尽快形成自己的品牌。其次，会展形式正在从传统的静态陈列转向融商务洽谈、展会参观、旅游观光、文化娱乐等于项目于一体，形成“一业为主，多种经营”的格局，这是全球会展业发展的必然趋势。其次，不断深化我国政府主导型展会。政府主导型展会在我国会展经济中占有重要的地位。它的存在和发展也成为会展经济的中国特色之一。

多元化营销战略的实施往往与经营业务的多元化是相辅相成的，因为“规模出效益”早已成为会展企业的共识。除通过收购与兼并实行展览项目的集中和集团化经营外，国外大型展览公司一般还拥有报纸、杂志、网站、电视台等媒体，以便综合利用各种手段和渠道，在全球范围内宣传、推销他们的展览会。而且，是否有专业媒体的参与和支持还成为展览会能否被称为世界顶级专业展览会的标准和重要构成要素之一。

四、中西商务会展文化比较

（一）相同处：国际贸易组织促使中西商务会展文化“全球化”

会展作为企业一种重要的营销方式，是企业进行市场调查、建立贸易联系、宣传产品的重要手段。但会展作为一个产业，其参与主体众多，产业链复杂，任何会展的成功举办都需要每一个参与主体的密切配合，做好每一个环节上的工作。因此，了解会展管理运作的基本流程和每一个参与主体的基本职责是会展管理的首要前提。

从整个会展运作流程上来看，大体上可以把会展流程分为三个阶段：会展前期准备工作，会展现场管理工作和会展后续工作。在会展流程的每个阶段，都是由组展商和参展商两个主体相互作用共同推进，所以在每个阶段都以组展商和参展商两个主体为线索，分别进行各自的管理流程和职责分工。

会展现场管理工作也是会展流程的重要环节，它是一个展会是否成功的直观体观。即使会展前期准备工作做得非常充分，但如果没有一个好的现场管理，展会也不可能办得成功。作为组展商来说，其最终目的是在为参展商提供良好服务的同时使自己的利润最大化。因此，要为参展商着想，了解他们的需要，比如为参展商提供合适的摊位、举行盛大的开幕式扩大展览会的影响、选择合适的承包商为参展商提供各种运输、装卸、设计、施工、餐饮等服务，为参展商提供必要的设备，提供良好环境，对突发事件的及时处理等。而作为参展商，则是尽最大努力在展览现场进行推介、宣传，从而能够与更多的客户建立业务联系，进行贸易洽谈，实现展览的最终目的。

会展后续工作虽说已在会展结束之后，但它的重要性丝毫不亚于会展的前期准备工作和会展现场管理。会展后续工作中所要做的评估工作以及收集信息和资料的工作都是一个成功展会的重要组成部分，许多展会之所以发展缺乏后劲，不能持续办展，这与展会的组织者和参展商不重视会展后续工作有直接的关系。因此，无论对于组展商还是参展商都应该非常重视会展后续工作，及时收集参展商和观众对所举办会展活动的评价，并将在展会上所建立起来的客户关系及时建立数据库，以便为以后的展会提供信息。总之，商务会展文化体现于商务会展流程中的每一个环节里。

（二）不同处：中西方商务会展的行业管理模式比较

（1）德国的行政干预模式

世界展览王国德国在世界会展业中有举足轻重的地位。在德国会展业的发展过程中，政府干预色彩较浓，主要表现在以下几个方面：

在管理方面，有一个政府授权的权威协调管理机构——德国经济展览会与博览会事务委员会，对每年的国内外博览会、展览会进行组织和协调。

德国政府大力支持展览场馆的建设。为了支持会展产业的发展，德国政府不惜巨资建造大型现代化展馆，极大地促进了德国会展经济的发展。政府投资建立规模宏大的展馆设施，在确定展馆归属国有的前提下，不直接参与展馆的日常运作，而是以长期租赁或委托经营等形式把展馆的经营管理权授让给德国大型的会展管理公司。政府的职责主要体现在对行业的宏观调控方面。

政府投资建设展览场馆后便委托会展公司经营，政府只作为展馆的所有者存在。

会展公司在成功组织会展项目后，便将所有的会展服务委托给会展服务公司实施，这些公司将根据与会展公司签订的合同，以专业化服务能力为参展商、观展商提供周到的会展及配套服务。几十年来，德国会展业能在世界一直独占鳌头，很大程度上归功于这种运作模式的成功实践。

（2）法国会展业的运作模式

在管理方面，海外会展委员会技术、工业和经济合作署是代表法国政府的唯一的会展管理机构。法国的行业管理模式中，海外会展委员会技术、工业和经济合作署在法国犹如博览会事务委员会在德国的地位，代表法国政府行使宏观管理权。

在具体会展项目中，会展公司也采取与德国相同的方式，与各服务公司签订合同，将会展服务工作委托给各会展专业服务公司代理，最终完成会展的操作。

比较德国与法国行业管理模式，虽然，德国与法国会展行业的运作方式不尽相同，但其基本管理构架和运作体系却十分相似，即政府扮演重要角色，起主导作用——投资兴建展馆设施，制定相应法规和经营规则，以经济合同方式委托专业公司经营管理会展场所，保障国有资产投资收益，保护会展公司、参展商和观展商的权益。

总之，德法在商务会展管理时，也表现出了其商务会展文化中的严谨与灵活相统一的特性。

（3）新加坡、日本的政策扶持模式

新加坡把展览业作为国民经济的支柱产业，各部门、各行业全力扶持，通力合作，制定了一整套扶持、服务、规范、协调和发展的计划。比如特准国际贸易展览会资格计划，从国家贸易政策和发展目标出发，对符合政府产业发展方向的展览会，或者评估符合标准的委员会，授予国际贸易展览会资格计划资格证书，并给予最高达 2 万新加坡元的政府资助，为提高竞争力，新加坡减免参展企业税收，并压低展馆租金，从周边饭店、餐饮等服务设施收入中拿出 10% 补贴场馆。

日本政府 1994 年制定了《通过促销和举办国际会议等振兴国际旅游法》及《实施细则》，规定具备条件的市街道村可向运输大臣提出办理资格认定申请，经认定的国际会议旅游城市由国际旅游振兴会负责提供信息、宣传促销、资金援助以及人员培训等。此外，东京政府投资 10 亿美元建造了一座 8 万平方米的现代化东京国际展览中心，成为城市的象征。

新加坡与日本的商务会展管理也体现出其商务会展文化中的海洋文化的宽容与岛屿的资源节约特征。

（4）中国香港地区的市场运作模式

在香港会展业发展过程中，半官方机构香港贸易发展局的地位和作用十分凸显。会展中心在建设和扩建过程中始终采取政府出地，贸发局招商，专门管理公司经营的模式。

（5）中国的“审批制”管理体制变迁将带来商务会展文化的改变

从整体上来说，我国目前对绝大多数展览会实行的管理体制都是审批制。审批制，使中国的商务会展文化呈现出很多“官方”与“半官方”色彩，其结果就只有官员的“政绩”文化，而没有“商务”文化。由于各类展览会的类型和特点不同，审批制的具体规定也不一样。我们一般把展览分为国内展和国际展，国内展是指在我国境内举办但无外商和外国观众的展览。而国际展的情况比较复杂。国际展览局公约规定：有两个以上国家参展的展览会都可称为国际展览会。但国际博览会联盟规定，只有当展览达到“20% 以上的参展商来自国外，20% 以上的观众来自国外，20% 以上的广告宣传费用使用在国外”这三个标准之一的展览才可以称为国际展览会，这是现今世界上普遍认可的国际展览会的标准。但我国现行管理的国际展览会与国际上的界定有所不同，主要根据举办地在境内或境外，分为在境内举办对外经济技术展览会（简称来展）和出国举办经济贸易展览会（简称出展）两种。

多年来，我国会展业管理体制一直沿用计划经济体制下的审批制，境内举办的各种涉外和非涉外展览会以及到境外举办展览会都要经过审批，而且是多部门审批管理。我国政府顺应会展经济发展的需要，通过颁布一系列的规定、办法、通知，以改革原有的审批制。这些改革并没有完全动摇审批制的体制基础。

目前，相关管理体制已经发生了较大的改变，国内非涉外展率先实现了登记制。

境内举办对外经济技术展览会的管理体制也进行了变革。国务院办公厅于1997年下发《关于对在我国境内举办对外经济技术展览会加强管理的通知》（简称《国办通知》）。《国办通知》明确规定：境内举办对外经济技术展览会（包括国际展览会、对外经济贸易洽谈会、出口商品交易会和境外民用经济技术来华展览会等），由外经贸部负责协调和管理。《国办通知》在八个方面对境内举办对外经济技术展览会做了具体规定：审批部门问题、主办单位问题、办展区域问题、对外经济技术展览会名称问题、对外经济技术展览会的广告宣传问题、参展单位问题、展品验放问题和违规惩处问题。其中关于审批部门和主办主体的资格问题，带有明显的审批制性质。境外机构在华举办对外经济技术展览会，必须联合或委托我国境内有主办资格的单位进行。

我国会展产业与国际会展产业的比较：

受地理区位条件的影响，我国会展业与欧洲的国际化程度高有很大不同，与美国较为接近，以国内展览会为主。今后我国将扩大国际展比例，但仍将以国内市场为主。因为中国国内市场很大。

我国目前展览业总体水平和国外展览业发达国家的差异较大，具体表现在管理体制、展会规模、展览设施、观众构成等方面。

(1) 管理体制上的差异。国外展览业的管理主要依靠行业行为的自律机制，政府的介入一般体现在基础设施的投资和国际大型展会的协助招揽上。我国展览业目前依然维持计划经济形成的展会审批制、展览公司资格认定制，尚未与市场接轨形成优胜劣汰的竞争机制。目前全国性展览协会尚未成立，这一缺位造成我国展览业在统计、研究、管理、交流、培训等多方面的欠缺。随着我国组展单位和办展数量的增加，特别是业界的无序竞争、低档次重复办展现象的加剧，成立全国性展览协会的必要性越来越突出。

(2) 展会规模上的差异。由于我国严重的低层次重复办展，直接导致参展商和观众分流、展会规模小、展览效果差。目前，我国国际性专业展展览面积以1万平方米居多，约占每年展会总数的50%，而即便是展览面积达7.2

万平方米、有“全国之最”之称的北京国际机床展，其规模也不足发达国家同类展会的1/4。由于展览规模直接与展览效果和效益挂钩，展会大型化已成为国际展览业的发展趋势，发达国家不断通过收购的方式来扩大各自的展会规模、提高市场占有率。可以预测，今后我国一些品牌展会的规模将以年均30%的增幅扩大。

（3）展览设施上的差异。德国展馆总面积254万平方米，其中汉诺威博览会场馆面积达49万平方米，停车位5万个。法国拥有展览场馆面积160万平方米。这两个国家一般的中等博览会场馆也都在20万平方米左右。国外展览场馆的交通十分方便，一般在展会期间，火车、地铁、直升机等交通工具可以直接抵达场馆。展览场馆提供全方位服务，包括会议室、办公场所、银行、邮局、海关、航空、翻译、日用品、商店、餐馆、仓库、停车场等，整体服务体系使展馆成为一座城中之城。

较之展览业发达国家，我国展览设施水平差距很大。我国展馆缺口较大，展览面积普遍偏小，而且分布松散，不适合展览业发展的需要。另外，展馆整体规划落后，遇有大型展览便出现交通堵塞情况；展馆扩建由于缺乏资金，建馆水平不高；配套服务设施落后，这些问题已经对我国展览业的进一步发展形成制约。

（4）观众构成上的差异。伴随展会向专业化发展的趋势，专业观众的数量和比例成为评价展会质量和水平的重要因素，国外展会观众多为专业观众和贸易人员。我国展会对专业观众的重视程度较低。另外，我国展会的海外贸易观众比例普遍很小。

第二节　综合案例分析

案例：

第十一届西博会是一届规模宏大，精彩纷呈，实效突出的博览盛会。此次西博会以“开发开放，共享共赢”为主题，通过系列贸易合作、投资促进和对外交流活动，充分发挥其高起点、高水平的经贸展台、合作载体和开放窗口的作用，推动了中国西部地区与泛亚地区的经贸交流与合作，推动了西部地区的经济发展。

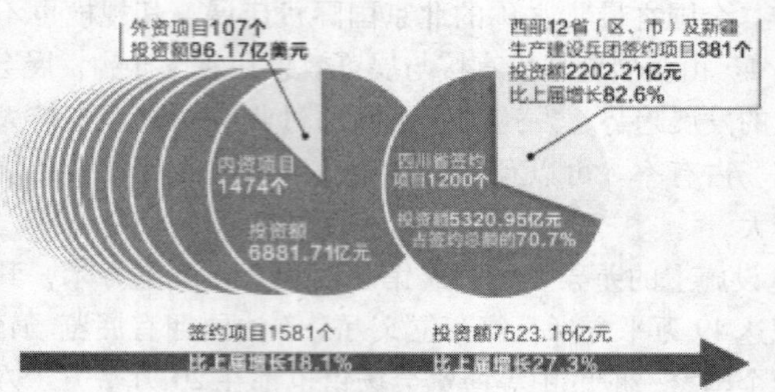

图 7－2　从第十一届西博会看会展文化的作用

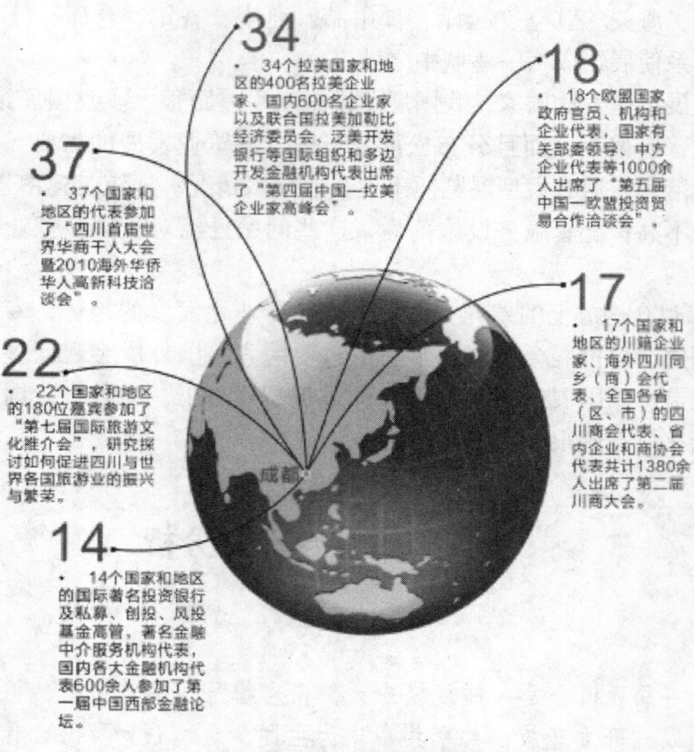

图 7－3　第十一届西博会签约项目示意图

分析提示：2010 年 10 月 22 日 ~25 日，以“开发开放，共享共赢”为主题的第十一届西博会集“商品展销、经贸交流、招商引资、理论研讨”于一体，秉承西部地区共办共赢的宗旨，透过兴旺的会展活动与其具有的独特表征形式，在为西部区域经济发展带来直接的经济效益，促进区域经济发展的同时，其形成的会展文化也起着非凡的作用。

对内：促进中国会展企业间的互助合作和整个行业的健康、蓬勃发展，加强中国各个行业之间的联系；加快中国文化的传播速度和流程；可以带动

举办地区交通运输，住宿餐饮，广告通讯，观光旅游等相关产业的发展；促进当地产业结构的调整，实现产业升级，促进第三产业和高新技术产业的发展；提高举办城市的知名度和整体形象。会展经济能够促进城市的发展，提高城市的知名度和美誉度；提高市民的科学文化素质，丰富市民生活；促进地产业结构的调整，实现产业升级，促进第三产业和高新技术产业的发展。

对外：加强国际间的交流与合作，提升中国在国际中的整体地位和形象；促进中西部欠发达地区经济和文化的发展；进一步打开中国对外开放的窗口，使中国的产品、商品进入国际，同时也引进国外的东西。更好地加快中国与国际市场的接轨；引进先进的经营理念和管理方式；促使中国经济的不断繁荣和富强。提升中国在国际中的地位和威望；促使整个世界会展文化的不断发展。

案例：

月亮文化之旅，领略无边风月

宜春是月亮之都，月亮文化是明月山的灵魂，它的由来，来自一座山，也得益于一个人。来自一座山——明月山，得益于一个人——村姑明月，源于美丽的神话——嫦娥。2006 年，吴新雄省长到明月山视察提出：“明月山因月而名，也要以月扬名，要做好月亮文化文章，打响月亮情之旅品牌。”至此，宜春开始多方位打造月亮文化品牌。特别注重高位推进扩大影响，力求借高端媒体树品牌、借品牌栏目打品牌、借名家名嘴说品牌。对“月亮之都”“月亮之城”“中国月亮文化节”“嫦娥故里”等进行了商标注册和网络域名注册。请于丹教授演讲《明月在心》，在中央电视台《朝闻天下》栏目播出了宜春城市及明月山景区广告，开通了上海——明月山“月亮情之旅”旅游专列，全力打造了宜春“月亮之都”的城市形象。同时先后在沪、浙、湘、鄂召开旅游推介会，在省内外产生了较大的市场效应。其中自 2007 年开始成功举办了 3 届月亮文化节，宜春的节庆文化始终围绕“月亮”这一主题，力求通过多年的打造，形成一个情月相融、泉月相印、农月相趣、禅月相通的“四星捧月”格局，达到“人月相欢”的境界，使“月都”品牌叫响全国，走向世界。第一届月亮文化节期间，共签约项目 19 个，合同引资 32 亿元；第二届月亮文化节，有 1 400 多位来自全球各地的客商、乡友亲莅宜春，并在各种形式的经贸活动中，合同引资约 35.96 亿元，第三届月亮文化节签约项目 21 个，签约资金约 42 亿元，其中签约资金超亿元的项目达到 17 个。文化与商贸，借助月亮文化节的平台，宜春唱出了和谐发展的歌声。

十五的月亮十六圆。八月十五是中秋节，而八月十六就是宜春的月亮文化节。宜春把月亮文化节作为宜春特有的节日长期举办下去，该节日被列为江西省十大节庆活动之一。从 2007 年开始，宜春已经策划了五年月亮文化节主题：

2007——团圆·和谐·发展。

2008——农月相趣·人月相欢。

2009——情月相融·山水为证。

2010——泉月相映·水月同天。

2011——禅月相通·月明禅心。

每届月亮文化节都会举办一些经典民俗活动，例如中秋拜月、火龙追月、放荷花灯、放孔明灯等。这些民俗活动使人感受到请月的神圣、寄月的神秘、拜月的虔诚、追月的热闹、问月的真诚和梦月的浪漫。

2009年月亮文化节共安排了文化、民俗、经贸三大类16项活动。

点评：宜春月·中华情——2009年中央电视台中秋晚会是整个月亮文化节的重头戏和最大亮点。中央电视台一套综合频道、四套中文国际频道和九套英文国际频道向全球直播了晚会盛况，吸引了全球华人目光，使宜春这轮独具魅力的"宜春月"一夜扬名，将宜春旅游推向了全国乃至全世界。这也使得宜春月亮文化节朝着"江西的月亮节，中国的月亮节，世界的月亮节"的目标大步迈进。月亮文化现在已经成为宜春屹立于城市群的独特标志，成为宜春走向全国乃至世界的一张文化名片。

案例：

国际商务会展世界博览会

国际商务会展世界博览会，简称世博会，是由一个国家的政府主办，有多个国家或国际组织参加，以展现人类在社会、经济、文化和科技领域取得成就的国际性大型展示会。其特点是举办时间长、展出规模大、参展国家多、影响深远。自1851年英国伦敦举办第一届展览会以来，世博会因其发展迅速而享有"经济、科技、文化领域内的奥林匹克盛会"的美誉，并已先后举办过40届。

按照国际展览局的最新规定，世博会按性质、规模、展期分为两种：一种是注册类（以前称综合性）世博会，展期通常为6个月，每5年举办一次；另一类是认可类（以前称专业性）世博会，展期通常为3个月，在两届注册类世博会之间举办一次。注册类世博会不同于一般的贸易促销和经济招商的展览会，是全球最高级别的博览会。2010年上海世博会属于注册类世博会。认可类博览会展出的内容要单调些，它是以某类专业性产品为主要展示内容，下列主题可以视为认可类展览会：生态、陆路运输、狩猎、娱乐、原子能、山川、城区规划、畜牧业、气象学、海运、垂钓、养鱼、化工、森林、栖息地、医药、海洋、数据处理、粮食等。参展国在主办国指定的场馆内，自行装修、自行布展，不用建设专用展馆。举办过世博会的国家有英国、美国、法国、奥地利、比利时、荷兰、德国、加拿大、日本、澳大利亚、西班牙、意大利、韩国等。1999 年在昆明召开的世界园艺博览会属于认可类博览会，取得了成功，也提高了昆明的知名度。

中国昆明世界园艺博览会是一项由主办国政府组织或政府委托有关部门举办的有重大影响和悠久历史的国际性活动。博览会的主题为“人与自然——迈向二十一世纪”。博览会历时 184 天。会址设在中国昆明市北部金殿名胜风景区。世界园艺博览会是最高级别的专业性国际博览会，也叫世界园艺节。它是世界各国园林园艺精品、奇花异草的大联展，是以增进各国的相互交流，集文化成就与科技成果于一体的规模最大的 A1 级世博会。

昆明世博园是博览会的主要展览场地，占地 218 公顷，植被覆盖率 90%，集全国和众多国家的园林园艺精品、庭院建筑。世博园有五大室内场馆：中国馆、国际馆、人与自然馆、科技馆、大温室；七个专题展园：树木院、药草园、竹园、蔬菜瓜果园、盆景园、茶园、名花异石园；国内展区 34 个展园、国外展区 30 个展园；另有专题园、企业展区及诸多景观。园内共种植各类植物 2 500 多种、200 万株，其中珍稀危植物 112 种，在竹园内有各类竹子 319 种。园内各种花卉经常更换，常年鲜花盛开。展园涵盖中国 34 个行政区和五大洲 30 个国家的园林园艺的精粹，场馆将绿色科技全方位展示给游客。专题园以蔬菜瓜果、盆景竹茶、药草树木作为专题，精巧布置，独具匠心。水景观与花园大道、中心广场、游乐场等娱乐设施共同烘托博览园的热闹气氛。

昆明世界博览园集中体现昆明世界园艺博览会的人与自然和谐发展的宗旨，整个展园仿佛是绿色的海洋、植物的世界，栽培的艺术更使人看到环境文明的未来。昆明世界园艺博览园是一个融合知识性、趣味性、观赏性、教育性为一体的世界植物园。

简析：作为“经济、科技、文化领域内的奥林匹克盛会”的“世界博览会”，与“奥运会”时刻展现出其“更高、更快、更强”的文化内涵一样，除了展现举办地的地域文化外，也时刻表现出构建其自身不断追求人本、宽容、和谐、民主、绿色、进步、和平的商务会展文化。

第八章 商务传媒文化

第一节 商务传媒文化概述

一、商务传媒文化的内涵

我们生活在传媒文化勃兴的时代，无论是社会组织还是公众，从信息交流到文化沟通，都对传媒产生了高度依赖；同时，我们也生活在一个商品化的社会，商场里货物琳琅满目，大众传媒通过源源不断的图像与信息，向大众展示一个流光溢彩的商品世界，大众传播媒介也就成了商务文化的主要载体。在商务传媒活动中传媒信息不仅体现着传媒企业拥有的传媒理念和管理水平，它的语言、形象等外在表现形态还反映着传媒人和受众者所处的自然环境、社会生产生活方式、人们的思想意识与社会习俗。当传媒信息具有了一定的使用价值，并承载了上述的文化内涵后，就形成了商务传媒文化。因此，商务传媒文化既包括商务活动中为提高信息传播效果而运用传媒系统所产生的物质财富，也包括商务活动中广泛运用传媒系统时，因社会经济和人类生活传媒化、信息化给人们的生活方式、观念以及行为表现等带来的精神生活的影响。正如我们今天广泛地使用手机短信、微博、网上购物时，我们立刻能感受到新传媒带给我们的崭新的生活方式。中国传媒文化方兴未艾，呈现出信息覆盖面广、价值的渗透性和塑形力强等诸多优势。传媒不仅仅具有单纯传播的功能，而且积极参与中国现代文化的创造工程，成为大众文化生产和消费的基本动力、主要载体和重要构成部分，形成了社会一个举足轻重的“话语体系”。传媒文化所缔造的“符号帝国”对中国社会公众心理、审美趣味、价值取向等具有越来越强大的影响力。

因此，狭义的商务传媒文化就是在实现市场占有的过程中为适应特定的市场，通过丰富多样的媒体传播方式传播信息时所形成的意识形态（包括意识、信仰、审美情趣、习俗、制度、行为方式等）的总和。

二、商务传媒文化的分类

20 世纪 20 年代以无线电广播和电视为代表的模拟电子传播技术和媒介的产生，为信息和文化的传播开辟了一条新路；经过 70 多年的不断开拓，到 90 年代，又诞生了数字式电子传播技术和媒介，形成信息与文化传播的高速公路。电子传媒诞生开始便具备巨大商业价值，既可利用自身特性满足人们对信息和知识的需求，也具备娱乐性，同时为商务营销活动提供了最有影响力的途径。商务传媒是一个庞杂的体系，分类上是各有观点，笔者认为有以下四类：

（一）商务大众传媒文化

大众传播媒体，包括报纸、杂志、广播、电视、网络、电影、大屏幕彩色液晶显示屏、车载电视以及新兴的手机短信等。这类媒体不仅包含广告内容，还包含新闻、娱乐、艺术、科学文化知识等方面的内容。

大众传播媒介主要分为两大类：印刷类和电子类。

1．印刷类大众传播媒介主要包括报纸和杂志

从 1950 年到 2000 年，中国报纸的种数增长了近十倍，这个速度使中国已跻身于世界报业大国之列。针对不同的读者群，报纸的形式越来越丰富多彩：有日报、晚报、晨报、午报、周报；有农民报、工人报、企业报及各专业报；有以传播经济、科技信息为主的报纸，有文化生活休闲类的报纸；专门提供各种资讯和广告信息的报纸的大量出现是近年来的一个新现象，其中有些还是免费发送的。

2．电子传播媒介有广播、电视、电影等

国家广播电台——中央人民广播电台现有七套节目，每天总共广播 100 多个小时；全国各省（自治区）、市等地方行政区域都设有自己的广播电台，在转播中央电台节目的同时播放有地方特色的广播节目。中国国际广播电台现用 38 种外语以及汉语普通话和四种方言向世界各地播出。除新闻节目外，该台还设置了 400 多个专题节目。目前，中国国际广播电台的播音时间之长和播音语种之多，在世界各国对外广播中居第三位。

电影是最先实现了声像一体的传播。与电报、电话被人当做纯传播工具不同，作为通过摄影技术与叙事方式来表现的一种新的传播技术，电影奇妙地将技术、商业性娱乐、艺术和景观融为一体，创造出一种新型的文化，因而受到了在此之前每一种传播媒介未曾受到的广泛的厚爱。电影就在能够满足广大民众娱乐需求而带来的巨大商业利润的推动下继续成长壮大，把人们身处其中但又对之迷惑不解的社会通过塑造具体生动形象的手法绘声绘色地展现在人们面前，其文化传播的作用远比电报、电话更直接、更深远、更广泛。

电视是一种继广播和电影之后成为大众传播媒介主角的后来居上者。之所以如此，是因为它的形象生动性超过了广播，以接受的便捷、信息的超大

和及时性胜过了电影。自20世纪40年代诞生以来，电视仅在半个世纪里就经历并完成了从无线电视播放到有线电视播放、从微波传输电视节目到卫星传播与直播电视节目的发展。如今电视已成为众所公认的传媒的主角，塑造出电视文化，形成一种强大的社会力量，成为现代人的一种生活方式。它的特点是技术更新快捷，信息内容丰富。满足了信息时代人们的需求。

从20世纪80年代开始，中国电视业发展进入了黄金时代。在将近十年的时间里，电视人口平均每年以6 100万的速度递增。中央电视台是全国最大、实力最雄厚的电视台，它与130多个国家和地区的250多个电视机构有业务联系。在全国范围内，各省、自治区和直辖市及其所属市、区、县共有3 000多家电视台，它们与中央电视台以及卫星与地面网络系统共同编织成世界上最大的电视网。一年一度的上海电视节除评比、颁奖外，还举行电视学术交流和电视节目进出口交易，并举办国际广播电视设备展览暨技术交流会。上海已成为亚洲最大的电视节目交易市场。

图8－1

2011年第十七届上海电视节上，11家视频网站或终端厂家以及电信运营商的高层在《全媒体时代媒体产业战略高峰对话》中对于中国影视全媒体时代展开探讨。在"三网融合"的背景下，我们要如何运用数字化、智能化技术发展多屏增值运用，制造创新内容，为下一代用户打造颠覆性的视听体验，如何运用资本运作引领下一轮的投资热点，锻造全新的媒体产业价值链。

（二）商务专用传媒文化

包括路牌、霓虹灯、灯箱、招贴、橱窗、信函、气球、车身、灯柱等。这类媒体一般不传播其他信息，只传播广告信息。

图8－2　车身为三面翻的广告专用车

案例：

世界零售业巨头法国家乐福超市在2006年10月28日举行全球第一千家店的开业仪式，时任家乐福总裁、法国外贸部部长、时任中国商务部部长助理黄海和通州区领导出席了该仪式。行动传媒出动由一百台移动广告车组成的宣传车队，为家乐福进行了地毯式宣传轰炸。车队绵延500余米，轰动整个通州地区，本次活动使家乐福品牌家喻户晓，开业当天消费者突破5万人。

（三）商务实物传媒文化

商务实物传媒文化包括打火机、挂历、汗衫、钟表、烟灰缸、旅行包、台历、遮阳伞、钥匙扣等。这类媒体除了能负载广告信息之外，还能被用于满足人们某些日常生活需要。

2008年北京奥运会期间，全国各地掀起“奥运文化衫”热。奥运文化衫，表达出了人们对奥运的关注和热情。

（四）商务新媒体传媒文化

虽然目前对新媒体没有一个准确的定义，但是可以肯定的是“新传媒”是建立在数字技术和网络技术的基础之上，延伸出来的各种媒体形式。如数字杂志、数字报纸、数字广播、手机短信、移动电视、网络、桌面视窗、数字电视、数字电影、触摸媒体等。新传媒产业联盟秘书长说：“新媒体是以数字信息技术为基础，以互动传播为特点、具有创新形态的媒体。”

新媒体不仅具有报纸、广播、电视等传统新闻媒介能够及时、广泛传递新闻信息的一般功能，而且具有数字化、多媒体、实时性和交互式传递新闻信息的独特优势。它实际上是一种完全区别于传统大众传播媒介的新型传媒。随着随着Web2.0、3G技术、宽带技术等各种信息传播技术的飞速发展和媒介融合、网络融合等趋势的明朗，互联网在我国的迅速推广和普及，其技术属性日益鲜明，社会影响日益深刻，我国网络传媒成为各种媒体中最为活跃的一个分支。人类为了处理、存储信息创造了计算机，为了信息交流创造了计算机网络。所谓计算机网络，就是通过通信手段利用计算机共享信息资源、技术资源及计算机有关设备，包括硬件、软件。而计算机网络的全球化，则使世界范围内的信息高速传递和共享成为现实。信息的传播因媒介的不同而不同，在互联网（internet）上流动的信息具有不同于其他大众媒介所传播的信息的新特点：全球传播、信息量极大丰富、形态多样、迅速及时、自由和交互，这是报纸、广播和电视都无法与其比拟的。因此，互联网便获得了其他大众媒介永远难以达到的强大服务功能：电子邮件（E－mail）、远程登录（telnet）、网络新闻（usenet news）、文件传送（FTP）、网络浏览（WWW）等。互联网和数字技术的多媒体性和互动性，使文化重新通过声音和形象得以传播，形成了人类体外化的声音和影像信息系统，大大降低了书面印刷媒介文字符号对大众文化知识的要求，传播内容更加丰富，感觉更加直观，依据更加可靠，信息存储和查询更加便捷。因而，电子媒介尤其是互联网以及新的流媒体更具有普及性、大众性和民主性，人类的文化传播进入一个全新的网络信息化时代。2005 年中国网络广告市场规模已经达到 31.3 亿元，首次超过杂志广告 18 亿元，成为第四大广告媒体。2006 年我国网络传播发展呈现新的特征：①在网络传播技术方面，其宽带化、移动化、互动性等技术特征得到进一步强化；②在网络内容发展方面呈现出参与性、创造性、视频化等特征；③在网络传播发展方面热点迭出，博客传播、手机媒体、媒介融合、网络实名制等不断成为社会和研究界所持续关注的焦点，而网络侵权、网络恶搞、网络示丑等现象也成为如何加强互联网管理的争论焦点。

对于传统广告行业而言，电视的龙头地位没有动摇，在广告市场中的份额还在继续扩大，电视广告依然是市场竞争的焦点。报纸广告经营在应对网络媒体的竞争中通过个性化、差异化、深度化的内容定位、市场定位，发挥纸媒介的竞争优势，从 2004 年的负增长一跃攀升到 2005 年 11.0% 的增长率。广播、杂志在大众传播中显示出目标针对性强、广告价格低的优势，使得广播和杂志广告，尤其是杂志广告营业额出现新一轮上升趋势；而广播广告营业额增长幅度在下降，说明广播媒体经营整体态势还在进一步调整。

户外媒体广告近年的增长速度均高于广告整个行业的增长速度。对于很多人，看到媒体的机会就是交通堵塞时路边的灯箱、候车亭和射灯广告牌。与传统媒体比较，户外媒体可调用的创意手段越来越丰富。户外媒体利用形象、语句、三维物件、动感、音效、周围环境和高新科技等表现形式，造成立体感官刺激。再通过精美的电脑喷绘、照明等技术进行制作，使得广告价值提高，对受众的吸引力也显著增强。

网络媒体广告以表现形式多样化、时空传播范围广、定位准确、广告价格低廉和定价方式灵活等强大优势构成了对传统媒体的严重威胁。中国网民近年的快速增长也带来了网络广告的增长，2005 年互联网广告收入占中国全年广告总收入的 1.5%，增长速度超过 70%，未来几年这一比例还会提高。

案例：

全球兴起了“博客”热潮。“博客”现象第一次引人瞩目是在 1998 年的“德拉吉报道”。美国人麦特·德拉吉在其个人主页上公布了一条爆炸性新闻：“在白宫，一个叫莫尼卡·莱温斯基的女人与美国总统在他椭圆形的办公室内发生了婚外性关系。”这是美国前总统克林顿与白宫实习生莱温斯基性丑闻最早的公开报道。而就在之后的短短几年时间内，个人网站“德拉吉报道”（www.drudgereport.com）成为排名全球第 20 位的新闻网站。克林顿的性丑闻是个人主页引人瞩目的开始，而其发展的分水岭，当数 2001 年的“9·11”

事件。全球最大的“博客”服务提供网站（www. blogger. com）上，在一小时内出现了上百个登载“9·11”新闻的个人主页，发布了无数业余照片、录像和现场录音，其速度和质量连专业的新闻记者也为之惊叹。自此，人们开始对“博客”这种新兴的传媒事物有了全新的认识。许多人认为“博客”是一种增强人与人沟通的最即时最有效的信息传递方式。

案例分析：当博客广告联盟成立的时候，个人博客所具有的商业价值开始崭露头角。互联网实验室认为：博客的商业价值在于，从个人需求的基础上建立商业规则，发掘机会，从而引发网上新生活方式的产生和发展。博客使个人价值在互联网上得到了更好的体现，同时由于持续经营使得个人信用在虚拟空间中产生。博客社会的强化，使具有个人信用的网民在这种虚拟社区中彼此间开始进行各种层面的“供需”匹配。博客们有了需求满足和价值实现的机会。因此，博客作为一种新生活模式、开放式的平台，将产生更多的商业机会。

博客，这个词诞生之初所包含的意思就是，网络日记。互联网实验的研究报告显示，博客的诞生原因在于：第一，博客的诞生让个体在互联网上具有了话语权，是一种新的媒体传播形式，是对传统媒体运作形式的颠覆。第二，博客的诞生也是个人知识体系管理的需要。博客帮助个人知识体系进行积累和精确化，并且形成了新的深度沟通方式。个人博客的强化使网上社区也跟着强化起来。博客进入大众化阶段。互联网 2.0 应用的兴起使博客成为继电子邮件、论坛（BBS）、即时聊天工具后的又一个重要的深度交流方式。而博客发展到这一步，互联网开始进入 2.0 阶段，开始作为网民的综合交流平台，并促使互联网发展迈入社会。如今，当企业在个人博客上刊登广告的时候，博客所包含的内容，远远超过了写日记陈述自己思想的范围。最近，咨询机构互联网实验室对于“博客”现象做了深入研究，清晰地显示了博客从个人网络日记到社会新生活方式的发展历程，以及围绕个人博客所蕴含的巨大商业价值。如今，我们可以看到在新浪首页，博客频道已经与新浪网中最体现其特色的新闻频道并列显示，尽管看似只是页面布局的变化，但却反映出新浪对其未来在博客发展中的策略谋划，即最大化地发挥新浪博客在传递新闻媒体价值中的作用。根据艾瑞网民连续行为研究系统的最新监测数据显示，新浪博客频道的月度总访问次数基本上呈逐月增长的趋势。2007 年 6 月，新浪博客频道的月度总访问次数将近 3.67 亿次，较上月的 3.12 亿次增长17.6%。

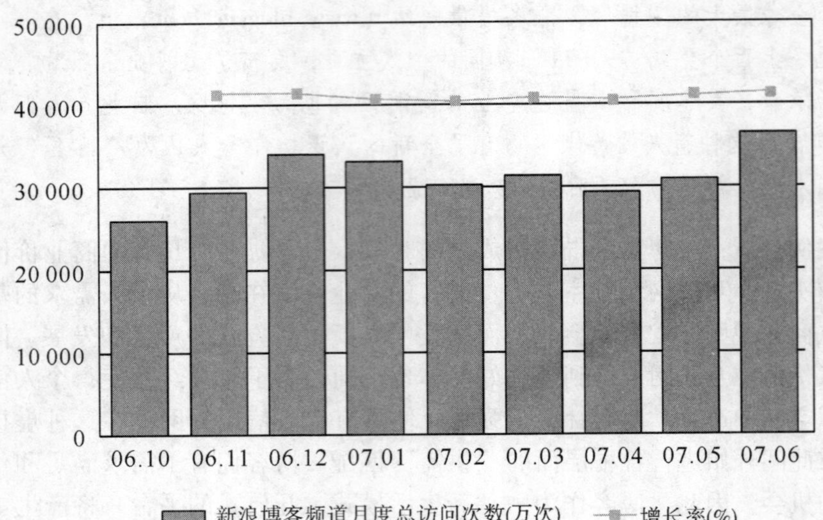

图 8－3　2006 年 10 月～2007 年 6 月新浪博客频道月度总访问次数情况

资料来源：iUserTracker 2007. 6，基于对 5 万多名样本的长期网络行为监测，代表 1. 1 亿中国家庭及工作单位（不含网吧等公共上网地点）网民的整体上网属性数据。

作为中文互联网络中的第一品牌，新浪博客也力争成为中文互联网中的第一博客平台。对于新浪网旗下的所有频道，新浪充分利用各种资源在各频道下开设博客频道，这些博客频道与新浪网各自频道的资源整合，为阅读者提供了全面综合的新闻资讯，加大了用户的粘度，也为广告主带来了附加价值。

互联网和移动增值作为新媒体最重要的两个领域，在 2007 年得到了快速发展。2007 年互联网市场规模超过 400 亿元，并保持超过 40% 的年均增长速度，各细分市场如网络游戏、B2B、网络教育、搜索引擎是目前盈利的主流，占 59% 的市场比例。

五年前，世界传媒巨头默多克就曾预言："未来将是手机媒体的天下。" 2009 年年初，中国互联网络信息中心发布《中国手机媒体研究报告》，将手机媒体这一新媒体形式纳入媒体研究范围。手机作为第五媒体，主要是手机所表现出的不同于其他媒体的传播性质，如传播速度快、互动性强等。但其承载业务内容的方式，仍是对其他媒体的延伸。据通信专家介绍，目前在手机上传播信息，可以通过短信、彩信、客户端等通信技术手段来实现。"短信" 并不是手机固有功能，也不是网站创意，而是中国移动运营商出于缓解高额手机话费的压力，推出的替补产品。没想到无心插柳柳成荫，短信业务在两三年间成长为 "拇指经济"，还形成了产业链，移动通讯商不但让自己赚得个盆盈钵满，而且也让大大小小奄奄一息的网站咸鱼翻身，实现了通信网和互联网的第一次亲密接触。2001 年，中国短信发送总量仅为 190 亿条。而

2002 年达到 900 亿条，到 2003 年，短信发送量达到了 2 200 亿条。从 2002 年到 2003 年 10 月，新浪、搜狐和网易的股价上涨 3 000%。2 200 多亿条短信，创造了 200 多亿可观的经济效益。

案例：

2004 年 7 月 18 日，全国第一家手机报纸《中国妇女报——彩信版》开通后，有不少媒体网站尝试探索这一新业务，在 2005 年更掀起一个小高潮。5 月，浙江日报报业集团、浙江移动通信和浙江在线网站联合创办《浙江手机报》；8 月，广东移动与新华社广东分社以及《南方日报》《羊城晚报》《广州日报》三大报业集团联合推出《南方手机报》；10 月，中国移动推出《中国手机报》。另外，《辽宁手机报》《江西手机报》《“深圳晚报彩 e 版”手机报》《鲁中手机报》《华西手机报》《青岛手机报》《泉州手机报》等各地的手机报纷纷面世，可以说，地方各大报业集团都“大跃进”般地推出手机报纸，试图抢占市场先机。

案例分析：2005 年第 5 期《南方新闻研究》所刊的南方新闻网陈谷川的文章认为，“作为用户大部分时间都会随身携带的通讯终端，手机无疑是当今和未来的新闻传播一个不可忽视的载体”。新闻媒体的图文内容进入手机终端，目前主要有三种方式：新闻短信、手机报纸、WAP 网站。事实上，以彩信形式为主体的手机报，是当前手机媒体的主要代表；手机报内容的提供，主要来自具备新闻采编资格的传统媒体；在营销、发行方面，则依赖于电信运营商的推广。以中国移动为例，2009 年已能满足同时发送 4 000 万条彩信的任务。在 2.5G 时代，彩信的容量控制在 50K 左右，能够提供数十条新闻给手机用户；如今，随着 3G 时代的到来，彩信的容量也增大数倍，包含的信息量已足以容纳一份传统报纸的内容。中国拥有数亿手机用户，这样一个庞大的市场，使手机报的盈利前景大放异彩。

三、商务传媒文化的特征

随着人们在商品生产和消费上对传媒的依赖度越来越高，商务传媒文化所肩负的责任也就更大，它必须具有正确的社会价值和高尚的精神品格，由此角度出发，商务传媒文化应具备这样几个特点：

（一）商务传媒信息的真实性

在互联网等各种电子媒介迅猛发展、媒体生存与经济效益关系愈加密切、舆论监督与政治文明的诉求日益增强的今天，在世界范围内信息泛滥而其真实性备受质疑的环境下，信息的真实性是商务传媒文化的第一属性。以前人们对“真实”的认定是建立经验之上的，到了传媒时代，尤其到了电子传媒大行其道的所谓“E时代”，经验的真实已经日益让位于叙述的真实、传达的真实。在“E时代”，信息容量急剧增长，信息传输已基本消除了时间的延迟，信息的真实性验证成本越来越高，甚至变得不可能。传媒的真实性原则也受到最大的挑战，但就商务传媒文化而言，真实是基础，商务传媒文化的价值就建立于其上，只有确保遵循这一基本原则才能实现其自身价值及自我传承。

案例：

2007年2月，由著名演员葛优代言的亿霖木业集团有限责任公司因涉嫌传销，相关责任人被逮捕或刑拘，葛优也遭到众多受害人的责问。据悉，葛优那句“合作造林，首选亿霖”的电视广告词中宣称的树林有的是荒地，有的早已被虫害等自然灾害损害。据报道，葛优的这个广告代言收入达到了300万元。

案例分析：“合作造林，首选亿霖”……这些极具蛊惑性和煽动性的宣传语蒙骗了很多人。亿霖集团利用广告、授课、宣传画册等形式，大肆宣传托管合作造林有“五大利润增值”和“六重保障”，故意夸大亿霖集团的实力和资质，夸大种植速生杨的生长量及收益，编造森林资源状况和市场走势，虚构林业专家观点，并利用林业专家的影响虚假夸大投资林业的回报率。使得上万的投资者血本无归。

明星作为公众人物，代言某一产品，消费者就会不自觉地把对明星的仰慕转移到商品上，这在很大程度上影响了大家的消费倾向。商家看中明星名人的广告效应，而明星看中代言广告的巨额利润回报。虚假广告短时期内或许会使企业牟取暴利。一旦真相曝光，企业就会信誉扫地，声名狼藉。而明星代言这样的广告，则严重影响了明星在公众心目中的形象，并且许多人也开始质疑明星的诚信度。

广告作为一种传播经济信息的手段，对于促进生产、扩大流通、指导消费、活跃经济、方便生活、发展国际贸易都发挥着积极作用。但广告的繁荣也使虚假广告有了可乘之机。媒体的发展越来越朝向市场化经营，越来越多的媒体为了赢取更多的受众，增加自己的效益盲目追求新闻数量，导致许多记者不顾新闻的真实性，甚至出现了策划新闻的情况。因此坚持信息的真实性和受众的知情权是必要也是必需的。

（二）商务传媒文化的审美性和娱乐性

1. 商务传媒文化的审美性追求

商务传媒文化是服务于大众的，因此很多时候商务传媒文化更多地趋向于通俗和流行，它的消费特性、市场价值、娱乐功能等得到了充分的强调。我们必须认识到，作为富于审美、善于营造时尚流行的商务传媒文化，应当充分发挥自身优势，肩负起创造和传达健康的审美性的使命。

案例：

学者易中天在央视“百家讲坛”开讲为期一年的《品三国》，这使其迅速成为2006年的首个值得关注的文化热点。易中天先生将站在平民立场，通过现代视角，以故事说人物，以人物说历史，以历史说文化，以文化说人性，揭开疑云重重的帷幕，带您走入那段波澜壮阔的历史，给人以耳目一新的感觉。“周瑜帅不帅，孔明会唱卡拉OK，关羽是爱神。”易中天用如此“嬉皮”的现代语言来论三国英雄，其鲜明的个性再加上大众传媒的特性，短时间内就在中国的大地上掀起了一股易中天热。年近60岁的“超级教授”易中天也有一批忠实的支持者，他们自称“易粉”“乙醚”，还自发地在百度贴吧里为偶像建起了一个“易中天吧”。

案例分析：可以说，易中天的成功一方面是他在进行中国传统文化与现代传播的有效对接，另一方面，在媒体发达的年代，媒体更需要文化内涵。而易中天式的学者和学术传播，满足了公众的需要，提高了媒体的文化品位。

2. 商务传媒文化的娱乐性追求

美国的传媒业认为“News is business（新闻就是生意）”。由于垄断市场逐渐形成，美国大的媒体越来越集中于少数垄断寡头手中，大公司成为媒体的大老板。迪斯尼（Disney）拥有ABC，GE通用电器公司拥有NBC，维亚康姆（Viacom）拥有CBS，时代华纳（Timewarner）拥有CNN，新闻集团拥有FOX。这些大公司都是上市公司，普通公众持有他们的股份。美国的大企业利用传媒文化进行卓有成效的商业开发，使其商务传媒文化尤为发达，在全球赚取巨大利润的同时，也赢得了文化霸权。

案例：

2003年的伊拉克战争，在传媒上尤其是在电视的直播上变成了一部影像，观众看到的是一个个类似于好莱坞大片的奇特场面：对巴格达空袭的直播画面犹如一场盛大的焰火晚会再现的是影片《独立日》的高潮段落；美国军车穿越沙漠的画面再现的是奥斯卡经典片《阿拉伯的劳伦斯》中的场景。

案例分析：这究竟是战争还是电影，是媒体的新闻报道还是好莱坞的大片？也许两者已经合二为一，美国商务传媒文化除了满足受众的信息需求，从不忘记制造娱乐以刺激受众的购买欲望。

在中国，网络游戏产业是一个新兴的朝阳产业，经历了20世纪末的初期形成期阶段，及近几年的快速发展，现在中国的网络游戏产业处在成长期，并快速走向成熟期的阶段，网络游戏成为中国网络经济的重要组成部分。网络游戏产业之所以可以打破原来中国整个网络经济中的平衡，主要缘于在20

世纪末中国网络经济泡沫破灭整个网络经济大受打击的时候，网络游戏却异军突起成为整个网络经济发展的领头羊，得到迅猛的发展。2007 年中国网络游戏实际销售收入为 105.7 亿元人民币，比 2006 年增长 61.5%。其中，中国自主研发的民族网络游戏市场实际销售收入达 68.8 亿元，占网络游戏市场实际销售收入的 65.1%。在新投入到中国网络游戏市场公测的 76 款网络游戏中，中国自主研发的民族网络游戏达 53 款，占 69.7%。自主研发的网络游戏已经成为国内网络游戏市场的支柱。2007 年中国收入排名前 15 的网络游戏运营商中，有 10 家为上市企业，上市企业的收入约为 98.7 亿元，占总收入的 77.1%。预计到 2009 年上市企业的市场份额将占到 90% 以上。

案例：

网络“偷菜”风的盛行

“开心农场”自从 2008 年 11 月上海五分钟有限公司首次发布免费版以后，立即在 QQ、校内、51、Manyou、开心网等 SNS 平台风靡。《开心农场》的英文版“Happy Farm”也在美国最大的社交平台脸书（Facebook）上公布，仅仅两个月的时间，日登录用户超过 70 万，跻身于脸书所有应用软件的前 30 名。应该说“开心农场”为五分钟公司带来了丰厚的回报，一些看到“农场”前景的公司也先后推出各种版本及类型的“农场”。如今，在“人人网”“开心网”“QQ 空间”等网站玩“开心农场”游戏的网民越来越多。

分析提示：由于现在社会竞争激烈，生活压力加大，人们在现实生活中缺少某种满足感，而虚拟的网络世界可以满足人们的某种需要，宣泄自己的情绪和不满。大家在“农场”中得到了身心的放松，无论是“种菜”还是“偷菜”都满足了大家渴望放松的快感。

（三）商务传媒文化的社会控制——“影响力”

所谓影响力（influence）是指“文化活动者以一种所喜爱的方式左右他人行为的能力。”因此，传媒影响力从内涵上看，是由“吸引注意（媒介及媒介内容的接触）”+“引起合目的的变化（认知、情感、意志行为等的受动性改变）”两大基本的部分构成的。基于大众传媒影响力的日益扩大，有学者将大众传媒权力称为与传统的立法、行政、司法权并立的“第四种权力”，而大众传媒机构则被称为“政府的第四部门”。相对于立法权、行政权、司法权和军权等有形的、刚性的权力而言，大众传媒权力是一种无形的权力，也是一种柔性的权力，它以其特有的方式广泛渗透到社会生活的每一个角落，改变着人们的社会环境、生活方式、思维方式、价值观念，推动着人类社会的发展，丰富着人们的文化生活，于潜移默化中达到对人们思想和行为的有效控制，从而成为现代社会控制体系的重要组成部分。

在特别注重“影响力”的媒体环境下，媒体之间竞争的实质就是传播力的竞争。良好的传播力决定了信息传播到达受众的渠道和数量的丰富，传播也就能产生更大的影响力。从作为报业市场主体的多数报纸的“负定价”发行（即报纸的定价低于它的成本）和广播电视节目的“无偿”收视中，我们可以知道，传媒的经济运作并不是依赖出售自身产品获得全部回报的。这是传媒产业不同于其他产业类型的一个重大区别点。加拿大著名的传播学者麦克鲁汉在20世纪60年代就指出：传媒所获得的最大经济回报来自于“第二次售卖”——将凝聚在自己的版面或时段上的受众“出售”给广告商或一切对于这些受众的媒介关注感兴趣的政治宣传者等。传媒作为一项产业的市场价值在于，它能够在多大程度上保持它对于其目标受众的影响，并且这种对于受众的影响力能够在多大程度上进一步地影响社会进程、影响社会决策、影响市场消费和影响人们的社会行为。

案例：

肯德基利用媒体的影响力化解企业中不可预见的危机

2004年11月18日，肯德基参与央视2005年黄金段位广告招标，斥资数千万元成功中标，2005年以来，肯德基的广告每天都出现在中央电视台《焦点访谈》之后，每天与亿万中国观众沟通。

由于对这一优质媒体资源的强力占有，肯德基顺利渡过了一次危机：2005年3月16日，肯德基的母公司中国百胜餐饮集团在全国各地同一时间发表公开声明，称前一天晚上在新奥尔良烤翅和新奥尔良烤鸡腿堡的调料中发现含有“苏丹红一号”，各门店从当天起停止销售相关食品。声明在向公众致歉的同时，还对供应商提供含违禁成分调料的行为“非常遗憾”，并强调公司将追查供应商的违规责任，确保此类事件不再发生。

早在英国食品标准署发出“苏丹红”警告后，肯德基就加大了在央视的广告投放量，借助央视的权威性、可信度和影响力，化解了“苏丹红”事件造成的信用危机。

案例分析：肯德基在中央电视台一套的黄金招标时间段播放了一条有关健康生活理念的“信息广告片”；随着2005年3月底事态的不断发展变化，及时调整策略，又在中央电视台这个传播平台上推出了一个澄清事实的“承诺广告片”，以及肯德基回馈众多消费者的一个广告。在此期间，同时肯德基通过相关新闻采访，多渠道宣传，有了一个正面和广大消费者接触的机会。在事件得到控制后，肯德基从一系列的市场反馈以及全国调研数据中了解到：在肯德基当时运用的所有的宣传渠道中，中央电视台的公信力是最大的；另外，在覆盖面以及传播速度上，中央电视台也具有无可比拟的优势。为此，肯德基又在4月份及时地调整了媒介策略，取消了一部分原计划的媒体广告预算，转而集中投入中央电视台，更进一步地在这个平台上推广肯德基的告知力。经过一系列努力，肯德基非常欣喜地发现，消费者对肯德基的信任度已经基本恢复，肯德基较为平稳地度过了这个危机。

肯德基此次借助国家电视台的权威性、可信度和影响力，化解了“苏丹红”事件造成的信任危机，恢复了声誉，也抓住了提高顾客忠诚度、增加销售额的“机会”。

四、商务传媒文化的作用

传媒行业被誉为是“21世纪世界经济的制高点之一。”商务传媒文化在现代社会具备如下作用：

（一）拉动经济的发展

据统计，我国2006年上半年广播电视各项收入平稳增长，广播电视总收入434亿元，实际创收收入406亿元。2006年是我国出版分销行业全面放开的最后一年，深化体制改革以应对入世，正在成为出版发行行业的重中之重。2005年，中国传媒产业总产值达到了3 205亿元，比上年上升了11.9%。

在因特网这一新兴媒介的推动下，全球传媒业增长速度大大高于同期世界经济平均增长速度。美国著名的摩根士丹利通过对建立有世界级竞争能力的大企业所需的统计分析表明，大众传媒业所需年限最短，仅为8年时间，其收益远远高于医药、银行、电力、能源等其他11种行业。

（二）促进社会文化生产方式变革

从世界范围来看，现代科技的发展，尤其是传播技术的发展，现代科技广泛地运用于各类文化艺术活动之中，在文化领域掀起了新科技革命的旋风，促使新兴文化形态的崛起和传统文化形态的更新。媒体革命不仅仅是传播方式的变革，同时也带来了文化本体的革命。影视、音像和网络为新兴的主导文化形式，新闻产业、广告产业等相继诞生。以数字化、网络化和多媒体化为代表的当代信息革命，给社会带来了崭新的文化形态——数字文化和网络文化，利用网络特性拓展传播内容，不满意于简单复制传统媒体，而是走上了自主发展的新路。在这样的一场变革中我们看到，一是各类传统媒体的数字化步伐加快——报刊书籍等印刷媒体，尽管最后的形态还是以纸介质呈现在受众面前，但制作全过程已经数字化；传统摄影正在向数字摄影发展；传统电影正在向数字电影发展；广播在经历了调幅、调频两个技术发展阶段后，正进入数字音频广播新阶段；电视也正全面迈向数字高清晰度电视及数字压缩卫星直播电视。二是基于数字技术的新媒体新传播工具层出不穷。如数字照相机、数字摄录机、数码录音笔、PDA、eBook、MP3播放器、摄像头、扫描仪、DVD、光盘刻录机、3G手机、PS2及XBOX游戏机等等，以及用于媒体的各类数字化专业设备。自然，从20世纪90年代中期开始在各国各地区普及的国际互联网，对于全球信息传播的作用和影响力是首屈一指的。

商务传媒文化与信息数字化、现代通讯技术等高科技结合起来，迅猛扩展以往的表现空间和表现能力，创造出人们前所未见，甚至想所未想的视觉奇观和虚拟现实，从而将文化生产带入一种新境界。

（三）促进商品生产及消费形态的转化

传统的消费是“商品消费”，在商品极大繁荣的今天，商品在质量和成本方面的差异越来越小，而商品间的竞争已转向服务质量，个性化服务（或定制服务）则成为了企业间竞争的首要砝码。利用网络传媒的电子商务营销模式普遍推广，使定制服务从企业间的批量定制扩展到终端消费者与生产企业间的单件定制。

案例：

满足个性化需求在电子商务活动中的成功者——戴尔（Dell）公司（PC零售业的巨头）。戴尔公司是由其创始人迈克尔·戴尔于1983年在其德克萨斯州的大学宿舍创办的，现在戴尔公司年销售额可达180亿美元，个人电脑的销售量已经超过了老牌的电脑巨头IBM、惠普和康柏。戴尔公司之所以取得如此大的成就，是与其独特的经营模式分不开的。电脑销售，一般是通过代理商进行的，而戴尔公司却采取一种直销模式即“按用户订单装配电脑”的模式。用户可以通过电话和互联网将自己所需的电脑组合、配置、型号等资料告知戴尔公司，戴尔公司就按用户的要求定制出用户所需的电脑，从客户订货到送货时间不超过36小时。此外，戴尔公司还为其最好的客户创建了1 500个个性化主页，使得他们可以直接获得公司的许多信息资料。戴尔的个人电脑单机销售额年增长率为70%以上，远远超过整个行业的平均增长率（11%）。

案例分析：消费需求日趋多样化、差异化、个性化，商务传媒文化促进了大众消费时代进入分众时代，这为多品牌的运用、丰富消费内容提供了广阔的舞台，从而也拓宽了消费支出。

按照以往的消费形态，逛街、去商场是消费者购物的主要方式。或许将来它只是消费链条上的非必要环节。在蔬菜和鱼肉蛋奶都能在网上订购的今天，网络购物已成为很多网民日常生活的内容之一。足不出户，完全依赖网络生存已不再是梦想。而艾瑞咨询推出的《2009—2010年中国网络购物行业发展报告》也显示，2009年，中国网购市场交易规模升至2 500亿元左右，同比增长93.7%；网络购物用户规模还有望突破1亿，即有28.2%的网民将通过网络进行购物。这不仅超出市场预期，也创造了历史新高。业内人士认为，消费者逐步呈现的将是一种“快速生活”+“快捷消费”的模式。一方面越来越多的人长时间使用电脑，在网络上的停留时间增长。另一方面，却很少人有时间像从前那样花费很长的时间逛商场。时间成本问题，让越来越多的消费者选择快餐消费。“也就是说消费者在进行购买之前，去商场或者在网上购物之前，已经通过网络、朋友推荐等渠道形成决策，已经很清楚自己想要什么”。一方面是现实生活压力大，一方面又有享受生活的需求，两者碰撞形成矛盾。因此形成了“快速生活” + “快捷消费”的形态。

第二节　综合案例分析

案例：

电“纸”书：出版业的“绿色革命”

阅读，从纸张转为屏幕。《华盛顿邮报》去年组织6个专题组进行调研，结果显示：18～34岁的人群中，46%是通过互联网和搜索引擎来获知新闻。另有35%是通过电视了解新闻。就连细腻的文学小说，也从书籍转移到一方屏幕上。在日本，从手机上看小说已成为30岁以下青年的时尚。日本迄今已有数万个手机小说营运网站，手机读者已达200万左右。

阅读无纸化，是阅读革命的本质特点。《华盛顿邮报》的调查显示，18～34岁的人群中，只有3%喜欢看报纸，加上喜欢看书和杂志的，也只有11%。日本自1997年以后至2003年的6年时间里，报纸、杂志、图书的销售总量再没有增长。

阅读，从静态变成动感。在图文化、电子化和网络化的当代，阅读在很大意义上已偏离读概念，而是在看：看电影、电视中流动的影像，看一幅幅色彩在眼前翻过。

从竹简到丝帛，从线装书到装订书，历史上的阅读革命，一次次变，始终没有脱离书籍的本质。但21世纪的阅读革命，却大有颠覆传统阅读习惯之势。

虽然真正意义上的电子报纸尚未问世，但其势已咄咄逼人。荷兰飞利浦研发中心最近展出一款新型电子纸阅读器，不足半毫米厚，还能轻轻弯曲，平时可藏在手机内，要阅读时拉出即可。除使用方便外，这种电子纸更大的优势还在于数字媒体容量大、便于检索。

电子纸的出现，让人遐想未来的读报习惯和体验：你再也不需要每天到报摊去买报，只要你预先订阅一份报纸，报社就能按时把当天的版面传送到你的电子纸上，还能进行资料查询。信息获知将处于无时、无处不有的全天候状态，轻松而方便。

2009年的信息技术盛会CeBIT电子消费展在德国汉诺威举行，中国展团汉王展区光顾者络绎不绝，汉王电“纸”书成为关注的焦点。11 月 22 日，作为 2009（第三届）中国首席执行官高峰论坛十大杰出首席执行官的获得者，汉王科技股份有限公司董事长刘迎建表示，未来 5 年，由汉王生产的“电‘纸’书”将像数码相机取代传统胶片相机一样，对当前的传统纸张书籍的阅读方式发起挑战，而且“电‘纸’书”的介入对传统出版业将产生深远的变革影响。

2009 年是中国数字出版产业元年。国家新闻出版总署预测，2009 年中国数字出版总产值将达 750 亿元，并首次超过纸质出版的产值。中国数字阅读与出版的异军突起，不仅表现在新一代电子阅读器——电“纸”书的广泛普及上，形成逐渐取代纸质书的趋势，而且更深刻表现在电“纸”书所带来的巨大而深远的产业变革上的跨越式发展，就是以科技创新为基础，带动文化资源的整合和优化。

这个发展过程，就是刘迎建以及他所带领的汉王科技团队不断推动数字阅读与出版技术革命的过程。2008 年年底，在刘迎建的带领下，汉王公司将研发了 4 年之久的自有品牌产品——汉王电“纸”书推向了市场，从此开启了中国数字出版的新纪元。电“纸”书的显示效果与纸书无异，显示屏上可以感觉到宣纸的纹理与油墨的微凸，在阳光的照射下也清晰可见。与液晶全然不同，屏上没有一丝光亮，即使长久的注目思考，眼睛也不会感到不适，更不用担心电池耗尽，很容易让人心平气和、专心致志地看书。毋庸置疑，用电脑、手机了解信息资讯，用电“纸”书看书，是必然趋势。

据《中国图书商报》统计，目前我国网民已超过 3 亿，数字图书馆的用户已经超过 1 000 家，成熟和完善的数字化阅读习惯与形态已经初步形成。面对国内以 10 亿计的阅读人群，刘迎建表示：“不断地通过阅读获取信息就如同呼吸和吃饭一样成为人们的基本需求。”而在汉王发展战略的背后，与全球经济复苏脉搏一起跳动的是汉王电“纸”书产业变革背后的“绿色阅读”和“低碳经济”概念。

分析提示：新一代阅读的特征，就是用电“纸”书看电子书。应该说电“纸”书阅读是传统内容数字化的必然产物，一方面互联网与电子科技的变革对现代都市人的工作与生活产生了极大影响，体现在阅读领域，就是在线阅读、电子阅读等数字化阅读的普及；另一方面既有的数字化阅读设备，电脑、手机等存在各种各样的弊端，例如移动不方便、有辐射、耗电快、屏幕刺眼等，而电“纸”书凭借的是最先进的电子纸显示技术，通过正负电极黑白交错显示，在还原传统纸质阅读体验的同时，带来了阅读的便捷性与可移动性。2010 年 1 月 18 日汉王又在京正式推出了电“纸”书的升级版——“五吋手写电‘纸’书”。据汉王科技副总裁、电“纸”书事业部总经理王邦江此间介绍，这款手写电“纸”书采用了汉王电磁板技术，基于电“纸”书平台，实现手写、键盘双触控操作，从而使得其电子阅读器实现读、写同步进行的功能。“手写电‘纸’书”实现了“可读可看”“可圈可点”的结合，使电“纸”书的阅读更加接近传统阅读，也为数字化阅读终端产品设立了新标准。

案例：

手机媒体迈入“3G”时代

“未来将是手机媒体的天下”，世界传媒巨头默多克五年前的预言在今天即将成为现实。对于中国手机媒体而言，2009年最重要的事件莫过于3G牌照的发放。2009年，中国的手机报和手机电视平稳发展，手机上网增长迅猛，手机阅读初露端倪。更为重要的是，3G的宽带宽和高速率激发了用户对移动信息消费更为强劲的需求，延伸了传统的报纸、期刊、广播、电视等媒体的无线空间，并逐渐使手机上网成为越来越多用户的日常行为。当然，3G的影响目前还只是初露端倪，其深刻影响将在未来数年乃至更长时期内呈现。

2009年1月7日，工业和信息化部为中国移动、中国电信和中国联通（5.87，－0.02，－0.34%）发放了业界期盼已久的三张第三代移动通信（3G）牌照。其中，中国移动获得TD－SCDMA牌照，中国电信获得CDMA 2000牌照，中国联通获得WCDMA牌照。

3G牌照的发放使中国移动通信产业进入了一个新的发展阶段，此后，三大运营商纷纷推出3G品牌，开始网络建设，并大力发展3G用户。中国电信最早打造了“天翼”互联网手机的品牌概念，对3G进行了诠释，并于3月在江苏首先推出3G业务；中国移动则推出了专门的3G标识“G3”，并打造了新口号“G3，引领3G生活”；中国联通也在4月发布其全新业务品牌“沃”并于9月底正式商用3G业务。根据几大运营商公布的用户数，截至2009年10月，全国移动用户数突破7亿户，其中3G用户数约为700多万户，处于高速增长阶段。

3G速率的提高带来的是业务尤其是大流量业务的极大丰富。在娱乐和应用业务方面，音乐下载、实时导航、网上购物、在线游戏、手机钱包等将更为丰富；在媒体信息类业务方面，手机上网、手机阅读特别是手机视频等业务将成为3G业务与2G业务的主要差异化区隔。因此，随着3G的发展，手机媒体将迎来更为广阔的发展空间。据中国互联网络信息中心发布的《2009年中国移动互联网与3G用户调查报告》显示，截至2009年8月底，中国手机网民占到整体手机使用人数的34.2%，总规模达到1.8亿。而其早前的第24次统计显示，“截至2009年6月底，中国移动互联网用户规模达到1.55亿”。短短两个月，用户增长了2 500万。和已经发展了15年的互联网相比，7亿的手机终端用户、手机与生俱来的网络环境、新颖丰富的手机媒体应用、活跃的技术和市场创造力，尤其是中国手机用户对手机特有的心理依恋，都昭示着“手机无线互联网市场必将远超电脑互联网”。

分析提示：随着用户需求的多元化与手机媒体的多样化发展相互作用，使得手机媒体的业务形态不断走向成熟。

第一，适应用户多层级细分的需求，即用户对手机媒体的需求从基本的通信联系、信息获取逐步向信息共享、娱乐互动、电子商务需求拓展。例如：手机腾讯网在2009年初提出“移动生活（mobile life）”的概念，提倡的就是以移动终端为核心的在线生活方式。在这个概念中，移动生活构建了一个非常精炼的需求模型：最底层也是最基本的需求是信息获取的需求，一方面是即时资讯信息的获取，如天下大事可通过手机报、手机电视及时获知；另一方面是个性化信息的检索，如利用手机搜索可以满足。第二级是通信、沟通交流、分享的需求，可通过即时通信如QQ等实现。第三级是碎片化娱乐的需求。娱乐是生活中不可或缺的，属于精神需求范畴。在不断变换的移动场景下，这类需求会通过碎片化的时间来满足，一是娱乐化内容，如手机音乐、手机阅读小说；二是娱乐化的应用（App），如手机游戏、手机宠物、手机书城等。第四级是商务、生活、交易的需求等。

第二，提供全方位的信息服务。从2009年的发展看，手机媒体不再仅仅是手机新闻业务，还包括与之相关的信息产品（如手机游戏、手机搜索、手机音乐等）、服务（如手机即时通信、手机支付）甚至社区沟通。只有把信息内容、服务和社区交流等有机结合起来，构建用户与媒体之间、用户与用户之间的牢固关系，才能把手机的传播特性转化为手机媒体的直接效益。

第三，手机媒体成为用户原创内容的重要平台。相比以往的手机报、手机电视业务，当前的手机媒体业务更加关注互动性，更加注重有效实现用户对内容的即时评论和内容推广。更多的手机用户将从原本的接收者成为创造和传播者，手机媒体带来了传受关系的实质性变革，而手机微博等业务作为手机博客是更适应手机特性的一项新媒体业务，它正在成为用户自我内容创造的新平台。

第四，内容表现形式的多元化。从2009年手机媒体的发展看，多媒体形式成为用户的最大需求，也是最受用户青睐的内容。手机媒体的内容更多地适应了用户的这种多媒体需求，实现了文字、图片、音频、视频等的结合。2009年11月，中央电视台与中国移动合作，联手推出国内第一份“手机视频报”——《新闻周刊——每日聚焦》，集图片、文字、视频三种展示形式于一体，以满足人们的视频需求。

案例：

“网络红人”现象对现代公众价值观的拷问

从2003年的木子美开始，到后来的芙蓉姐组、天仙妹妹、凤姐、犀利哥、兽兽等，网络红人太多太多，类型也丰富多彩，他们出名的途径千奇百怪，出名的过程极具娱乐性。他们都是从最初的普通平民百姓，通过网络这一平台，迅速吸引了一定数量人群的注意力，拥有了一定的知名度，成为“网络红人”。他们通常在很短的时间内，在网络上形成一阵旋风，席卷各大网站。有1.3%的青年人明确表示自己经常关注“网络红人”，71.8%调查对象都表示不希望自己通过这样的方式来走红。有13.7%的青年开始动摇，表示自己可能会通过这样的方式来使自己成名。其中，无业和无固定职业的青年希望成为“网络红人”的愿望更加显著，选择有可能和很希望的比例分别为28.2%和22.9%。这意味着，“网络红人”现象对部分青年的价值观产生了影响。

分析提示：互联网迅速扩展，成为继报纸、广播、电视之后的主要媒体。据统计，2000年7月，中国网民只有1 690万；而截至2008年6月30日，中国网民数量已达到2.53亿，跃居世界首位。网络已在城镇及近城乡村地区大为普及，受众广泛，正成为仅次于电视的新式大型传媒工具，其中的各种动静随时可引发社会性轰动效应。这些“网络红人”的成名过程，使得越来越多的人选择走网络红人这条非常渠道来一鸣惊人、一夜成名，以期达到出名和赢利的双向效益。为了发财和满足一己私欲而不择手段，“网络推手”们则积极投身于“网络红人”这一新兴职业当中，从红人的代言费和其他一切可观的商业利益中使自己得到满足。而许多的传统媒体尤其是电视媒体对这种非理性、低俗娱乐的因素又不恰当地起到了推波助澜的作用，使得“网络红人”现象对公众思想领域方面的负面影响让人不容忽视。

案例：

把期刊做成品牌媒体

在琳琅满目的时尚类刊物中，《瑞丽》系列杂志以其清新活泼、细致实用的风格独树一帜，深受女性读者的喜爱，在同类期刊中，发行量名列前茅。在《瑞丽服饰美容》的基础上相继推出的《瑞丽可爱先锋》《瑞丽伊人风尚》《瑞丽家居》，彼此之间风格统一，形成了自己的品牌特色。在十年的历程中，《瑞丽》创造出一个又一个的第一：中国发行量第一的时尚杂志；中国读者俱乐部会员人数第一的时尚杂志；中国第一家按年龄细分目标读者的系列杂志……瑞丽开创了中国时尚杂志实用化的先河。

分析提示：瑞丽系列期刊的概念开始于1995年9月，最早的一本是《瑞丽服饰美容》，其中70%的内容来自版权合作方日本Ray杂志，瑞丽在发展中根据市场变化不断调整自身定位及经营方式，品牌建设初见成效。

《瑞丽》系列刊物的成功要义之一就是它一直所坚持的“时尚、实用”的原则。《瑞丽》在创办之初就有一个明确的理念，希望把这本杂志变成中国女性贴身的形象顾问，提供周到、详尽的服饰搭配方案。《瑞丽》所坚持的实用风格，几乎是一种手把手地教你的风格，什么样的上衣搭配什么样的裙子，再配一个什么样的手袋……这是一种非常简单有效的方式，给读者触手可及的指导。这种恰到好处地借助亲切风格，一举在市场上站稳了脚跟。

案例：

索爱搭上开心网的便车

某天，25岁的北京白领珍妮（化名）忽然发现，她的开心网网友们疯狂地活跃在一个叫“我爱音乐一起听”的群组中，并不断地邀请她参加对某一首歌曲的投票和讨论。作为一个从1999年开始就听网络电台的“网虫”，珍妮觉得有点匪夷所思，就加入了这个群组。看上去这个群和标准迷你论坛没有任何区别，设置了灌水区、相册、下载这些功能。当然，作为音乐论坛，它允许群组成员共享各种类型的音乐文件。如果你不留意群组头像是一张带有索尼爱立信标识的宣传海报的话，你几乎看不出来这个论坛带有任何的商业气息——而事实上它正是这家全球第四大手机生产商冠名的一项商业活动。“也许这是个‘圈套’。”珍妮说：“但是我依然很喜欢这个活动，因为我能通过讨论、分享音乐增进和网友们的感情。”这一营销招数是索尼爱立信为克服传统广告到达率日益低下而进行的尝试：随着全球经济衰退不断打击老百姓的购买欲望，手机制造商们面临着巨大压力，必需要使自己的品牌有鲜明特色，这样才能防止消费者以哪家价格最低为选择手机的依据。

分析提示：社会性网络服务的价值在于分享。论坛营销的兴起，当然得益于网民数量的急速增加。开心网这个由前新浪公司企业服务副总经理程柄浩开发出来的社会性网络平台目前已有超过500万的注册人数，日均访问量达到180万，日均页面浏览量（page view，PV）达到8 000多万，Alexa全球排名247名左右。“开心网最大的价值在于它能有效黏住用户，并大大降低了马甲的数量”，知名财经媒体《第一财经周刊》曾如此分析。通过风靡白领世界的“朋友买卖”“争车位”“做动作”等20多项游戏插件，这个网站吸引了大多数用户每天“趴”在开心网上互相折腾。在这里的用户一段时间后就会找到自己的社交群体，相互之间形成一定的信任，而且这种信任随着时间的推移而加深。这就表示，广告主在网站中投入的植入性广告（比如参加游戏赢取一辆大众虚拟车）一旦吸引了某个用户，他将此广告活动与其他的朋友分享，被参与的可能性更大。

索尼爱立信借开心网搭建的音乐平台，某种意义上也是为开心网圈出了一个音乐爱好者的平台。如果说 web1.0 时代的营销是“把合适的产品推送给合适的用户”，那 web2.0 时代的推广已不局限于找到合适的用户，而是关注用户的周围环境，通过与用户的互动，吸引用户主动传播，带动更多人加入，这个传播过程和分享过程是同时进行的。

案例：

2009 年 7 月 16 日，网络上出现了一个《贾君鹏你妈妈喊你回家吃饭》的帖子，帖子本身并无实质内容，却在极短的时间内受到网民的极力热捧。帖子三天内达到 760 万次点击，30 万条回复，最高曾经超过 1 500 万次点击。在被网络媒体大量报道后，继而引发网民更大的关注，一时成为网络上的一大热点。就在人们惊异于“贾君鹏”缘何如此走红之时，北京一家传媒公司自爆缘由，称是为了帮助一款游戏保持关注度和人气，制造了“贾君鹏”，并自豪地宣称此次策划“总计动用网络营销从业人员 800 余人，注册账号 2 万余，回复 10 万余”。现在，“贾君鹏”成为网络流行词，出现了大量恶搞图片与视频。

案例分析：在策划者眼里，“贾君鹏事件”可谓一举三得：传媒公司和广告商通过炒作提高知名度，网友通过参与排解无聊与寂寞。至于网友被涮，策划者则视而不见，甚至认为这种炒作不是欺骗行为。这种莫须有的“贾君鹏事件”完全是利用人的感情作为营销工具，对网民进行欺骗，真相披露之后，对于关注该事件并寄托于儿时情感的网民来说无疑是一种伤害，让网民质疑互联网的真实性。

第三节　实践操作与训练

实训目的：

现代资讯爆炸，消费者每天接触到的信息如此之多，如果信息达不到一定的积累，就不能对消费者产生影响。因此，单一媒体即使作用再大，其影响力也是十分有限的。所以，越来越多企业和广告公司都注重通过组合使用功能效果各异的媒体，来达到促销目的。学生通过实训，进一步去认识，要想产品适应特定的市场，就必须使用不同的传媒来适应这个市场的需求。

实训任务：

（1）请根据不同的商务活动的需求，进行市场的调研，找到不管是产品、包装还是价格的文化创意点。然后选择恰当的商务传播媒介来传递信息，促进商务活动的开展。

(2) 请在生活中找出一个典型的案例，分析它在商务传媒文化方面的表现。

实训要求：

把理论知识在实践中学以致用，掌握市场调研报告的写法，有一定的创新点。

第九章 商品文化

第一节 商品文化概述

一、商品文化的内涵

商务文化的物质成果是商品，商品也就成了商务文化的主要载体。商品不仅具有一定的使用价值，还体现着生产商拥有的技术水平和工艺高度；商品的销售模式、渠道、陈列等，又体现着销售商的经营理念和管理水平；它的造型、色泽、艺术图案等外在表现形态还反映着生产者和消费者所处的自然环境、社会生产生活方式和人们的思想意识与社会习俗。总之，商品既能够集中反映商务文化的物质表象，又能体现某个地域、群体、民族甚至一个国家既有的社会文化内容。正如我们看到可口可乐、摇滚乐和好莱坞电影等商品标志时，马上就能感受到美国式的娱乐生活方式，以及其中展现的美国向全球推销的“自由”的生活理念。所以，商品也是人类文化的载体。商品承载的上述文化内涵，就是商品文化。

商品承载和传播人类文化，以一种亲和的方式引导着各阶层的文化心态和审美趣味，同时也反映了消费者精神追求的各要素。

商品文化是在人类劳动产品转变为以交换为目的的商品之后才产生的。劳动产品本来只是具备对自己有用的属性，它要转化为商品，即通过交换、流通实现价值的转移，必须具有对别人有用的属性。“对别人有用”，指是否能够满足消费者的需求：包括两种，一种是生理需求或物质需求，一种是心理需求或精神文化需求。商品文化反映的这两种需求，在不同的历史发展阶段有所变化。掌握这种变化，有利于我们分析认知商品需求规律，加快实现交换，从而促进商务文化的繁荣。

人类社会早期，生产力极不发达，能够用来交换的产品极其有限，商品满足第一种需求的功能就特别为人们所重视，以至于人的心理需求或精神文化需求被彻底地掩盖在了对第一种需求的满足之中。也就是说，这时商品能满足第一种需求，就“等于”满足了第二种需求。当商品开始丰富起来，消费者可以对商品进行自由选择时，消费者对第二种需求的满足的要求便逐渐浮现出来。消费者在购买商品时，对商品或服务能否满足生理等方面的需求的同时，满足心理需求或精神文化的需求越来越重视。这就迫使生产经营者不断地追求商品的附加功能，以至于发展到现在，生产经营者提出了“超值”享受的概念，突出商品的实用价值以外的东西。于是商品就由早期的以满足第一种需求为主，变为必须同时满足人的两种需求。而人的心理或精神文化的需求，往往体现为使用者希望通过使用这种商品，来获得他所希望得到的社会认可，或最起码，得到社会的注意。而社会认可也好、社会注意也好，都必须建立在一定的是与非的标准、一定的价值观、一定的社会行为准则等基础之上。由此，我们推出一个结论：商品文化的重要内涵在于商品消费过程中，外在于商品的社会文化因素不断超越着商品的“有用”性。正是这些外在因素，不仅迫使消费者做出不同的购买选择，更是迫使生产者在生产和销售环节中，必须保证供应满足这些外在因素特征的商品。

中国民谚讲：“新三年，旧三年，缝缝补补又三年”，说明古老的商品文化的主流观念是追求经久耐用。而现在，人们逐渐开始追求时尚、时髦，传统的实用功能型消费正逐步由文化审美型所代替。当然，商品也有不变或者很少变化的，如一双筷子就是一双筷子，几千年来都是如此。原材料可以变，竹子、象牙、塑料，等等，但它不能变得很长或很短，更无法变成三根。这是传统文化的因素在起作用。从文化演变的角度来研究商品的发展规律，从搓衣板到洗衣机，从灯草、油灯到千姿百态的电灯具，等等这些，无论是渐变还是突变，大家都在接受、认同，不论何种社会制度，也不论何种地域、国度，我们从这些商品文化现象中，可以看到了商品发展的五种趋势：

（1）求新，商品不断推陈出新，增强着时代感和个性色彩。

（2）扬名，即塑造商品的价值和信誉名望，得到社会认可，满足人们追求社会地位和身份的心理。

（3）求精，从包装、原料和工艺都力求精细。

（4）审美，越符合大众美感，商品越能吸引消费者。

（5）怀旧，某些已经不具有实用功能、看似消亡的商品却因其具备文化审美内涵而复活，如鼻烟壶。又如久被遗忘的20世纪80年代的名优商品：海鸥洗发膏、蜂花护发素、春娟宝宝霜、上海药皂、百雀羚等，被有心经销商集中销售，这样的小店，成为人们怀旧的最好去处。

外在因素对商品的生产和消费起着重要作用，还表现为某一件商品中的文化内涵还经常处于不确定状态。商品通常要经过一定中间环节才能到达到消费环节，而流通中商品文化的不确定性会增强，有时甚至会南辕北辙，或风马牛不相及。商品文化虽然产生于商品生产，打上了商品生产者的初始印记，注入了生产者的文化观念、审美情趣；但当商品继续完成诸如再加工、再制作、再包装以及运输、储存、布展这些过程时，任何一个环节都不可避免地对商品进行诠释。因此商品的文化内涵甚至形式都在不断地发生变化。比如销售商在营销过程中，通过广告手段既可能使商品原有的文化内涵得以延伸，也可能赋予其新的内涵或改造其原有内涵。

产生这种情况的原因很简单：在商品从生产者手中到消费者手中的诸多环节中，任何一个环节如果处于不同的自然、社会、人文环境中，则诸如价值观、社会行为准则等这些外在因素的内涵可能都会发生一些变化，而这些自然会迫使经营者给自己经营的商品注入不同的文化内涵。

我国经历了三千多年的商品文化发展史，不少传统商品由于历代文人借物咏怀、言志、抒情、寄意，使其成为独特的寄托和象征品，浓缩了丰厚意蕴，以至于形成了酒文化、茶文化、中餐文化、文房四宝文化、丝绸服装文化、饰品文化、工艺品文化，甚至砚铭（即砚台上的铭文）文化等中华独有的商品文化现象。

到今天，上述传统商品的属性已经发生了本质变化，商品的有用性即满足第一种需求的功能已变得非常微弱了，而满足心理精神文化需求的功能日益突出，消费者在购买和消费这些商品时，追求的已经完全或大部分不是这些商品满足生理需求的功能，而是满足精神文化需求的功能。最终精神文化需求变成了中华民族文化发展的有机组成部分。中华传统商品文化的时代性、地域性都比较强，只有通过研究分析这些特性，才能有效坚持并且深化其特性，有利于商品继续在商品文化朝后现代发展时期抗衡趋同性浪潮，保持国际商品贸易中的传统优势。

案例：

“红豆”内涵的延伸

红豆原本是一种普通的非食用植物果实，因为唐代大诗人王维的诗歌而被赋予了“相思”的情爱文化内涵。当代企业为深挖传统文化，开发了以红豆为原料的装饰商品，使红豆变成了经济作物。红豆因其文化内涵被消费者需求在商品化的过程中，还孕育了一家著名的民营企业——红豆集团，该集团以红豆作为产品注册商标，多年来一直矢志自主服装品牌建设。红豆在努力提高品牌技术含量、设计含量的同时，充分挖掘“红豆”这个民族品牌的文化内涵，致力打造“七夕红豆相思节——中国情人节”，在弘扬民族传统文化中，不断提升红豆品牌文化的影响力。2005 年，红豆产销超过 117 亿元，拥有一件中国驰名商标，三件中国名牌产品，四个国家免检产品，被权威媒体评为中国十大文化品牌。2005 年，红豆纽约、洛杉矶两家分公司的销售额已达到 2 200 万美元。

简析：从实体的红豆饰品，再到虚化的红豆品牌，在深化红豆内涵的过程中，出现了不同种类的商品可以共享红豆内涵的局面。由此我们可以看到，不仅同一件商品的文化内涵有着不确定性，而且某种特定的文化内涵可以延伸到不同实际功能的商品中。

商品文化主要依附于实实在在的商品上。生产者和消费者的精神追求和审美的取舍，大多通过实体的物来实现。即便是提供歌厅演唱服务这种无形的精神享受商品，也离不开歌厅的装修陈设、歌唱设备这些实体的物。但是，在现代服务业兴起的21世纪，人提供的“服务”，即无形商品越来越成为展现商品文化的一大途径。

综合而言，我们可以给商品文化下一个简单的定义。狭义的商品文化，就是商品本身的文化，是实体商品在设计、生产、加工、包装、销售、消费及售后服务等各种活动中的意识、信仰、审美情趣、习俗、制度、行为方式的总和，也是无形商品，即各种新兴的服务过程中体现出来的各种文化因素，涵盖了商品的生活使用价值、商品的非生活使用价值以及完全用来满足人们精神寄托的价值。

二、商品文化的分类

关于商品文化的分类，有学者做过细致的工作。有代表性的是李瑞华等著的《中国商业文化》一书，它将商品文化分成五大类，分别是按商品层次、按商品种类、按历史发展、按内涵和外延以及按满足人的需要来划分。这一分法的思路有其合理性。也有学者认为这种分类没有注意到区分两个基本概念：“商品的文化”和“文化的商品”。李瑞华等将“文化的商品”混同于一般“商品的文化”进行分类研究，这就将“文化的商品”这一现象简单化甚至抹杀掉了，结果是以商品文化这一概念涵盖了人类的文化发展和沿革这一概念。

在以李瑞华等学者为代表的见解中，广义的商品文化可以延伸到人类所有精神活动的产物上凝聚的文化因素。事实上，人类精神文化产品最初并不是以交换为目的，而是以自我欣赏为目的。精神文化产品的商品化，或者叫做“文化的商品”的大量出现，在西方晚于公元12世纪。那时，活字印刷术被德国人谷登堡改进为铅合金活字版，用油墨印刷，才使各类文艺作品得以大量刊印。之后，文艺复兴和启蒙运动引起思想解放和创作活跃，加上资本主义制度开始确立，对私有产权的保护渐渐明确，这些因素为精神文化产品的商品化铺平了道路。在中国，有学者认为公元10世纪，宋代就产生了较为发达的商品文化，大量精神产品开始了商品化；明代中后期坊间出版的火爆，更是说明精神文化产品的商品化现象不逊于西方同期商品文化的发展。

本教材采用狭义商品文化的解释，可将商品文化按商品形态分为以下几类：

A类：有形（实体）商品（包括任何与生产、生活相关的原材料、成品，是满足衣食住行等物质需要的传统商品）文化，细分下来，可以洐生出服饰文化、餐饮文化、建筑文化、家居文化、工艺品文化、电器文化、汽车文化等亚类。

B类：有形无形兼具的商品（包括新闻、图书、报刊、贺卡、音像制品、研究报告、论文等，可以软体化或网络化的传统商品）文化，可以洐生出影视商品文化、流行出版物文化、电子传媒商品文化等亚类。

C类：无形虚拟商品（既包括资料库检索、电子游戏、电子信箱、套装软件、有偿系统维护等新型软体化商品，也包括利用人力和现代设备提供的各类休闲娱乐服务、信息咨询服务、业务管理服务、经纪人服务等，甚至可包括一切具有商业价值的非实体的人类活动的产物）文化，可以洐生出网络商品文化、娱乐商品文化、博彩商品文化、旅游商品文化、美容造型文化、礼仪公关文化等亚类。无形虚拟商品文化的重要特征在于，受人类文化创造的影响，一切皆可成为商品。例如，碳排放量也可上市交易。

案例：

现代商品文化下商品形态的转换

月饼这种纯粹的有形商品，竟也可以变成无形的。近几年，在中秋佳节日渐临近时，在网上流行着电子月饼：俏皮温馨的短信、生动活泼的动画。这种只可动心而不可动嘴的电子月饼在年轻人中日渐走俏。许多年轻人陆续通过手机、网站向朋友发送“短信月饼”“贺卡月饼”，尽管是虚拟的，但这些“月饼”经过艺术处理后非常可爱，配上生动有趣的祝福语、生动活泼的动画、优美的节日音乐，非常温馨、时髦。记者从各网站的电子贺卡、短信中心了解到，“新品月饼”多达上百种，以各类幽默直观的“电子动画月饼”点击率最高。有一种月饼的“吃”法最特别：用鼠标指挥“切饼刀”，第一刀下去夹心上写着体贴，第二层是关爱，第三层第四层分别为浪漫与温馨。完全切开后，中间的蛋黄翻着筋斗升上天，成为一轮明月。除此之外，骑自行车者不停地从月球上抛撒月饼，创意层出不穷。一些青年人说，他们中秋送月饼基本上是新潮和传统两不误：买几份实物月饼送给长辈，而大量的虚拟月饼则送给了同学、同事和远方的亲友。很多人因刚参加工作，对各种各样的人情消费十分发怵，这些“虚拟礼物”省去了这一烦恼。

分析提示：这是实体月饼商品的形态转换过程，也是中秋贺卡的虚拟化。充分说明了在电子商务环境文化背景下，商品的文化内涵只要能满足某一特定消费群心理需求，哪怕变化其外在形态，同样会受到该群体消费者的力挺。

这种分类虽然比较明确，但过于繁琐，不便于我们把握商品文化的规律，不便于学习如何实现商品长远的销售效益，把握消费者需求等基本技能。

出于上述目的，我们按照消费者对商品的几类核心需求，将商品文化分为商品质量文化、商品包装文化和商品品牌文化三大类别。

（一）商品质量文化

质量是商品文化的核心。现代消费者首先需要的是质量合格、使用安全的各种商品。

上世纪60年代以来，广大消费者为了保护自己能够获得物美价廉、安全可靠的产品，纷纷成立各种消费组织，掀起"保护消费者利益"运动，同时设置专门机构，对用途相似的各种商品进行比较、试验，确定其质量水平的实际差别，并对外公布，以便帮助消费者识别产品质量，挑选能最大限度满足其需要的商品。消费者还要求政府制定法律限制厂商制造有碍安全健康的劣质产品以及欺骗顾客的广告。这迫使企业不仅要面对激烈的市场竞争，还必须正视消费者的要求，从而认识到了商品质量的重要性，在管理中引进了"可靠性""安全性""系统工程""系统分析"等新概念，并于实践中开展了"无缺陷运动""质量管理小组活动"等。这些表现，意味着商品质量文化的兴起；伴随着质量管理成为企业文化的重点内容，商品质量文化也逐渐扩大着影响。当下社会，人们在进行商品交易和流通活动中，首先要认可的便是商品本身的质量，不再仅仅停留于价格、功能等要素达成共识。对企业而言，正如日本企业的宣传语"100－1＝0"所描述的一样，1件低质产品将使企业所有的努力成为零。就商品文化整体而言，商品的质量将牵动商品社会中每个人的心绪，将成为传媒关注的焦点，甚至影响人们对生活方式的选择。

案例：

公益广告关注的热点

近年围绕着食品安全发生了诸多事件：中国内地三聚氰胺毒奶粉、绝育黄瓜、牛肉膏、染色馒头、瘦肉精、潲水油风波迭起；还有中国台湾地区"塑化剂"和德国"毒黄瓜"事件，这些事件让广大消费者看到，每天都必须要购买的生存必备商品——食品，却成了潜伏在身边的炸弹。食品安全之殇使人心痛、让人心惊。因此，广泛宣传食品安全知识，提高消费者自我保护的意识与能力，提升食品生产商安全责任意识，刻不容缓。关于食品质量的宣传、讨论、监管和保障，以及绿色食品成为投资重点和热销的商品，成为商品质量文化在中国最突出的表象。央视2012年播出的公益广告语"食品安全不是游戏"，成为当前商品质量文化的符号烙印。这句警示语，和无数通过短信与网络传播的关于食品安全的充满着解构和反讽的段子一起，影响和改变着人们的生活，有人开辟了"开心农场"，直供城里人包田放心吃；有人甚至要放弃现代生活方式而退居山林……为适应这个发展趋势，通威生态农业、希望集团成为食品行业的翘楚，而三鹿企业一失足成千古恨，连政府重点扶持的双汇集团也在所难免地陷入过危机。

分析提示：抓住商品文化的热点。质量是生存之本，食品安全是第一要务，有触此雷区而全面崩溃的商品生产、销售团队与个体，也有把握住这个热点而日益欣欣向荣的成功者。围绕食品这种特殊的商品而发生的商品质量文化现象，请同学们进行成功与失败者的讨论。

1961 年美国通用电气公司质量管理部部长费根堡姆出版了名著《全面质量管理》，提出了全面质量管理的概念（Total Quality Control，简称 TQC）："在一个企业内各部门作出质量发展、质量保持、质量改进，因而以最经济的水平进行生产服务，使用户或消费者得到最大的满意程度。"从此全面质量管理深入人心，成为质量过硬、完美无缺的有力保证，尤其在日本得到广泛的发展和应用。

中国质量管理协会对全面质量管理的定义是："企业全体职工及有关部门同心协力，综合运用管理技术、专业技术和科学方法，经济地开发、研制、生产和销售用户满意的产品的管理活动。"

商品质量文化的发展告诉我们，推行全面质量管理，最重要的是确定质量管理的标准。

制订标准、执行标准、控制执行结果，才能使商品质量经得起市场考验。作为企业领导者，最重要的责任，就是不断地重复质量管理的标准，直到企业中每一个人都认同并严格执行。标准，应该成为质量管理的比较尺度，有比较才有鉴别，有鉴别才有提高。以肯德基、麦当劳为代表的洋快餐商品，因其生产与供应过程中严格的标准控制体系，促成了它们在全球的迅速扩张，充分说明了质量管理标准在商品市场占有方面的具有突破性意义。

1. 质量标准的层次性

质量管理的标准并不具有放之天下皆准的唯一性。这是由于消费需求是具体的，不同的商品有不同的质量标准，就是同一种商品，其消费对象不同就会使商品参照不同的标准。质量标准因此具备千差万别的层次性。

案例：

义乌小商品为何畅销？

浙江义乌是全国小商品集散中心，饰品、工艺品、礼品等小商品通过实体批发和网络销售覆盖全国，效益非常好。当地大量的作坊式生产厂家，根据国外流行的小商品上市发布图片，以较低的成本，做出最新潮的同类小商品，迅速销往各地。这类小商品以时尚适销为目标，不追求经久耐用，主要就是款新价廉，迎合了普通大众对小商品的消费特点和习惯。

分析提示：质量的层次性，首先取决于消费者对商品功能的要求。战国时期的巨商白圭早就提出"欲长钱，取下谷；长石斗，取上钟"的商品文化理念，即是说在当时大多数居民生活水平不高的情况下，填饱肚子是人们对食物的主要要求，所以经营廉价的下等谷物，才能因销路广而赚大钱；而用作种子的谷物必须质优，才可使产量增长，所以农民选购种子粮一定要是质量优良的上等谷物。义乌小商品的经营思想顺应了普通大众对款新价廉的要求，从而降低了质量的标准；而奢侈品牌能够把普通功能的商品做到顶尖的质量和奢侈的极致，也是消费人群中存在着高端层次的缘故。现代商品社会中，同一类别的商品，往往因质量和文化附含量的不同，分为低档和高档，从而销售给不同的消费群体，这正是白圭所述的古老中国商品文化。

"穿衣戴帽，各有所好"，消费者对商品的质量还存在着主观差异，因其主要通过商品对自己的效用评价质量。尤其对各类食品，更是众口难调。认真研究消费者对质量的要求，根据消费者的要求改进产品的质量或提出相应质量标准，是企业扩大市场占有率的有效途径。不少企业对同一种产品生产不同档次的产品，就是为满足消费者各有差异的质量要求。

质量的层次性，还与商品的成本和价格相关，为了提高质量，一般来讲，企业要相应增加成本，商品价格也会相应提高。

大多数消费者购买商品时，通常会将商品的质量因素和价格因素结合在一起考虑，注重商品质量价格比的大小，追求质量价格比的最大化。

案例：

旅游商品是一种特殊的商品，主要由服务构成。旅行社在推出某个旅行线路时的报价本来应该包括与价格相匹配的服务内容，但事实上旅游市场的恶性竞争导致国内旅游商品报价经常会出现低于实际运营成本的状况，这种低价吸引了游客报名成团消费，但事实上又通过降低服务水准和形形色色的购物回扣来弥补报价的不足，导致了旅游投诉率的居高不下，而且国内两大热点线路：海南与九寨沟都成为了这种零团费甚至负团费经营模式下的旅游投诉"重灾区"。

分析提示：质量层次与市场上的消费层次密切相关，虽然消费者表面看来受低价吸引，事实上消费者追求的是质量价格比的最大化。商品生产和经销过程中，设计商品价格的前提必须是保证质量，否则会产生出若干不良后果，最终将把质量价格比偏小的商品洗盘出局。

2. 质量标准的时效性

任何一种商品在市场上的销售地位和获利能力都处于变动之中，随着时间的推移和市场环境的变化，最终将被市场淘汰。这个过程被称做商品的生命周期。商品文化的迅速发展，使商品品种、花色日益丰富，生命周期却日益缩短。因此，商品质量标准的时效性问题就显得比较突出了。如果企业一味抱残守缺，死守原有产品质量标准，那么企业一定会落在时代大潮的后面，为市场所淘汰。例如，在汽车行业，关于尾气排放和能源利用的标准不断在更新，低于新标准生产的汽车品种，在市场上存活的时间就可想而知了。

时效性是指企业必须不断更新商品的质量标准，致力于新品种开发或者增加旧品种的新内涵。如索尼、微软等跨国公司，能居安思危，注重质量标准的时效性，从而保持了创新的动力，使自己的产品更长远地占有市场。

3. 质量标准的主观性

消费者对质量标准的看法往往因人而异，主观性较强。高明的企业非常重视研究这种主观性，在商品设计、生产和销售时，常常通过选择那些有形的标记和无形的暗示使人们将其与特定的质量水平联系起来。这种成功案例很多，往往带有离奇的色彩，但却是不容否认的商品文化现象。

案例：

不可忽视的质量标准主观性：小处迎合得到大利益

用昂贵的丝衬里缝合的高级裘皮上衣的设计师懂得，妇女们在一定程度上通过衬里的质量来判断裘皮的质量。不仅如此，妇女们还通过线头是否清理，纽扣是否钉牢等细节来判断服装的档次……

卡车生产商设法给卡车衬上底盘，并不是因为卡车必须衬底盘，而是因为这样做可表明生产商重视质量。

小汽车生产商设法使车门能呼然关合，因为许多买者在展销室用猛力关门来测试汽车的质量状况。

福特汽车公司把野马牌车设计成“赛车”，并通过汽车式样、凹背座椅、皮驾驶盘来传达这种赛车特点。然而根据该车的功能，野马牌汽车还不是名副其实的赛车。相反，西德拜尔发动机公司的宝马牌车倒是真正的赛车，但由于没有设计好，因此看上去不像赛车。

简析：上述作法告诉我们，消费者主观的质量标准，并非无足轻重，甚至可以影响该商品的成功与否。

如果标记或暗示不当，商品的质量形象亦会受损。若名牌高档商品动辄削价出售，让消费者认为贬值很快，将会在消费者心中失去其优质商品的形象。所以，名牌商品如何进行折扣，也是商品质量文化研究的一个新课题。某高级啤酒在美国由瓶装改变为罐装，损害了其高档商品的形象。受到高度尊重的某品牌的家电，当它开始由大众货品商店经营后，便失去了其质量形象。当然，一贯保持良好质量的企业，它的声望有助于消费者接受其全部产品。另外，消费者对质量的感知还受到产品原产国的影响。

4. 质量标准的约束性

商品文化大潮滚滚，在世界各地都出现了假冒伪劣商品现象。改革开放初期，中国有些企业由于不重视质量标准的法规性，导致中国货物质量问题颇多。

据报载，黑河民贸的倒包风潮使大批伪劣商品涌进俄罗斯，给中俄之间的边境贸易和中国商品的信誉带来难以预料的灾难。在布拉格维申斯克市和哈巴罗夫斯克市的一些商店里竟出现“本店不经营中国货”“买中国商品要小心”之类的标语。

大量的仿名牌商品以“外贸货”的名义陈列于实体店、网店，这是名牌之罪过，还是高质量商品之不是？在短期利益的驱动下，名牌商品的权益受到侵害。所以，真正质量过硬的商品都希望全社会来维护质量问题，希望健全质检法规，同时确立质量标准的约束性，以便扶优罚劣。于是，中国的商品文化就有了轰轰烈烈的打假运动，有了“3·15国际消费者权益日”，有了涉及全国的质量万里行。

（二）商品包装文化

商品包装文化是商品文化的重要内容，是建立在顾客心理分析基础上的包装策略。它不是艺术家手中自娱自乐的玩偶，而是企业经营胜败的一个重要因素。

自古便有商谚“货卖一张皮”，商品包装是商品无声的推销员，是使商品步入消费领域的“嫁衣”。人们见到商品，首先看到的是包装，如果包装有“丹唇未启笑先闻”的先期功效，让人一看就喜欢上产品，这将使包装成为消费者决定购买的重要动因。

美国杜邦公司根据其切身体会和市场调查研究。提出了著名的“杜邦定理”：有63%的消费者是根据商品的包装作出购买决策的。

在商业零售领域，普遍实行开架售货的超市业态，任用户自由选购，这使包装的地位大大提高。

案例：

改进包装：扩大出口的重要手段。

以前，我国出口人参，10千克一包装，吸引不了消费者，只能压价出售。后来，改大包装为小包装，并且讲究包装盒设计，缠以红绸带。如此梳妆打扮，赢得了大量海外顾客视其为馈赠亲友的上好礼品。人参不但身价陡然提高30%，而且由滞销变成畅销。

出口苏州檀香扇，在国外原价65元一把，光顾者不多，嫌价太高。但花5元钱配以一个精美的盒子后，价格竟上升到160元一把，仍不嫌高。多花5元钱，增值95元，何乐而不为？

1982年广交会上，上海人参蜂皇浆的包装引人注目，美商一下子订购了60万盒，其他国家商人也争相订购。与此相反，湖南省雪峰蜜柑，个大、色泽好、味道美，一度由于包装不善，在国际市场少有问津。经过重新设计包装，采用实物摄影图片，色泽鲜明，使人一见，垂涎欲滴，一下子冲破了某些国家的垄断，还提高了售价，当年即创汇51万美元。

上海畜产品进出口公司，采用真空包装新技术，兼备压缩和防潮防霉的功能，为中间商节约了50%的储藏费，为自己节约了一年30万元的运费。而且保持了绒制品的蓬松率，取得了出口的好效益。

简析：包装的价值，在上述案例中，一目了然。

包装所持有的形象通常是以往的条件刺激所赋予的。

日本三得利陈威士忌及黑尼卡的味道所受到的高度评价使黑色瓶子成了高级感的条件刺激。这种联系充分加强后，就有可能使二次条件刺激成功：新商品若是包装采用这种黑色瓶子也会给人以味道不错的感觉。对这种黑色的好感还会蔓延到深色瓶子，产生同化现象。而一旦从高级品到廉价品的有色瓶子充斥市场，黑色瓶子给予的美味的条件刺激即行消失，消费者仅会对有色瓶子中的特定的瓶子产生好感，形成分化现象。

包装可以分为运输包装和销售包装。运输包装是商品的外包装，具有保护商品和方便运输、装卸和储存等作用，销售包装是商品的内包装，其不仅具有保护商品、适合于运输、装卸等作用，而且由于销售包装直接和消费者见面，所以最为重要的是如何打动消费者。

销售包装要与消费者所求所想合拍，必须具有以下营销功能：

1．识别功能

包装应能使消费者在众多产品中辨别出特定的商品来。顾客面对众多商品的争奇斗艳，往往因眼花缭乱而感到无从选择。可以断言，此时若有偏爱，必是一些包装上很有个性的商品。

雪碧饮料的塑料包装，以翠绿色为底色，清新、自然、独特、醒目，给人以春天的气息。在日本市场上曾享盛名的中国力王牌劳保鞋，鞋底的硫化胶、成品鞋的小包装盒和大包装纸板箱，全用一致的橙黄色彩，历久不变。行家鉴赏认为这种中间色，“恬静中带热烈，安全中有节律”，使顾客由此想到“力王”，并产生“选购它没错”的意念。

雄踞于市场的名牌产品，其包装造型、色彩、图案均独具持色，以便顾客在“众里寻他”时，“蓦然”见，欣然买。

2．便利功能

人们总喜欢图方便，这不管在购买和使用商品都一样。夏日出门，便携的餐饮商品包装一定要简单易开，才会令人感觉清爽。易开包装、软包装，已经成为包装发展的趋势。

3．美化功能

商品包装设计需突出美化功能，这是商品文化的内在要求。包装设计的总原则是满足消费者的审美心理需要，并且根据商品特点设计包装，相得益彰。不能因为“椟差”而委屈了“美珠”，还要避免出现买椟还珠，包装超过了商品本身的状况。消费者可能初次受包装吸引，用了商品却不以为然，那么下次包装就再也不能吸引回头客人了。

4. 增值功能

良好的、具有特殊象征意义的包装，能让消费者感受到一定的社会认可，使商品增色增值。

一些低档商品，包装豪华便身价倍增。例如四川出口的大理石健身球，美观光滑，用硬纸盒包装，每付只卖3.5美元。改进包装后，价格一下翻了一番。天津出口的人工吹制高脚酒杯，经新西兰百货公司重新包装后，售价比原来提高一倍多。

一件价格昂贵的商品，如若没有相称的包装作烘托，很容易为消费者误以为是低档货而无人购买。时下流行的生日礼物，礼品不大，多为一些小装饰物，但包装却极为华贵。去了那层包装，礼物实际上显得很单薄。

归纳起来，销售包装的营销功能无非是要商品生产者和经营者注意消费者对包装物的利益追求点，然后分别予以满足。

销售包装最注重消费者导向，还应根据不同的需要采用灵活的包装策略。

案例：

开窗包装：里面的世界很精彩

“外面的世界很精彩，外面的世界很无奈”，流行歌中这么唱着，似乎真的很无奈。然而，当我们欣赏开窗包装时，体会到的只有里面的世界很精彩，丝毫没有一点无奈的感受。合资产的雀巢咖啡包装盒，就很能显现出精彩的盒内世界。紫色包装盒显出高贵、典雅的气质，包装盒的一面开有一个较大的窗口。透过窗口的塑料膜，包装盒内的风景尽在眼底。一罐褐色的咖啡和一罐乳白色的咖啡伴侣立即会调动起人的味觉器官，滴滴香浓之感油然而生。

分析提示：开窗包装主要是针对于非透明包装物而采取的包装策略，至于玻璃瓶等透明包装物，其本身的特性已足以让顾客直接看到商品的外观和质量情况。人们常常相信眼见为实，开窗包装的最大好处就在于此。大多消费者似乎都有挑剔的习惯，即便商品没有什么明显的差别，也喜欢在几个相同商品中挑挑拣拣，只有这样，购买商品之后心里才有一种满足感。而非外窗包装，商品被裹在包装物内，很难识得其庐山真面目，而开盒查看商品又是一种对包装物的破坏，在许多情况下往往不允许。在这种情况下，消费者的鉴别、比较的心理似乎难以得到满足。这种心境在第一次购买该种商品时表现得最为明显。开窗包装解决了这一矛盾，使消费者既能清楚地看清商品的品质，又不破坏商品包装物，买个放心。另一方面，开窗包装本身也是一种功能极强的装饰和美化。

案例：

系列包装：家族大军的威力

日本的富士胶卷不论是什么型号统一采用的都是绿色纸盒包装。我国不少品牌皮鞋也是采用统一的包装样式。浙江省茶叶进出口公司出口的骆驼牌茶叶有20多个规格，700多个品种，仍然采用同类包装。它在国际茶叶市场上有较大的影响力。1993年出口创汇为8 820万美元，占公司出口额的74.6%。整套包装设计十分考究，由于其出口量主要集中于阿尔及利亚、摩洛哥等非洲国家，便针对当地消费者文化心理，在茶叶的包装上用红五星的多少（1~5个）和色彩区别茶叶等级，受到他们的青睐："抽烟要抽美国单峰骆驼牌，喝茶要喝中国双峰骆驼牌！"

图9-1　喜糖的系列包装

分析提示：企业生产的各种商品，在包装上采用相同的图案、相近的颜色、统一的包装风格，体现出共同的特色。这样的包装策略就是系列包装。系列包装最大的好处就在于可以展开对消费者心理的集中攻势，加深社会、顾客对企业的印象。一种商品的包装形象给人的印象是有限的，而许多种商品采用同样的包装形象给人的印象就很深刻，这是系列包装对消费者攻心的合力作用。此外，系列包装还可以节约设计和印刷成本。采用系列包装，必须注意使企业所产所销的全部产品的质量合乎标准，否则一荣俱荣，一损俱损，威胁也是暗藏的。

案例：

组合包装：节时省力的贴心装

组合包装有多种组合方法，一种是把用于同一需要的几个相关性的不同品种的商品组合在一起，统一包装起来。将粉蜜、香粉、香水、口红等化妆品包装在同一个化妆盒里，对不少消费者来说是一种便利的选择。除了化妆品的组合包装，市面上可见把婚礼进行曲的光盘、结婚纪念册、结婚相片册、专门为新婚夫妇编写的指导婚姻、家庭的书刊及有关婚庆的纪念用品精心地组配在一起，束之以发亮的包装物。这不仅可以节约购物时间，而且经过精心设计，增添了商品的几分名贵价值、新奇价值，在新婚夫妇中很有市场。另外，各种瓷器的包装大都也采用组合包装，将餐具、盆、碟、碗、勺、壶、杯等配套组合出售。

还有一种组合包装，则将同一种类不同规格的商品组合在一个包装物内，例如毛笔的大楷、中楷、小楷，螺丝刀的不同规格和型号。

1994 年春节临近时，天津市第四调料厂选用上等原料制作各种酱菜调料，将酱油、蚝油、美极鲜、辣油等调料套装在一个新颖别致的礼品盒内。这种组合包装的调料一上市，就为广大消费者所喜爱，半个月中，各大副食商场调味品柜台供不应求，生意兴隆，原计划生产的 7 万套调料很快销售一空。不得不加班赶装 3 万套，仍然告罄。工厂销售科电话铃声不断，甚至出现了携款坐等的现象。

分析提示：伴随生活节奏的加快，对于视时间为金钱的购物者，或者对某类商品选购外行的购物者，组合包装给了他们节时省力的贴心服务，既便于他们一次购买多种商品，也有利于商品陈列和加贴价格标签。天津市第四调料厂曾经的红火，验证了组合包装的效用。

案例：

差别包装：各有所爱的选择

瑞士出口美国的雀巢速溶咖啡，为适应一部分主妇每周购物一次的习惯，采用大号包装；为适应另一部分主妇每天购物的习惯，采用 4 盎司、2 盎司的小包装，起到了很好的促销作用。

北京二锅头酒厂在通行的 1 斤瓶装酒基础上，推出 100 毫升扁瓶，实现了差别包装。100 毫升白酒的容量正好与饮酒者的通常酒量相符，一次喝完，不剩下，不喝醉，又让人尽兴，很受消费者的欢迎。

分析提示：消费者对同一种商品的需求量由于消费习惯、家庭人口的差别，必然存在着差异，这就需要按照产品的重量、数量设计不同的包装，也就是采用差别包装策略。现代家庭日益小型化，单身独居人士增多，导致小型包装日见风行。差别包装策略常运用于食品的包装中，如砂糖、味精、果酱、黄油、奶酪、供个人烹调用的调料包等，分不同容量、容器包装，以满足不同消费者需要。

案例：

变换包装：改头换面再战市场

河南上蔡酒厂酿造的名酒状元红，享誉 300 余年历史，是内含多种滋补药材的保健酒，畅销北方和东南亚等国际市场。但该状元红1981年试销上海却遭到冷遇。经过多方调查，才知营销失利原因在于不了解上海市场且销售方式单一，更重要的还在于包装落后。于是，状元红采取了一系列改革措施，更新包装，美化外形，确定以青年消费者群为主要目标市场，在补酒和装饰上下工夫。首先是更新瓶装，将全是一斤装的改为一斤半装和一斤装两个品种。一斤半装采用仿白兰地瓶装，使人感觉落落大方；一斤装采用仿古瓷瓶，作为礼品，贵重雅致。其次，加上装饰、图案考究的盒装，并配以外文说明。当状元红二进上海时，一炮而响，才在上海"红"了起来。

南洋饮料大王杨至耀早在60年代就推出纸盒装饮料，可以说是开风气之先，其他公司迟至70年代才推出盒装饮料，在市场竞争中被杨至耀领导的杨协成有限公司落后了一大截。"杨协成"在这个一枝独秀的阶段已售出20亿盒纸盒装饮料。

"杨协成"的变换包装获得了巨大的成功。杨至耀自己也承认："我们尝试推出纸盒装，确是一次'大跃进'。"

分析提示：某种商品使用的包装应具有强化该商品在顾客心目中的形象，所以包装不可朝三暮四，一变再变。但在不少情况下，变换包装也是很必要的，会产生一种全新的感觉。首先是商品质量出了问题，名声不好时，可以一边进行质量改进，一边考虑变换商品包装，以避前嫌，让商品重新打入市场，树立新的商品形象。其次是商品质量虽然不错，但包装陈旧使其长期打不开销售局面时。最后是商品打入国际市场，为迎合异国消费者的需要时。

20世纪90年代以来，我国商界才充分认识到由于我们的商品包装文化意识和包装技巧远远落后于外国货，造成了中国商品的"一等质量，二等包装，三等价格"的尴尬。那些上不了档次的"中国制造"，由于包装视觉效应极为不好，很多出口商品不仅入不了大百货卖场的货柜，甚至上不了超市的货架，流落街头，成为地摊货，价格随之一落千丈。当这些质量不错的商品被国外经营者改头换面，更新包装后，便价值大增，被当做高档品高价出售。

如今，中国商品文化也进入了"包装也是商品"的新阶段，开始重视培养包装专门的设计人才。随着国货"美容"的进程加快了，实用美术设计人才还是不能满足社会需要。为了适应商品包装文化的发展，或者说正是在商品包装文化的推动下，各类美术设计学校纷纷兴办，加速了包装专业人才的培养。

（三）商品品牌文化

商品文化迅速发展的当代，永远不知疲倦的广告宣传，时时包围着我们。尽管它的手段越来越高明，但最终目的是为了请消费者牢牢记住某品牌。品牌是什么？它是商品画龙点睛最精彩的一笔，又是一个笼统的总名词：包括品牌名称、品牌标志两部分。品牌名称是指品牌中可以用语言称谓表达的部分，例如，哈佛大学、可口可乐、谷歌、奔驰、时代、美国国家地理学会、宝马、索尼、佳能、中国移动、长虹等。世界上已经存在的品牌中，绝大多数是供应各类有形无形商品的营利机构品牌，但也有相当部分是向人类提供科学、教育和信息服务的非营利机构品牌，属于具备公信力的品牌。品牌不仅包括能发音的名称，而且还应包括以符号、图像、图案或颜色对比等所显示的品牌标志，这是一个可以被识别、辨认，但不能用语言称谓的部分。本教材主要研究的是商品品牌文化，还要涉及另一个概念：商标。

商标并不等同于品牌，它是经过政府有关部门注册的品牌，是受法律保护的品牌，有专门的使用权，具有排他性。所有的商标都是品牌，但并非所有的品牌部是商标。两者的区别点在于是否经过一定的法律程序。品牌名称、品牌标志、品牌决策和商标意识都是商品文化的重要表现。

企业若熟练运用商品品牌文化知识，有利于缩短一般品牌和名牌的距离，进入世界级品牌不再是梦。品牌是企业降低市场交易成本的一个极其重要的工具。所以，品牌不仅仅是一个名称、一个标志，它还是品质和服务的联想，更表达了企业对市场的一种承诺。随着产品变得越来越相似，企业纷纷求助于品牌化，将其作为创造需求偏好的重要手段。

1991 年，首届中国驰名商标评选活动在中国商界第一次掀起商标热浪。商品品牌、商标以及其中包含的文化特征开始成为人们注目的对象。当前，从生产商、经销商再到消费者，都已经认识到品牌是我们最重要的购物向导，拥有品牌，意味着对市场的高度占有。犹如明星拥有的追星族一样，每一个品牌都有自己的粉丝。

案例：

《财富》500 强世界品牌

“世界 500 强”是国人对美国《财富》杂志每年评选的“全球最大五百家公司”排行榜的一种约定俗成的叫法。《财富》是按年度营业额来进行排行，上榜公司都是公认的世界知名商品品牌拥有者。最新的 2009 年度“世界 500 强”公司排行榜上，荷兰皇家壳牌石油公司（Royal Dutch Shell）以销售收入 4 583. 61 亿美元跃居榜首。中国石化集团（Sinopec）以销售收入 2 078. 14 亿美元位列第九位，这也是中国公司首次进入世界 500 强前十名行列。位列前 10 名的公司依次是荷兰皇家壳牌石油公司（Royal Dutch Shell）销售收入 4 583. 61 亿美元，美国埃克森美孚公司（Exxon Mobil）销售收入 4 428. 51 亿美元、美国沃尔玛公司（Wal - Mart Stores）销售收入 4 056. 07 亿美元、英国石油公司（BP）销售收入 3 670. 53 亿美元、美国雪佛龙石油公司（Chevron）销售收入 2 631. 59 亿美元、法国道达尔公司（Total）销售收入 2 346. 74 亿美元、美国康菲石油公司（Conoco Phillips）销售收入 2 307. 64 亿美元、荷兰国际集团（ING Group）销售收入 2 265. 77 亿美元、中国石化集团（Sinopec）销售收入 2 078. 14 亿美元、日本丰田汽车公司（Toyota Motor）销售收入 2 043.52 亿美元。

"国家品牌"对一个企业或产品品牌的贡献率达到了 29.8%，可谓至关重要。譬如，"德国制造"这一品牌对德国经济增长做出了显著贡献。"德国制造"的商标在世界市场上绝对可以令人们趋之若鹜。而且这不仅是指德国的机械设备或者汽车，来自德国的管理人员也会比来自土耳其或是南非的经理更容易得到职位。国家品牌形象，意味着一旦消费者形成对一个国家产品的总体印象，他就会带着这个印象看这个国家生产的所有产品，并依据这个印象做出取舍的判断。日本前首相中曾根康弘也曾说："在国际交往中，索尼是我的左脸，松下是我的右脸。"有着同等感觉的应该还包括美国、英国、德国、韩国的首脑们。

1999 年诺贝尔经济学奖获得者美国哥伦比亚大学罗伯特·蒙代尔教授(Robert Mundell)说："品牌是世界交流的语言，也是国家名片。中国现在最大的竞争力是制造业发达，但确实缺乏一批全球化品牌。在经济转型中，我看好国家电网、苏宁电器、交通银行、北大荒等中国服务业或农业品牌。"哈佛大学商学院教授约翰·戴腾(John Deighton)说："今日的世界为中国而着迷，这表明中国品牌得到了世界的关注。中国企业在今后的若干年如何利用关注将对其品牌的命运产生重大的影响。要智慧地使用这种关注，这些企业需要向他们的客户倾注服务和爱心。譬如，清华同方、圣象地板、鄂尔多斯、新日电动车等品牌利用环境策略去改革和建立竞争优势，最后一定会实现'由绿色到金色'，并创造品牌价值。"

分析提示：从案例里我们已经看到了世界品牌文化的发展程度，也看到了中国商品品牌文化紧追西方强国的势头。中国企业和企业家的品牌意识逐年提高，过去只有制造商认识到品牌的价值，现在传媒业、金融业、零售业甚至建筑业都在加强品牌建设。品牌文化的影响力使企业以跻身各种有一定公信力的排行榜为荣，消费者也会通过品牌研究和排行信息来确定自己的品牌认识。

品牌化是企业不可缺少的一项活动。所谓品牌化，也就是企业为其产品选择、规划、决策品牌名称、品牌标志，并向政府有关部门进行注册登记的全部活动。品牌化的过程也就是企业决策和营销策划人员广泛利用文化手段，充分分析消费者视觉、听觉，心理效应创造品牌的过程。

品牌决策得当，可以使广告更好地发挥促销作用，使原本抽象的产品形象凝结为实实在在的标志，以"家有鲜大王，清水变鸡汤"（鲜大王酱油和味精的广告），"买迪卡墙画，游世界风光"，"诺基亚：科技以人为本"等为例，可见，广告语离不开具体的品牌称谓。恰当的品牌宣传有助于顾客建立偏好。在众多的同类商品中，消费者往往难于辨别商品之间的细微差别，他们的购买行为常常是一种重复购买。也就是购买他们已经使用过的品牌的商品。这种“习惯成自然”的购买更多地表现在各种日用消费品上，如牙膏、食品等。另一种偏好是建立在详细比较后的基础上，这主要体现在诸如汽车、电视机、音响等大件上：消费者通过自己长期使用的经验和详细向别人咨询，认识别某一品牌的优越性之后，就会形成对该牌子的偏好。品牌对企业还有勉励作用，经过法律认可的商标注册使品牌特色受到法律保护。

然而，不是所有的商品都适合使用品牌。未经加工的某些原料商品：大米、煤炭、大豆、玉米蔬菜等，还有生产简单、选择性不大的商品，临时性、一次性出售的商品，使用品牌反而加大了生产和销售成本。

品牌决策包括：

1. 品牌所有权决策

在决定对一个产品使用品牌时，在品牌所有权方面有好几种选择。产品可以用生产商的品牌推入市场，也可以用经销商品牌推入市场。传统上，品牌是生产商的制造标记，这是由于产品的设计、质量、特色都是由生产商决定的。但是，近年来经销商的牌子日益增多。许多有名望的大百货公司、超级市场都使用自己的品牌。如美国著名的西尔斯百货公司，90% 的商品都用自己的牌子。出于该公司在美国市场上享有良好的声苦，生产商的产品也会打上西尔斯的牌子。经销商必须为采用他们自己的品牌而煞费苦心。因为他们必须找到能提供质量稳定的产品的合格供应者；他们必须订购大批量的产品，将他们的资金用于储备存货；他们必须出钱宣传推广自己的品牌，西尔斯公司 1984 年就花了 7. 47 亿美元用于主要广告上；他们还必须冒这种风险：如果他们自己品牌的商品不佳，顾客就会对他们的其他产品也持否定态度。

尽管经销商品牌存在着这些潜在的威胁，但经销商还是使用它们，因为这样做是有利可图的。经销商通常可以找到具有过剩生产能力的生产商，这些生产商能以较低的生产成本生产出使用经销商品牌的产品。这就意味着经销商有可能制定较低的产品售价，并且往往获得较高的利润，可使用强有力的经销商品牌来招徕顾客。究竟是使用生产商品牌还是经销商品牌，必须全面地权衡利弊。在生产商具有良好市场声誉、拥有较大市场份额的条件下，多使用生产商品牌。生产商品牌成为名牌后，使用生产商品牌更为有利。无力经营自己品牌的经销商，只能接受生产商品牌。

相反，在生产商资金薄弱，市场营销力量相对不足的情况下，可以使用经销商品牌。尤其是那些新进入市场的中小企业，无力在自己的品牌下将产品打入市场，往往借助于经销商品牌。如果经销商在某一市场领域中拥有良好的品牌信誉及庞大的销售体系，利用经销商品牌也是有利的。

品牌所有权归谁，关键看生产商和经销商在消费者中的影响力及其品牌的环境适应性。

2. 群体品牌和个别品牌决策

群体品牌是企业将自己所生产制造的全部产品都用统一的品牌，或以一定品牌为基础，把它与各种相关文字结合，形成一个品牌系列。运用群体品牌决策，好处在于可能形成正向的连带作用，即用已有的品牌信誉，带动其他产品或新产品的出售，消除顾客的不信任感；同时由于各种商品品牌相同，可以集中运用广告媒体，节约广告费用，收到更好的促销效果。但事物总是一分为二的，在存在正向的连带作用的同时，群体品牌决策易形成负向的连带作用。万一一种新产品开发不成功，可能影响所有产品的声誉。

欧洲的菲利浦公司对它所有的产品都使用“菲利浦”这个牌子，但由于其产品质量存在着较大的差异，所以大部分人仅期望菲利浦产品有平均质量。菲利浦公司的做法实际上部分损害了它的优质产品的销路。

在此种情形下，采用个别品牌决策就可以克服这种负向的连带作用。

所谓个别品牌是指一个企业的各种产品分别采用不同的品牌。其形式有二：一是各种产品分别采用不同的品牌；二是一类产品采用一种品牌，不同类别的产品采用不同的品牌。个别品牌决策适用于生产技术条件各产品差异较大的企业。当然个别品牌在克服负向连带作用的同时，必然带来促销费用过大，缺乏正向连带作用等缺点。

3. 品牌是否申请商标注册的决策

至于品牌是否采用商标的形式，在现代企业林立、产品繁多的情况下，为避免仿冒的侵权行为，答案是肯定的。申请注册商标虽要花费一定的时间和金钱，但它可以防患于未然，减少不必要的损失和纠纷，是值得的。商标意识是现代企业所必须具备的意识。

4. 品牌名称设计决策

品牌名称之中，大有文章可做，一字之差往往大相径庭，值得反复斟酌。

美国一家化学公司苦心为他们一种产品起名，他们把英文中凡由四个字母组合起来的词，通过计算机全找了出来，机器打印出 40 多万个字母组合，然后从中筛选出他们认为最满意的词作为该产品的品牌名称。

品牌名称设计决策时要注意以下几点：

(1) 寓意

品牌扮演自我推销的角色，牌子的寓意就是自我推销的语言。这是一种比诗更为凝练的语言，予人很深的感受。也就是说起名要符合被起的商品自然属性与特点，所起之名与被起的实物要相称起来，做到名实相符，顾名而知实，望文而知义。

回力球鞋寓意这种球鞋柔软而有弹性，回力见青春，是上乘之名。

(2) 别致

如别致又讨口彩的如“金利来”“盛锡福”；还有以丑名为趣的天津“狗不理”，芜湖“傻子瓜子”等。

(3) 随俗

“亨得利”迎合了消费者亨通美好，天下得利的心理。北京生产的一种

"3388" 商品在香港抢手，因谐音"生生发发"，生财发财，十分吉利。

上海一种防蚊虫叮咬的药膏，名"必舒膏"，因谐音不随俗，便被喜欢搏彩的香港人拒之门外。

中国出口的紫罗兰男衬衫，译成英文成了无丈夫气的男子，请问哪位男士还敢问津？出口美国的芳芳牌唇膏，音译成英文，却意为毒蛇的牙，请问哪位美国女士敢用它涂抹嘴唇？白象牌电池译成英语，却是累赘之意。蝙蝠牌电扇，蝠与福同音，在中国给人吉祥如意之感，而意大利人却谈"蝠"色变——但丁在《神曲》把地狱魔王撒旦描写成有着蝙蝠翅膀的妖怪。

语言的障碍使这些高质量商品在国外要打开销路需分外小心。

较为成功的品牌入乡随俗案例有美国的"REVLON"化妆品。它进入中国市场时，将品牌名译成"露华浓"，源自李白的著名诗篇《清平调》"云想衣裳花想容，春风拂槛露华浓。若非群玉山头见，会向瑶台月下逢。""露华浓"三个字巧妙借用诗中杨贵妃的形象，生动地诠释了雍容华贵的女性美。

（4）入时

品牌名称应该体现一种时代精神，顺应时代潮流。抗日战争时期，宋棐卿在天津创办的著名的东亚毛纺织公司，生产的毛线以抵角作为商标。取名抵羊牌，"抵羊"含有"抵抗洋货"的意思，这正符合了当时举国一致的抵制洋货和抗日的群众心理。于是这个以"国人资本，国人制造"为招牌的抵羊牌毛线一经问世，备受欢迎。

以体育明星命名的运动品牌"李宁""乔丹""李小双"都是成功的入时之作。

合于形势，合于时尚，起名以时，很值得注意。

设计品牌名称应是一件十分慎重的事，改换牌子的名称几乎近于不可能，所以，牌子的名称一定要是能够长期使用的名字。至于品牌名的语源，按照西哈尔夫《商标名称的分类》一书，共有九种，它们分别是：辞典语言、新词、外语、人名、地理名称、大写首字母及数字、功能名称、商品类别名称、企业名称。

5. 品牌标志设计决策（LOGO 设计决策）

视觉往往比听觉更直观和形象，人们看商品，着眼点可能就在那一枚小小的品牌标志。品牌标志，就是商标图案设计决策，往往使企业煞费苦心。舍得为品牌标志费心和费钱的企业不乏其数。

美国一家石油公司，为设计一种汽油商标图案，竟耗资 1.22 亿美元，历时 6 年，雇佣了一批经济学、心理学、社会学、语言学、商品学、美学等方面专家，研究了 55 个国家和地区的风俗和习惯，最后从设计的 1 万多个候选的商标图案中择取了一枚。

胡文虎的虎牌万金油商标，为防别人仿效，特意花钱多注了几十个近似老虎的四条腿动物商标，亦可谓机关算尽。

这绝不是奢侈和浪费。上述经营者能深刻体会到品牌标志的价值，知道它是一种身份和质量的象征。

构成品牌标志的元素主要有符号和图形两种，这并不排斥符号和图形的组合。符号和图形可以各自独立形成商标图案，分别称之为符号商标图案、图形商标图案。

木林森是以汉字四个“木”组成的符号商标图案。索尼电器则以英文字形组合“sony”为其符号商标图案。这种品牌标志本身就是品牌名称的一个艺术加工，音形同一，很有一种强化记忆的效果。

而图形商标也自有它的优点，商标形象化，使人看图知义，有利于突破语言上的障碍，尤其对出口商品有利。日本三菱商标的三个棱角分明的菱形图案，时代感特强，充分表现了现代高科技的气息。用图形作商标，要注意各国的忌讳。日本人喜爱樱花却忌荷花，意大利人忌讳菊花，法国人视孔雀为祸鸟，澳大利亚人讨厌兔子，捷克人视红三角为警告性记号。

现有许多商标往往是符号和图形的结合。

如香港设计师靳埭强的“中国银行”标志，在古代滚圆的铜钱形中融入一个“中”字，似两扇上了锁的门，象征安全与守信。形象无国界，如此图文并茂、内涵丰富的视觉符号是通俗易识的。

品牌标志设计决策虽然十分复杂，但只要能够注意选择美观悦目、简洁明快、形象生动又不触犯忌讳几点，就能达到树立形象的目的。

案例：

沃尔玛 1992 年启用的旧 LOGO 与 2008 年的新 LOGO

WAL★MART®
ALWAYS LOW PRICES.

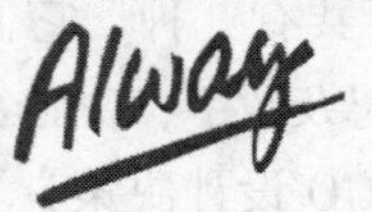

（旧 LOGO）

（新 LOGO）

图 9－2

分析提示：标志的改变主要有三点。

（1）将原有的 Wal－Mart 中间的间隔去掉，将品牌英文名称简化为整齐的小写——Walmart，且减弱了 Mart 的概念，这样更能体现这个品牌名称的完整性和符号价值。这实际上是沃尔玛品牌多年灌溉所能得到的必然结果。mart 已经被抽象化，字符化，和前缀 wal 密不可分，融为一体。

（2）重新处理了标志中的图形符号——蓝色五角星，这个符号虽然简单却给沃尔玛的标志带来了非常好的识别性和平衡。也是第一个改变导致了随之而来的调整，星星必须给名称腾出位置，如果简单讲星星移到左边或者右边，则缺少了识别感和唯一性（匡威就有这样的用法），另外五角星单独作为图形标志又显单薄了些。处理方法是保留一种"星光"的符号特征，并在颜色和形状上进行了再创作。

（3）这种结构和图形的变化，带来了第三个变化——从单色过渡到了双色时代。此次品牌标志升级选择了较为活泼的蓝色和橙黄，这符合这个品牌需要重新传达的理念——生活气息、亲近感。从口号的变化可以看出些端倪：从之前的"永远低价"（always low prices）到"省钱，活得更好"（Save money, live better.）——增加的就是"生活"（live）。

第二节　综合案例分析

案例：

商品求新换代快，是吸引消费者追捧的法宝吗？

"焦虑社会"这个词是英国未来基金会（是英国为政府部长和一流公司提供建议的智囊团）的迈克尔·威尔莫特和威廉·纳尔逊创造的。他们在于 2003 年 8 月出版的著作《复杂的生活》一书中写道："在过去 50 年里，物质财富的极大丰富并没有使人们增加多少快乐。这是进步和悖论。今天的一代人比以前更富裕、更健康、更安全，享有更多的自由，但他们的生活却似乎更压抑，因为它比以前更复杂。"根据未来基金会收集的数据，短短十年间，受"焦虑不安、精神沮丧和神经紧张"折磨的人，从十年前的刚过 5% 增加到现在的 9%。大约五分之四的人相信，在这十年间，英国已成为一个比以前更危险的地方。在英国国内，很多人对科学进步感到害怕，这导致不少人在接受最新科技方面出现障碍。所以《复杂的生活》一书说，超过 50% 的人不会使用录像机，同时有将近 70% 的人不会熟练操作家用电脑，还有将近 30% 的人对微波炉的很多复杂功能感到头疼。"功能太多"——设计新器件的人为它们增加了如此多的功能，以至于很多人认为这些东西根本没法用。之所以会产生这些焦虑，原因还在于信息不对称，因为越是高科技的东西，越是有许多一般人所难以掌握的信息，而这就造成了越来越严重的信息不对称。人们日益觉得自己在一个自己越来越无法控制的环境中生活。

分析提示：由此可见，变化太快的世界，可能会造成相当多的人不适应，而这自然会影响到商品的设计、生产和销售。消费者对新产品投放市场的感觉会越来越迟钝，对新产品的接受速度有可能会越来越慢，最典型的莫过于微软不断推出的新的操作系统。这种商品文化现象使许多使企业迫于同质竞争在盲目进行的研发换代中，成本不断攀升，而消费者并不买账。企业夹在求新求变的竞争现实和消费者对商品的价值判断、熟悉感等心理需求之间，左右为难。如果商品的迅速变化，能够保持人们对该类商品价值的判断，这样才能够吸引其继续消费的注意力。

案例：

商品文化发展趋势是加快还是减速?

商品文化不是加快而是开始减速，主要体现于精神文化产品的商品化开始减速。

资本主义促使人们展开无穷无尽地竞争，将私有产权无限扩大。但竞争的结果却往往否定了资本主义制度，将私有产权的空间又大大压缩。在互联网上这一点最鲜明。网络给许多非专业化的精神产品的生产者提供了绝好的、成本极低的实验、生产场地。比如，传统媒介上很难面世的网络美文大量涌现，音像制品在网上可以免费下载，各种智慧的火花在网上随处可见；而创作者又大都不对自己的这些产品收取著作权使用费，因为他们唯恐别人不欣赏自己的作品。而这恰恰是违背资本主义的私有产权神圣不可侵犯的理念的。虽然有许多学术论文采取收费阅读的形式，但读者可能不愿意交这个费用。因为其他可以阅读到的东西很多，而学术论文中的许多内容有很强的时效性，这就逼着作者放弃收费的权利。互联网上，各种精神产品传播的速度极快，下载又极方便，这就使精神产品商品化的程度减弱，或者换句话说，互联网上对私有产权保护的难度加大，成本提高，最终导致保护的力度减弱。互联网本身的营利模式决定了它也是对私有产权本能地否定的。各种各样的网站要想营利，必须有个基本条件：增加点击率。而要增加点击率，必须在内容上能够吸引人。内容为王，这是互联网上网站经营的基本原则。可以想象，如果某一网站上各种链接都必须交费才能阅读，则这一网站还能否留得住浏览者。上述三方面的原因，决定了在互联网时代、电子商务环境下，精神产品的商品化过程开始减弱。

这种情况的本质是权利的重新分配。精神产品的消费者，从古代的享受不到精神产品，古代只有达官贵人才能享受到精神产品，发展到需要花钱才能享受到精神产品，然后又发展到少花钱甚至不花钱就可以享受到精神产品。而这都是互联网带来的结果。

分析提示：电子商务环境文化的发展，让消费者扩大了权利，甚至可以反客为主，成为商品文化的创造者或有力的影响者，乃至传播者。所以，树立尊重消费者的商品文化观念，才能够把握商品文化的发展规律。消费者并不只是被动地接收其他主体文化，而是可以摇身一变，由消费者变为生产者，变为网络文化产品的供应者，从而使消费者的文化变成生产者文化。比如，网络文学作品、音乐作品、网络游戏软件等。消费者可以根据自己的爱好、专长、资源等，在网上建立自己的网站，提供他认为有接受者的网络产品。于是消费者在商品文化传播中承担了双重角色：一方面是商品文化的接受者，另一方面，又是商品文化的传播者。他的消费行为本身在扩散着电子商务商品文化，因为他会非常迅速、方便地通过对话框中“发送给你的朋友”这样的按钮，将自己所喜欢的商品连同其文化内涵一起介绍、传递出去。消费者互动性强的购买行为有助于商品生产者和经营者的工作，促成商品文化转向个人和社会传播。

案例：

“无品牌”成就大品牌：“无印良品”的成功之道

在日本，无印良品是开在地铁旁边，拥有包括日用百货和服装食品在内8 000多种商品的百货商店。无印良品行事也相当低调，从不在媒体上做广告，不做宣传活动，甚至连品牌也不看重，因为“无印”，就是没有品牌的意思。但是，凡事低调的无印良品在2007年世界品牌实验室发布的世界品牌排名中，竟占据了第400名的位置。这是一个什么概念呢？你只要想想中国国际航空、中国石化都排在它的后面就清楚了。在上榜的28家服饰品牌中，它名列20，在它的后面，是乔治·阿玛尼、圣罗兰、纪梵希、李（Lee）等一串炙手可热的名字。1980年12月，西友株式会社的总裁堤清二第一次提出了“无印良品”这个概念。这时候，日本正处于品牌崇拜时代，人们的整个生活都被打上了各种标签，设计界也是竭力用极具个性化的视觉装饰来强化品牌识别，商品的真正功用和人们的真实感受往往被虚荣心理支配的消费价值观所淹没。于是，堤清二想反其道而行之，和几位当时知名的设计师探讨出了“反品牌”的概念，想去掉商品中无所谓的包装和其他附加成分，只保留最本质的东西，保证让顾客能够以合适的价格拿到最好的商品。这种概念被设计师田中一光阐述为用“最适合的形态展现产品本质”。他们一共设计出了9种家用品和31种食品，放在西武百货里面销售。这就是最早的无印良品。

图 9 - 3

分析提示：这种不要品牌的做法，使得在日本常常会出现这样的现象，假如有人看到一个没有商标的用品就会预测，“这是无印良品吗”？由此，无印良品巧妙地实现了最大程度的品牌差异化：世界被人为地分成了两极，一极是所有的品牌，而另一极就只有无印良品。大音希声，大象无形，刻意追求低调反而成为著名世界的“无品牌”（No Brand），达到了“无牌胜有牌”的境界。它已经超脱了商品品牌的局限，成为一种生活方式的品牌，这也是品牌发展的最高境界。三流的品牌卖产品，二流的品牌既卖产品又卖服务（这实际上是在出售解决方案），而真正一流的品牌却是在贩卖一种生活方式。

案例：

两大可乐商的包装之战

1915 年，设计师特里·赫持为可口可乐设计出了一种 6.5 盎司（1 千克≈35.27 盎司）容量的新瓶，使可口可乐赢得了独特性。数年之间，这种新瓶达 60 亿只遍及美国各个角落。新瓶设计得到了广大顾客的认同，许多同行纷纷效仿。仅 1916 年就有 153 家仿冒公司在法庭上败退下来，无花果可乐、糖果可乐等都被指控有侵权行为。整个 20 年代，可口可乐几乎没有真正的竞争者，6.5 盎司的瓶子代表可口可乐的形象，横行市场，所向无敌。

30 年代的大萧条帮了可口可乐的竞争者百事可乐一个大忙。百事可乐采用容量为 12 盎司的瓶子。同样是 5 美分，只能买到 6.5 盎司的可口可乐，却能买到 12 盎司的百事可乐。

百事可乐的创意是 1934 年诞生的，直到 1939 年才深入人心。为了传播，公司利用了电台做广告，通过一首名叫《约翰·皮尔》的广告歌曲唱道：“百事一瓶消困觉，12 盎司实在多；只要 5 分便宜不？快购理想的可乐！”这一策略击中了更看重数量的青年目标市场消费者。该策略的广告成本并不高。1939 年，可口可乐的广告预算为 1 500 万美元，而百事可乐的广告开支仅为 100 万美元。

可口可乐顿时陷入进退缩谷的境地。如果增加瓶装量，就得忍痛废弃 10 亿只 6.5 盎司的瓶子；降价吧，也不行，因为 5 分钱一瓶的软饮料的销售网点成千上万，这种消费习惯已根深蒂固，牵一发势必会动全身。可口可乐原来明显感到是其最强大力量并成为其广告诉求中心的那个 6.5 盎司容量的瓶子，被百事可乐的促销活动魔术般地由优势变成了劣势：是“最佳包装设计作品”的 6.5 盎司瓶子是无法伸缩的，怎么也不可能装到 12 盎司。

百事可乐则乘胜追击，推销有术，终于在 40 年代一跃成为仅次于可口可乐的美国第二大软饮料公司。第二次世界大战后不久，形势的发展开始对百事可乐不利。糖价上涨和劳动力成本的增加使百事可乐不得不提价，先是提到 6 分，继而提到 7 分。“只要 5 分便宜不”的腔调也变了，一下子改为“又多又好任您挑”。接着，百事可乐将战略重点从出售杂货亭和苏打汽水柜台等公共场所市场转向家庭室内消费市场，以突出较大容积瓶子的好处。其具体办法是让消费者将可乐从超级市场带回家中品饮。它还适时更替广告主题，呼吁“广交朋友”。一棋得法，满盘皆活。50 年代，可口可乐销量是百事可乐的 5 倍，随着 60 年代的到来，百事可乐的努力使可口可乐的这一优势减半。可口可乐对大瓶子的进攻到底能顶多久呢？1954 年，可口可乐终于顶不住了。可口可乐的销量下降了 3%，而百事可乐的销量增加了 12%。

1955 年，可口可乐不得不发动了一场闪电战，分别推出了 10、12 和 26 盎司的瓶子，6.5 盎司的注册专利逐步沦为历史。

分析提示：两大可乐商的包装之争反映了商品包装文化所具备的价值导向功能。百事可乐频频得手，主要是因为其包装物的价值导向选择得好、表述得明确，对消费者有很大吸引力。

案例：

频繁的商标纠纷案：中国企业必不可少的一课

中国商界因缺乏商标意识，不重视商标管理，导致商标纠纷案频频发生。

2007 年 6 月，卡地亚公司受让取得“Cartier”“卡地亚”商标。佛山依诺公司是一家从事陶制品生产的企业，于 2009 年 3 月受让取得“依诺”商标。北京裕隆依诺公司系佛山依诺公司的北京经销商。2010 年，卡地亚公司起诉到法院称，公司发现佛山依诺公司从 2009 年起生产了一款名为“卡地亚系列”的瓷砖，并在其经营场所摆放的商品展示牌、商品标签及宣传册上擅自使用“卡地亚”“Cartier”标志，侵犯了自己的注册商标专用权。此外，该公司在其网页上多次发表与卡地亚相关的宣传文章，使相关公众误认为该公司与自己有特殊关联，其行为构成不正当竞争。故卡地亚公司请求认定“卡地亚”“Cartier”商标为驰名商标；判令两公司停止侵权及不正当竞争行为，分别在媒体上公开说明事实，消除影响；佛山依诺公司赔偿50万元，北京裕隆依诺公司赔偿30万元。佛山依诺公司辩称，涉案商标在我国不属于驰名商标；不应对其进行跨类保护；公司将“卡地亚”作为瓷砖的系列分类名称，不是商标意义上的使用，且与涉案商标适用的商品领域完全不相关，不可能发生混淆；公司网站转载的关于卡地亚的宣传文章属于合理、正当引用，没有虚假宣传成分，不构成不正当竞争行为。请求驳回卡地亚公司诉讼请求。

北京第二中级人民法院经审理认为，“Cartier”商标应认作驰名商标。虽然瓷砖产品与上述商标核定使用的产品类别不同，但在佛山依诺公司经营、北京裕隆依诺公司销售瓷砖的过程中，两公司均在显著位置突出使用了“卡地亚”“Cartier”的标识，使相关公众误认为其产品与涉案驰名商标存在特定联系，侵犯了卡地亚公司的注册商标专用权。同时，佛山依诺公司在其网站上、北京裕隆依诺公司在商品展示牌上宣传依诺牌瓷砖时，擅自借用卡地亚的成功发展历史和卓越品质等内容，使公众发生混淆，违背诚实信用原则，构成不正当竞争行为，侵害了卡地亚公司的合法权益。据此，法院作出以下判决：判令佛山市依诺公司和北京裕隆依诺公司停止侵犯卡地亚国际有限公司“卡地亚”“Cartier”注册商标专用权及不正当竞争行为；两公司分别发表声明，消除影响；佛山依诺公司赔偿卡地亚公司16万元；北京裕隆依诺公司赔偿1.1万元。

分析提示：商标权作为一种产权，包括两种职能：商标所有权人的使用权和对他人的禁止权。商标权的取得，通过注册或通过使用。目前，通过使用取得商标的国家，只有美国、加拿大和菲律宾。我国一般都是通过注册方式，即经申请、审查、公告等程序取得商标权。无论哪一种制度的商标法，原则上都规定先注册或无使用的商标取得商标权。商标侵权已成为社会公害之一，伪造品在世界贸易额的占有率还在上升，严重地破坏了商品文化的发展。对商标权益的认识需要一个过程。忽视商标权益，将导致企业严重的损失。现在，越来越多的企业开始运用法律的武器维护自己的利益。

第三节　实践操作与训练

对商品文化发展情况进行社会调查，主要有广泛问卷、个别访谈和集体征询等方式。

问卷式调查，即根据特定调查目的设计一系列问题，要求答卷者选择或回答的一种调查方式。

问卷调查方式主要针对普通的消费者。而个别访谈可以针对专家、商业业内人士。集体征询更是问卷调查方式的有效补充。

而调查结论的得出，大多只能采取抽样方法。因为内容繁杂，涉及的生产、销售单位无以数计，而消费者更是遍及各个社会阶层和所有空间角落，进行无一遗漏的全面的总体调查几乎是不可能的。所谓抽样方法是指从全部研究对象中抽取一部分单位进行调查，并在取得资料的基础上，运用数理统计原理对全部研究对象的状况作出数量上的估计判断，从而达到对总体的认识的一种调查方式。抽样的方法很多，有整数抽样方法、机械抽样方法、纯随机抽样方法、类型抽样方法等。

实训调查题：

那些消亡了的商品品牌

在我们的消费生涯里，有那么一些品牌，虽然已经如退去的潮水消失在市场经济的汪洋大海中，但却在我们的记忆里留下了或深或浅的印记。重新发掘他们曾经闪亮的瞬间和长短不一的生命历程，分析他们成功而后失败的故事，或许会对现在的企业和品牌有一定的借鉴意义。请在以下资料的基础上，运用社会调查方法，作出对重庆奥妮和阿里斯顿两大商品品牌的成功与衰落分析报告。

一、“先飘起来再落下去”的重庆奥妮

品牌名称：奥妮

出生时间：1991 年

出生地点：重庆市江北区

消亡时间：2006 年 4 月 18 日

经典广告语：黑头发，中国货

“3 100 万！成交！”2006 年 4 月 18 日，随着拍卖师声起槌落，曾经辉煌一时的重庆奥妮，正式宣布退出历史舞台。说起奥妮，人们很自然会想起“黑头发，中国货”这句广告语。曾几何时，奥妮曾一度成为了“国货”的代名词，一时无两，锋芒直逼全球日化行业的泰斗——宝洁。奥妮的前身是成立于 20 世纪 70 年代的集体企业——重庆红星汽车配件厂，1981 年更名为重庆化妆品厂；1985 年在企业陷入破产边缘时，黄家齐临危受命出任厂长；1991 年，与香港新成丰贸易公司合资组建重庆奥妮，开始大举进军洗发水领域；1994 年年销售额突破 1.5 亿元，1995 年达到 3.2 亿元。1997 年是奥妮的顶峰之年。刘德华代言的“首乌洗发露”，周润发代言的“百年润发”，在国内市场的占有率达到了 12.5%，仅次于飘柔，成为国内日化企业第二强，年销售收入达 8.6 亿元。然而不到 1 年时间，奥妮由盛转衰。2002 年，奥妮账面上出现大额亏损。到 2004 年其公开负债就达到了 8 000 多万元。2005 年，奥妮在重庆彻底停产，债权人相继将奥妮告上法庭。2006 年 4 月广州立白以

3 100 万元买走奥妮包括“百年润发”“西亚斯”23 个商标，重庆奥妮宣布全面终结。

二、“从领跑者到落伍者”的阿里斯顿

品牌名称：五洲·阿里斯顿

出生时间：20 世纪 80 年代中期

出生地点：重庆

消亡时间：2001 年

经典广告语：五洲给你带来幸福，阿里斯顿为你带来欢乐

重庆一位已退休在家的市民张先生说，尽管这个曾经红极一时的品牌在商场里早已看不到，甚至还有一些人不知道有这个品牌存在过，但是，他自己家在 19 年前花 1 000 多元买的五洲·阿里斯顿冰箱，现在依然在正常使用。

说起五洲·阿里斯顿冰箱在市场上的消失，确实令很多重庆市民及外地人遗憾。当海尔发展如火如荼，并成功上市之后，重庆的五洲·阿里斯顿却成了“王小二过年——一年不如一年”。而在中老年重庆人的记忆中，五洲·阿里斯顿算得上是全国知名品牌了，他们说“在五洲·阿里斯顿驰骋市场的年代，青岛海尔还不知在哪里睡觉”。

参考文献

[1] 陆扬，王毅．文化研究导论［M］．上海：复旦大学出版社，2007.

[2] 陶一桃．经济文化论［M］．北京：冶金工业出版社，2001.

[3] 苏珊·施耐德．跨文化管理［M］．石永恒，译．北京：．经济管理出版社，2002.

[4] 王晓朝．传统道德向现代道德的转型［M］．哈尔滨：黑龙江人民出版社，2004.

[5] 谌黔萍．商务文化［M］．北京：中国商务出版社，2006.

[6] 徐行言．中西文化比较［M］．北京：北京大学出版社，2004.

[7] NORTON DAVID. A History of the Bible as Literature［M］. Cambridge：Cambridge UP，1993.

[8] 黄仁宇．中国大历史［M］．北京：生活·读书·新知三联书店，1997.

[9] 查士丁尼．法学总论［M］．北京：商务印书馆，1989.

[10] 程裕祯．中国文化要略［M］．北京：外语教学与研究出版社，2003. 6.

[11] 鲍德里亚．消费文化［M］．南京：南京大学出版社，2001 年.

[12] 金元浦．定义大众文化［N］．中华读书报，2001 - 07 - 04.

[13] 黄国雄，王强．商务现代化［M］．北京：中国商务出版社，2006.

[14] 贺名仑．商业文化学概论［M］．北京：中国商业出版社，1992.

[15] 胡平．胡平商业文化论文集［M］．北京：中国商业出版社，1995.

[16] 陈荣耀．强国梦：儒家文化与现代商品文明［M］．昆明：云南人民出版社，1994.

[17] 赵有广．电子商务环境下的商业文化研究［M］．合肥：中国科学技术大学出版社，2005.

[18] 刘刚．攻心为上——商业文化透视［M］．北京：中国经济出版社，1994.

[19] 中西方对员工业绩评估不同标准［Z/OL］. www. mie168. com. htmlcontent. asp.

[20] 万俊人．义利之间：现代经济伦理十一讲［M］．北京：团结出版社，2003.

[21] Joseph W. Weiss. 商业伦理：利益相关者分析与问题管理方法［M］．符彩霞，译．北京：中国人民大学出版社，2005.

[22] 王瀛波．马云：诚信才是世界上最大的财富［N/OL］. http://chuangye. cyol.

com/content/2006 - 02/20/content_1318620. htm.

[23] 因特虎老享. 从股商到深商——因特虎中国商帮报告 [EB/OL]. http://www.interhoo.net/Forum/index_Q_BoardID_E_003050000_A_HaveChild_E_N_A_AutoID_E_3241.html.

[24] 梁发芾. 美国公司行贿的对象怎样了 [N/OL]. http://finance.sina.com.cn/roll/20050524/090678207.shtml.

[25] 李伟铭. 6 类拍卖陷阱不得不防 [N]. 成都商报, 2007 - 06 - 02.

[26] 齐渊博泄密事件体现可口可乐和百事营销智慧 [J]. 市场圈, 2006 (8).

[27] 邵龙宝. 中西方伦理价值观之比较 [J]. 西南民族学院学报 (哲学社会科学版), 2000 (9).

[28] 金志霖. 试比较中英行会的本质特征 [J]. 史林, 2005 (2).

[29] 尼考拉斯·莱斯切尔. 认识经济论 [M/OL]. 王晓秦, 译. http://www.guangzhou.gov.cn/files/zjyc/rsjj/index.html.

[30] 商务伙伴 1 + 1 共创美好新家园倡议书 [EB/OL]. http://www.bjee.org.cn/news/index.php? ID = 14992, 2006 - 09 - 20.

[31] 王晖. 环境文化与企业 CS 战略 [J]. 商业文化, 2004 (4).

[32] 阮修星. 美国商会如何运作 [N/OL]. http://finance.jrj.com.cn/news/2007 - 02 - 28/000002020960.html.

[33] 小池百合子. 日本的环境政策 [EB/OL]. http://www.fpcj.jp/ch/mres/briefingreport/bfr_219.html? PHPSESSID = ab083b9305343eff8145d81ee9c1cbb5.

[34] 王毅. 沃尔玛在各国的境况为何如此不同 [N/OL]. http://www.izhaoshang.com/showarticle1.php? id = 7451.

[35] 李亦园. 生态环境、文化理念与人类永续发展 [J]. 广西民族学院学报 (哲学社会科学版), 2004 (4).

[36] 李克军. 环境文化与儒道传统 [D]. 湘潭: 湘潭大学, 2005.

[37] 克莱夫·庞廷. 绿色世界史——环境与伟大文明的衰落 [M]. 王毅, 张学广译. 上海: 上海人民出版社, 2002.

[38] 盛于蓝. 亡羊补牢从《无极》开始 [N/OL]. http://218.1.64.35/joys/gb/content/2006 - 05/17/content_1563354.htm.

[39] 刘先江. 案例分析三 资本的跨国流动与公共管理的互动 [Z/OL]. https://www.pay100.com/showarticle.aspx? id = 14409&categoryID = 6.

[40] 环境影响对国际工程承包至关重要 [Z/OL]. http://www.jwsoft.cn/service/loreView.asp? id = 535&class = 49.

[41] 谢天开. 成都文殊坊: 商务民俗文化传承与演绎 [J]. 商场现代化, 2007 (25).

[42] 李磊. 温州鞋被焚事件的背后 [J]. 管理与财富, 2004 (11).

[43] 胡均民, 艾洪山. 中美纺织品贸易摩擦成因探讨 [N/OL]. http://www.gmw.cn/content/2007 - 03/02/content_557857.htm.

[44] 于歌. 美国的本质 [M]. 北京: 当代中国出版社, 2006.

[45] 建设环境影响你的办公室心情 [Z/OL]. http://www.staples.sh.cn/website/biz/

info/info_detail. asp? PKID = 1075.

[46] 张星. 美国 A&H 亚洲区办公室 [Z/OL]. http://www. abbs. com. cn/bbs/post/view? bid = 3&id = 4456988&sty = 1&tpg = 5&age = -1.

[47] 法雨商务会所 [Z/OL]. http://news. xinhuanet. com/food/2005 - 06/27/content_3141254. htm.

[48] 商场店面设计：商场购物环境美化、商场店面的装饰 [Z/OL]. http://www. em - cn. com/Article/200703/145354. html.

[49] 李林. 小环境中的大文化——关于试衣间文化的分析与研究 [J]. 商场现代化，2007 (7).

[50] 裴亮：循环经济与零售业的健康发展 [Z/OL]. http://finance. sina. com. cn/chanjing/b/20050525/11571621922. shtml.

[51] 孟慧英. 西方民俗学史 [M]. 北京：中国社会科学出版社，2006.

[52] 钟敬文. 民俗学概论 [M]. 上海：上海文艺出版社，1998.

[53] 乌丙安. 中国民俗学 [M]. 沈阳：辽宁大学出版社，2002.

[54] 李文海. 宗教民俗卷 [G] //民国时期社会调查丛编. 厦门：福建教育出版社，2004.

[55] 刘彦臣，魏丹，李丽. 文化是金 [M]. 北京：中华工商联合出版社，2002.

[56] 加雷恩·琼斯，珍妮弗·乔治，琼斯 G. R. 管理学基础 [M]. 北京：人民邮电出版社，2004.

[57] 陈春花. 高成长企业的组织与文化创新 [M]. 北京：中信出版社，2004.

[58] 王驰. 当代企业文化导论 [M]. 长沙：湖南出版社，2000.

[59] 祝慧烨. 发现企业文化前沿地带 30 家中国企业文化优秀案例 [M]. 北京：企业管理出版社，2003.

[60] 罗伯·高菲. 公司精神 决定成败的四种企业文化 [M]. 哈尔滨：哈尔滨出版社，2003.

[61] 郭纪金. 企业文化 [M]. 广州：中山大学出版社，1995.

[62] 肖建春. 中国商业文化学概要 [M]. 成都：四川大学出版社，1996.

[63] C·布鲁克. 非盈利性组织面临的机遇和挑战 [Z/OL]. 听雨，Jerri 译. http://www. ngocn. org/Article/ShowArticle. asp? ArticleID = 384.

[64] 方光罗. 市场营销学 [M]. 大连：东北财经大学出版社，2004.

[65] 方光罗. 市场营销概论 [M]. 大连：东北财经大学出版社，2004.

[66] 卢泰宏，王海忠. 百年营销，思想创新之光 [J]. 销售与市场，2000 (1).

[67] 小威廉·D. 佩罗特，尤金尼·E. 麦卡锡. 基础营销学 [M]. 上海：上海人民出版社，2000.

[68] 吴青松. 现代营销学原理 [M]. 上海：复旦大学出版社，2003.

[69] 白礼西. “全员营销”，太极腾飞的法宝 [Z/OL]. http://www. luckup. net/mag1/n3/colart4488. htm.

[70] 蔡燕农. 市场营销案例分析 [M]. 北京：中国物资出版社，1995.

[71] 刘建荣，方虹. 汲取儒家文化精华，构建有中国特色的市场营销理论 [J]. 云南学术探索，1998 (4).

[72] 王克修. 企业营销文化的经济学价值［Z/OL］. http://www.wccep.com/ReadNews.asp? NewsID = 1542.

[73] 刘大可，王起静. 会展活动概论［M］. 北京：清华大学出版社，2004.

[74] 马勇，王春雷. 会展的理论、方法与案例［M］. 北京：高等教育出版社，2003.

[75] 杨峭立. 论传媒文化的精神品格［N/OL］. http://www.gmw.cn/content/2005-04/11/content_213618.htm.

[76] 陈润兰. 论传媒文化对受众心理的消极影响［J］. 株洲师范高等专科学校学报，2004（6）.

[77] 明暗香. 大众传媒面临深刻变革和反思——1997 年国际新闻界回眸［N］. 中华新闻报，1998-12-12（5）.

[78] 闵大洪. 2006 中国互联网 前行于理性和秩序的轨道［J］. 传媒，2006（12）.

[79] 青木昌彦，奥野正宽. 经济体制的比较制度分析［M］. 魏加宁，等，译. 北京：中国发展出版社，2005.

[80] 燕生，花伟. 论中西文化差异［J］. 江海学刊，1998（6）.

[81] 熊澄宇，程绮瑾. 新媒体传播与跨文化交流［J］. 中国传媒报告（China Media Reports），2004（4）.

[82] 程曼丽. 论中国传媒在世界传播格局中的崛起［Z/OL］. http://blog.xinhuanet.com/blogIndex.do? bid = 2518&aid = 6225&page = detail.

[83] 喻国明. 关于传媒影响力的诠释——对传媒产业本质的一种探讨［J］. 国际新闻界，2003（2）.

[84] 石磊. 传媒娱乐主义解读［J］. 新闻界，2006（2）.

[85] 郭镇之. 美国公共广播电视的起源［J］. 新闻与传播研究，1997（4）.

[86] 李希光. 全球传媒报告（Ⅰ）［C］. 上海：复旦大学出版社，2005.

[87] 张艳华，张贺泽. 浅析中西方舆论监督之异同［Z/OL］. ruanzixiao.diy.myrice.com/qxzxfyljdzyt820.htm - 13k.

[88] 陶鹤山. 中国和欧洲传媒体制改革及其合作前景分析［J］. 开放时代，2001（5）.

[89] 肖杨成. 2009 手机媒体：迈入 3G 新时代［J］. 传媒，2009（12）.

[90]《瑞丽》成功秘诀：把期刊做成品牌媒体［Z/OL］. http://news.lvren.cn/html/huwaixinwen/200511/02741.html.

[91] 王鲁美. 防范"网络红人"现象的负面影响［J］. 今传媒，2009（8）.

[92] 李瑞华，李正斌，曾庆均，孙在国. 中国商业文化［M］. 北京：知识出版社，1995.

图书在版编目(CIP)数据

商务文化教程/谌黔萍主编.—2版.—成都:西南财经大学出版社,2012.10
ISBN 978-7-5504-0823-4

Ⅰ.①商… Ⅱ.①谌… Ⅲ.①商务—文化—教材 Ⅳ.①F72

中国版本图书馆CIP数据核字(2012)第201226号

商务文化教程(第二版)
主　编:谌黔萍
副主编:夏毅榕　彭　艳

责任编辑:张明星
助理编辑:高小田
封面设计:杨红鹰
责任印制:封俊川

出版发行	西南财经大学出版社(四川省成都市光华村街55号)
网　　址	http://www.bookcj.com
电子邮件	bookcj@foxmail.com
邮政编码	610074
电　　话	028-87353785　87352368
照　　排	四川胜翔数码印务设计有限公司
印　　刷	四川森林印务有限责任公司
成品尺寸	170mm×240mm
印　　张	14.25
字　　数	270千字
版　　次	2012年10月第2版
印　　次	2012年10月第1次印刷
印　　数	1—2000册
书　　号	ISBN 978-7-5504-0823-4
定　　价	28.00元